SARTRE

Tome 1

Un homme en situations

Écrits de Sartre

Nous remercions Arlette Elkaïm-Sartre et les Éditions Gallimard qui nous ont autorisés à reproduire les textes des œuvres de Sartre.

Nos références comportent, dans le corps du texte, la date de la première édition, la date de l'édition utilisée et, quand il y a lieu (entre parenthèses) la date et le lieu où le texte a paru la première fois.

Voir la liste des œuvres de Sartre utilisées, pp. 5 et 6.

Textes et débats
Collection fondée par Philippe Sylvestre

SARTRE

Tome 1

Un homme en situations

par

Jeannette Colombel

Le Livre de Poche

A Sartre,
pour notre amitié

— Ne parler que d'un auteur que j'aime.
— Mon idéal serait de ne rien écrire qui puisse l'affecter de tristesse, penser à lui si fort qu'il ne puisse plus être un objet et qu'on ne puisse non plus s'identifier à lui... Rapporter à cet auteur un peu de cette joie, de cette force qu'il a su donner, inventer.

G. Deleuze

Jeannette Colombel ne fut pas seulement une amie de Sartre. Elle est agrégée et docteur en philosophie, enseignante en Khâgne à Lyon, à Vincennes après 1968, puis à l'Université Lyon II.
Auteur de *Sartre ou le Parti de vivre*, Grasset, 1981, *Brumes de mémoire*, récit, Stock, 1980, *Les Murs de l'école*, Bourgois 10/18, 1974, collaboratrice des *Temps modernes* et de *Libération*.

LISTE DES ŒUVRES DE SARTRE
UTILISÉES DANS CE LIVRE

ÉDITIONS GALLIMARD

	1re édition	*Édition utilisée*
La Nausée	© 1938	Folio 1982
L'Imaginaire	© 1940	1952
L'Être et le Néant	© 1943	1947
Réflexions sur la question juive	© 1946	Idées 1954
Les Chemins de la liberté, « La Mort dans l'âme »	© 1945-1949	Pléiade 1981
Les Mains sales	© 1948	Folio 1974
Kean	© 1954	1954
Critique de la raison dialectique	© 1960	1960
Les Séquestrés d'Altona	© 1960	1960
Les Mots	© 1964	
L'Idiot de la famille		
Tomes I et II	© 1971	1971
Tome III	© 1972	1972
Un théâtre de situations	© 1973	Idées 1973
On a raison de se révolter (avec Philippe Gavi et Pierre Victor)	© 1974	1974 (La France sauvage)
Écrits de Sartre (M. Contat et M. Rybalka)	© 1970	1970
Sartre, film (A. Astruc et M. Contat)		1977

	1re édition	*Édition utilisée*
Situations, I	1947	1984
Situations, II	1948	1980
Situations, III	1949	1982
Situations, IV	1964	1980
Situations, V	1964	1983
Situations, VI	1964	1984
Situations, VII	1965	1980
Situations, VIII	1972	1980
Situations, IX	1972	1980
Situations, X	1976	1976

Œuvres posthumes :

	Écrit en	*Publié en*
Les Carnets de la drôle de guerre	1939-1940	1983
Cahiers pour une morale	1947-1948	1983
Lettres au Castor et à quelques autres	t. 1 1926-1939 t. 2 1940-1963	1983
Scénario Freud	1958, 1959, 1960	1984
Critique de la raison dialectique, t. II	1958-1960	1985

AUTRES ÉDITEURS

La Transcendance de l'ego (1973), Vrin, 1965.
Esquisse d'une théorie des émotions (1938), Hermann, 1965.

Introduction

« Écrire pour son époque »

« Nous affirmons que le salut se fait sur cette terre, qu'il est de l'homme entier par l'homme entier et que l'art est une méditation de la vie, non de la mort. »

J'aborde la pensée de Sartre par cette déclaration ; je la propose à ceux qui ne le connaissent pas, à ceux qui sont trop jeunes pour avoir été contemporains des batailles d'idées et de rues menées par lui dans son époque. Ceux qui ont connu Sartre — et qui sont nombreux — lors d'événements auxquels il ripostait, dans l'attente d'un article, d'une pièce, d'un roman, d'une réflexion philosophique qui les aidaient à penser et à agir, trouveront dans cette formule « l'optimisme impénitent » de cet homme présenté trop souvent comme négateur et pessimiste.

Cet optimisme est pari : « Je parie sur l'homme, pas sur Dieu. » Il n'est pas croyance à l'idée d'homme ; même s'il lutte contre les injustices, il rejette toute garantie : c'est cela l'athéisme.

S L'illusion rétrospective est en miettes ; martyre, salut, immortalité, tout se délabre, l'édifice tombe en ruine, j'ai pincé le Saint-Esprit dans les caves et je l'en ai expulsé ; l'athéisme est une entreprise cruelle et de longue haleine ; je crois l'avoir menée jusqu'au bout.

1/ *Les Mots*, 1964. « Folio », p. 212.

« Rien dans les mains, rien dans les poches », Sartre emploie souvent cette formule magique, à résonance enfantine, pour dévoiler, sans complaisance, l'absurde, l'injustifiable d'une existence qui n'a pas à être justifiée, la détérioration des hommes face aux événements et aux choses, l'altération croissante de leurs rapports entre eux et l'altérité constante. J'indiquerai comment Sartre écrit dans la guerre, dans les guerres, guerres passées, présentes, menaçantes et dans un monde de rivalités, de violences, de terreur où le contre-homme en nous ne cesse de réapparaître.

Ce n'est pas une raison pour désespérer, ou plutôt si, à condition de comprendre le désespoir comme refus d'espoir fallacieux et de le considérer comme une exigence à lutter malgré tout ici et maintenant :

S Cet avenir n'est pas encore fait, il n'est pas décidé : c'est nous qui le ferons, chacun de nos gestes contribue à le dessiner : il faudrait beaucoup de pharisaïsme pour ne pas sentir dans l'angoisse la mission redoutable qui est donnée à chacun de nous.

[...] L'homme ne peut *vouloir* que s'il a d'abord compris qu'il ne peut compter sur rien d'autre que sur lui-même, qu'il est seul, délaissé sur la terre au milieu de ses responsabilités infinies, sans aide ni secours, sans autre but que celui qu'il se donnera à lui-même, sans autre destin que celui qu'il se forgera sur cette terre. Cette certitude, cette connaissance intuitive de sa situation, voilà ce que nous nommons désespoir : ce n'est pas un bel égarement romantique, on le voit, mais la conscience sèche et lucide de la condition humaine. *De même que l'angoisse ne se distingue pas du sens des responsabilités, le désespoir ne fait qu'un avec la volonté;* avec le désespoir commence le véritable optimisme : celui de l'homme qui n'attend rien, qui sait qu'il n'a aucun droit et que rien ne lui est dû, qui se réjouit de compter sur soi seul et d'agir seul pour le bien de tous.

2/ M. CONTAT et M. RYBALKA, Gallimard, *Les Écrits de Sartre*, 1970, p. 656 (Extrait de *Action*, 24 décembre 1944).

Ici, fin 1944, dans l'hebdomadaire communiste *Action*, Sartre, dans « une mise au point », répond aux attaques injurieuses qui font de l'existentialisme athée une entreprise d'avilissement... Il refuse, en plein triomphe des idéologies, l'illusion d'un « avenir radieux », prévu grâce à la bonne marche du « processus historique » ou celle que donne l'espérance en un au-delà consolateur.

Il s'emploie, pour cela, à débusquer les abus, les compromis et la mauvaise foi des discours, même si lui-même évoque un « bien commun », suspect et fort évasif.

En 1980, dans la dernière interview parue avant sa mort, lorsqu'il rejette le désespoir, la démarche de Sartre est analogue, malgré l'apparente contradiction. Le titre « L'espoir maintenant » des entretiens avec Benny Lévy, parus dans *Le Nouvel Observateur* (mars

1980), exprime une exigence éthique contre l'abdication d'un « désespoir mou et faisant recette ». Sartre parle, à nouveau, à contre-courant : tandis que les idéologies semblent avoir fait faillite, la tentation est grande d'entériner un constat catastrophique. Mais de cette « planète mauvaise », de cette troisième guerre mondiale menaçante, de cette déception provoquée par les « pays socialistes », Sartre n'accepte pas la fatalité. Quelles que soient la complexité et les désillusions, il y a à chercher une issue, à créer des trous d'air... Si le terrain politique semble miné, si l'histoire piétine ou chavire, alors, que ce soit de façon personnelle ou interactive, sur le plan éthique et au coup par coup, que se conquièrent des mutations !

Il faut d'abord « changer nos têtes », construire des « îlots de fraternité », répondre aux urgences sans prétendre « au bien commun ». Ces transformations éthiques ne se substituent pas à des changements d'ordre social, mais sont nécessaires, si l'on veut tenter un « projet démocratique » où les structures communes ne tuent pas, mais supposent des initiatives individuelles. Cet « espoir maintenant » n'est pas si utopique que cela et l'on peut même dire que la capacité de mutations dans nos têtes est appelée par le type de crise où nous nous trouvons.

> Si nous étions sûrs de notre système de valeurs, l'inquiétude ne serait pas de mise ; les équivoques seraient un excellent « moteur de l'histoire ». Afin de vivre sans crainte le mouvement de la société, il nous faut un minimum d'éthique ; de ce point de vue, le politique redevient enfin utile. Les valeurs constituent à l'évidence son meilleur fonds de commerce. C'est par cet étrange détour qu'il vient au secours des équivoques, non pour

> les aider à travailler la réalité, mais pour contribuer à la pérennité des quelques principes moraux qui les empêchent de mal tourner. *Étrange fonction du politique, dira-t-on, de jouer un rôle éthique.* Dans une société où le poids des Églises s'est affaissé autant que celui des autres appareils, où la morale, religieuse ou laïque, a plutôt mauvaise presse, que reste-t-il d'autre que le politique, à condition d'accepter toutes les scories qui l'encombrent, pour préserver cette dimension essentielle ? Mais n'est-ce pas trop lui demander ?
>
> *La démarche libérale-libertaire appelle, à sa manière, un surcroît d'éthique ; elle nous ramène aux interrogations récurrentes sur le rôle de la morale dans une société.* Si la récession conduit à l'efflorescence de la société, celle-ci facilite-t-elle la quête d'une morale ? La crise aura de la sorte poussé ses vertus cathartiques jusqu'à nous ramener aux interrogations les plus classiques : la modernité ne rompt pas le fil d'Ariane.
>
> 3/ A. MINC, *L'Avenir en face*, Le Seuil, 1984, p. 256.

Cette conclusion ouverte d'Alain Minc propose, au présent, en période d'incertitude, le va-et-vient du politique à la morale, de la morale au politique, que Sartre a toujours tenté : la notion même de *situation* exprime ce lien.

Je ne couperai pas le fil d'Ariane.

Je ne ferai pas entrer Sartre dans l'Histoire, ce qu'il redoutait le plus quand il était encore vivant et que l'on figeait sa pensée, toujours capable de se renouveler, de se contester, si péremptoires soient parfois ses affirmations dans le feu de l'action et de la polémique. Même si, depuis 1980, il est mort ; même si nous ne pouvons séparer sa vie et son œuvre du souvenir de son enterrement où marchaient dans Paris, de l'hôpital Broussais au cimetière Montparnasse, des dizaines de milliers de gens, nous ne pouvons en parler au passé révolu.

Il faut tenter de ne pas isoler l'homme et sa pensée de son époque, de ses époques et faire revivre à travers lui ce demi-siècle dont il fut acteur : « trois générations réunies », annonce-t-il en 1970 à la formation du Secours Rouge avec Charles Tillon... Et ce n'était pas sa dernière étape !

Mais, chaque fois, il prenait le risque.

S Un livre a sa vérité absolue dans l'époque. Il est vécu comme une émeute, comme une famine. Avec beaucoup moins d'intensité, bien sûr, et par moins de gens : mais de la même façon. C'est une émanation de l'intersubjectivité, un lien vivant de rage, de haine, ou d'amour entre ceux qui l'ont produit et ceux qui le reçoivent.

[...]

L'époque accouche dans les douleurs des événements que les historiens étiquèteront par la suite. Elle vit à l'aveuglette, dans la rage, la peur, l'enthousiasme, les significations qu'ils dégageront par un travail rationnel. Au sein de l'époque, chaque parole, avant d'être un mot historique ou l'origine reconnue d'un processus social, est d'abord une insulte ou un appel ou un aveu ; les phénomènes économiques eux-mêmes, avant d'être les causes théoriques des bouleversements sociaux, sont soufferts dans l'humiliation ou le désespoir, les idées sont des outils ou des fuites, les faits naissent de l'intersubjectivité et la bouleversent, comme les émotions d'une âme indivi-

> duelle. C'est avec les époques mortes qu'on fait l'histoire, car chaque époque, à sa mort, entre dans la relativité, elle s'aligne le long des siècles avec d'autres morts, on l'éclaire avec une lumière nouvelle, on la conteste par un savoir neuf, on résout pour elle ses problèmes, on démontre que ses recherches les plus ardentes étaient vouées à l'échec, que les grandes entreprises dont elle était si fière ont eu des résultats opposés à ceux qu'elle escomptait ; ses limites apparaissent tout à coup et ses ignorances. Mais c'est *parce qu'elle* est morte ; ces limites et ces ignorances n'existaient pas « à l'époque ».
>
> 4/ M. CONTAT et M. RYBALKA, *Les Écrits de Sartre*, 1970, p. 672. (Fragment inédit de *Qu'est-ce que la littérature ?*, 1946.)

Je tenterai donc de faire comprendre la pensée de Sartre, ses interventions et ses aberrations selon le mouvement même *« d'époques »* allant chacune « vers un avenir qui était son avenir et qui est mort avec elle »..., sans oublier « cette audace, cette imprudence, cette ignorance de son ignorance »... internes à chaque *« époque »*. Il faut donc éviter « l'illusion rétrospective ». Mais l'éclairage de l'histoire est cependant nécessaire, car les événements vont vite et dévoilent les dérives, les errances, les freins, les blocages qu'expriment les engagements de Sartre, liés aux espoirs dominants, de 1945 à sa mort. J'essaierai d'aller du devenir des époques aux leçons de l'Histoire, en cette longue durée où Sartre fut toujours présent. Je me demanderai ce qui répond ou ce qui ne répond plus à notre actualité et si l'exclamation de Maurice Clavel : « Nous avons besoin de Sartre ! » reste vraie. Alors il se peut que l'ontologie de Sartre corresponde à notre époque où la crise est interminable et où le déséquilibre devient règle : la conscience est définie par la non-coïncidence et le questionnement incessant ; la contingence est crise ; il n'y a pas de « bonnes habitudes » (car ce sont des habitudes) selon une éthique de l'instabilité et de l'infidélité ; les prévisions à long terme sont illusoires puisque la liberté est incontournable ; l'individu est irréductible à l'Histoire et l'initiative personnelle est indispensable à l'entreprise commune ; les groupes, dont la durée est difficile, s'opposent à la fixité des institutions... La liste serait longue de ce qui, en ontologie et en morale, exprime les résistances libertaires de Sartre aux idées dominantes qui ont pesé sur lui. Ces résistances aident à « redécouvrir Sartre », selon l'expression de Barthes, à un moment où notre société bascule et où la crise conduit à mettre à l'épreuve l'ensemble de nos valeurs : elles deviennent des pistes du devenir-présent. « Je ne me remettrai jamais, je le crois vraiment, de sa mort. Car que faire parfois ? Que penser ? Il n'y avait plus que cet homme foudroyé qui puisse me le dire, il n'y avait que lui que je puisse croire. » F. SAGAN, *Avec mon meilleur souvenir*, « Lettre d'amour à Jean-Paul Sartre », Gallimard, 1983, p. 194.

« Une vie se déroule en spirale »

Cette figure convient bien à Sartre, encore que le mot « spirale » qui répond à l'inachèvement d'une liberté toujours en éveil évoque une continuité que dément sa « mission d'être infidèle à tout », même s'il s'engage à fond, même si « ça dure » longtemps.

Les mutations de la pensée de Sartre vont de *l'existentialisme* des années d'après-guerre, quand on lui en « colle l'étiquette », à une relation au *marxisme*, qui correspond au rôle qu'il donne à la praxis, à sa recherche des rapports de l'individu à l'Histoire, au déplacement de la morale aux luttes politiques, puis, dans les dernières années, à un retour à la morale et à la dissociation du pouvoir et de la liberté. Ces déplacements prouvent sa capacité à mettre en question sa propre pensée : il n'hésitait pas, à la fin de sa vie, pour fonder sa morale, à revenir sur l'analyse qu'il avait faite du rapport à l'autre dans *L'Être et le Néant*.

Et tant pis si tout était à recommencer !

Cela n'exclut pas des permanences ou plutôt des réaffirmations qui font penser à la « volonté de puissance », si l'on entend par là (comme le propose Gilles Deleuze, à propos de Nietzsche) une capacité à vouloir à nouveau ce qu'on dit ou fait.

Ces réaffirmations structurent ce livre

Sartre réaffirme l'autonomie de l'individu (conscience ou praxis) envers et contre tous : envers et contre un marxisme qui réduit l'individu à être agent historique, puis envers et contre le structuralisme qui fait du sujet l'effet du système. Cette irréductibilité définit l'existentialisme.

S — *Maintenez-vous, aujourd'hui encore, l'autonomie de l'existentialisme au sein du marxisme, comme vous le disiez en 1957 ?*

— Oui, tout à fait.

— *Donc, vous acceptez encore l'étiquette d'existentialiste ?*

— Le mot est idiot. Ce n'est d'ailleurs pas moi, comme vous savez, qui l'ai choisi : on me l'a collé et je l'ai accepté. Aujourd'hui, je ne l'accepterais plus. Mais personne ne m'appelle plus « existentialiste », sauf dans les manuels où ça ne veut rien dire.

— *Étiquette pour étiquette, vous préférez celle d'« existentialiste » ou celle de « marxiste » ?*

— S'il fallait absolument une étiquette, j'aimerais mieux existentialiste.

5/ *Situations, X* « Autoportrait à soixante-dix ans », 1976, p. 192. (Propos recueillis par Michel CONTAT.)

Je commencerai par développer le lien de la vie de Sartre à son époque. J'analyserai ensuite, dans le premier tome de ce livre, les aventures du sujet. Ce que Sartre en dit fait scandale, en 1945, face au matérialisme et à l'idéalisme. Vingt ans plus tard, sa conception du sujet est attaquée par les structuralistes. En m'appuyant sur les romans (particulièrement *La Nausée*), sur des articles (pris dans les dix tomes des *Situations*), sur les premières œuvres philosophiques *(La Transcendance de l'ego,* l'*Esquisse d'une théorie des émotions, L'Imaginaire)* et sur *L'Être et le Néant*, je parcourerai la randonnée de Sartre interrogeant le sujet (qui suis-je ?) en son déséquilibre (ontologie de crise).

Ainsi va-t-il du champ inpersonnel à la conscience-dans-le-monde, de la conscience irréfléchie à la réflexion complice et à la réflexion pure ; ainsi va-t-il, selon une autre trajectoire, de *L'Être et le Néant* à *L'Idiot de la famille*, de la conscience à l'opacité du vécu.

Le deuxième tome de ce livre s'ouvre sur la liberté : l'entière liberté, inséparable de l'engagement, est limitée par celle des autres ; elle est toujours hypothéquée, s'exerce dans un monde aliéné et n'est rien hors de ses manifestations. L'analyse des aliénations s'exprime notamment dans le théâtre, dans les articles des *Situations*, dans les biographies. Le rapport de la liberté à la situation historique conduit aux débats qui se sont succédé autour de la pensée de Sartre et du marxisme, avant et à partir de la *Critique de la raison dialectiquc.*

La réaffirmation de la liberté est fondamentale dans la pensée de Sartre : elle constitue la réalité humaine, de sorte que « nous ne sommes jamais le simple produit ce ce qu'on a fait de nous », mais toujours quelque chose en plus... toujours à nous faire et à nous refaire, même si « la nécessité ronge notre liberté » : *la transcendance*, pour Sartre, c'est uniquement cela : nous ne sommes pas réduits à la *« facticité ».*

Cette réaffirmation s'exprime dans les différences ; nous verrons que les rapports de la liberté et de la nécessité ne sont pas les mêmes dans la perspective individualiste de *L'Être et le Néant* et dans les « ensembles pratiques » de la *Critique de la raison dialectique.* Nous interrogerons le bien-fondé de ces déplacements sans oublier cependant que la liberté est toujours *en situation* et suppose la possibilité de choix se constituant dans l'acte. Sans oublier d'autre part que cette « entière liberté » ne se sépare pas du poids des aliénations.

« Totalement conditionné et totalement libre » : Sartre poursuit cette double affirmation contradictoire dans la quête d'une « morale concrète » qu'il n'a jamais élaborée mais qu'il ne cesse de chercher, même lorsqu'il lui semble devoir passer par la transformation sociale et l'action politique pour en rendre possible la réalisation.

Annoncée en fin de *L'Être et le Néant*, huit cahiers de notes en développent les thèmes dans les années qui suivent : deux cahiers sont conservés, publiés récemment (1983) sous le titre : *Cahiers pour une morale.* Ces textes datent des années 1947-1948. Ils dévoilent une morale placée, comme l'art, sous le signe de la création. C'est pourquoi j'ai tenu à établir ce lien affirmatif en fin de parcours.

C'est par la création que se constitue la personne ; c'est par la création que le rapport à l'autre devient générosité, car la création est don.

C'est par la création que peut être réalisé ce qui n'est pas : saut, transcendance, tels que nous ne nous contentons jamais du constat, tels que nous n'acceptons jamais le sort comme une fatalité indépassable.

La création nous jette vers de nouvelles interrogations. C'est pourquoi on n'en finit pas :

> L'œuvre philosophique de Sartre n'est pas un système mais une totalisation qui se fait et se défait en un constant va-et-vient où se déplacent et se recoupent les problèmes à partir de la contingence et fondés sur la liberté.
>
> Aussi n'est-il pas surprenant que Sartre nous laisse chaque fois en suspens : son œuvre, comme la valeur, est « manqué de tous les manquants », échec, comme il se plaît à dire, puisque la satisfaction de l'achèvement contredirait fondamentalement le sens même de cette pensée dont la non-coïncidence permet de « mordre sur l'avenir ».
>
> Outre son tempérament, cette fuite en avant où il aime entreprendre du neuf et préfère son prochain livre à celui qu'il a terminé, cet inachèvement est fondamental, même s'il n'a pas toujours les mêmes causes.
>
> [...]
>
> Cet inachèvement témoigne notamment ici de

la faille irréductible entre la pensée de Sartre et l'hégélianisme ou le marxisme. Il exprime des aléas tels que jamais le local ne pourra rejoindre le global.

[...]

Vive l'inachèvement des œuvres de Sartre ! C'est grâce à ces déplacements qu'il approfondit les axes mêmes de sa pensée et la reprend par tous les bouts : la contingence, la liberté, l'altérité, l'individu et le collectif, l'angoisse et le projet, la violence et la réciprocité, le réel et l'imaginaire... Tissu interrogatif où rien n'est jamais acquis, mais toujours à contester, de sorte que l'achèvement y est impensable et l'échec la règle.

[...]

Car c'est peut-être toute une vie en ses détours, en ses risques, en ses dons, en ses échecs et en ses réalisations, construisant la personne, qui permet de dévoiler la morale qui l'a toujours animée.

Axe itinérant, randonnée, et non système, en une réaffirmation constante des questions philosophiques.

6/ J. Colombel, *Sartre ou le Parti de vivre*, Grasset, 1981, pp. 69-70.

Question de méthode

Comment exprimer ici l'ampleur protéiforme de l'œuvre de Sartre ?

Ses œuvres littéraires (romans, nouvelles, théâtre), philosophiques (dont *L'Être et le Néant* et la *Critique de la raison dialectique*), politiques, critiques (art et littérature), biographiques (des *Mots* à *L'Idiot de la famille*) s'entrecroisent. Bien des textes sont inclassables, même si tous sont, d'une façon ou de l'autre, « des exercices de liberté » ; des manuscrits égarés sont encore découverts et parfois publiés : « totalisation en cours » qu'il ne s'agit pas de traiter globalement. Tout au plus peut-on tenter, selon les axes indiqués, de donner de la généralité à des textes singuliers écrits le plus souvent, dans leur diversité, sous l'impulsion d'événements et de circonstances.

Ainsi en est-il des *Réflexions sur la question juive*, écrites à un moment où l'holocauste restait masqué, dans un silence complice malgré la découverte des camps de la mort : Sartre écrivit donc ce texte dans l'urgence : s'il paraît insuffisant à certains qui reprochent le manque de documentation, c'est que trente ans après ils ont oublié l'époque[1].

Personne n'y trouvera son compte de ceux qui attendent « leur » Sartre, le bout qu'ils en connaissent, auquel ils se réfèrent et qui leur semble le bon bout. Je suis consciente des manques que certains jugeront scandaleux. Disons alors de cette présentation qu'elle est « le manqué de tous les manques » destinée à faire aller plus loin, dans l'œuvre même, des lecteurs intéressés.

De plus, quoi qu'en ait dit Marguerite Duras à Pivot, n'y a-t-il pas frustration quand on quitte l'écriture de Sartre pour dire les choses autrement : répliques de théâtre, rythme et sonorités de *La Nausée*, ciselure des *Mots*, force épique, violence polémique, descriptions phénoménologiques. On voudrait ne pas s'arrêter dans ces jeux d'écritures multiples dont Sartre s'est toujours préoccupé par amour du langage et pour mieux communiquer. J'insisterai sur ce problème à plusieurs occasions. Le commentaire (le mien

1. Voir « Sartre et la question juive », p. 201.

ou celui d'auteurs) semble alors « de trop », comme ces individus gênés d'exister dont Sartre parle dans *La Nausée.*

Aussi — seconde remarque — je privilégierai, selon la loi du genre *« textes et débats »*, ceux-ci par rapport aux commentaires. Le commentateur interprète et ressemble parfois à ces « gardiens de cimetière » qui « jouissent de la supériorité des chiens vivants sur les lions morts » *(Qu'est-ce que la littérature ?)*

C'est pourquoi — sauf exception — j'ai délibérément opté *pour les débats d'époque* où Sartre attaque ou défend ses idées à coups de rapière contre des adversaires vivants qui le condamnent et le rejettent : chrétiens, marxistes, bien-pensants, anciens amis : Aron, Camus, Merleau-Ponty, Lefort... Puis conflits de génération philosophique avec les structuralistes quand se développent de nouvelles problématiques qui semblent ne devoir rien à Sartre : si la critique de Lévi-Strauss porte directement sur une œuvre de Sartre, la pensée de Michel Foucault poursuit indirectement l'entreprise de décapage et celle de Lacan (plus proche qu'il ne le dit) joue sur celle de Sartre. D'autres, comme Bachelard, puis Barthes, se servent de textes de Sartre comme de boîtes à rêves et certains — comme Gorz — vont leur propre chemin. Ces débats d'idées et d'influences sont d'autant plus importants qu'ils sont ceux de notre siècle et retentissent au présent.

C'est pourquoi j'ai préféré insister sur ce que provoque de neuf la pensée de Sartre plutôt que sur l'héritage « trahi » de Descartes ou de Husserl dont il retient la méthode et rejette l'egologie. C'est pourquoi je me suis contentée d'évoquer le choc reçu à la lecture de Heidegger (*L'Être et le Temps* et *Qu'est-ce que la métaphysique ?*) sans faire d'étude comparative entre deux ontologies si différentes que Hyppolite parle à ce sujet de « contresens génial ». C'est Sartre, « universel-singulier », dont il sera question ici et qui y sera mis en question.

Ce tri m'autorise à renvoyer le lecteur à une bibliographie, certainement incomplète tant on a écrit « sur Sartre » : « Il y a tant d'interprétations possibles dans le peu de chose que dit un écrivain », remarquait-il quand les chercheurs anglais, américains, japonais ou autres le sollicitaient.

Ces interprétations se renouvellent selon les courants et les écoles dans le risque qu'il dénonçait à propos du marxisme *(Question de méthode)* d'enfermer le créateur dans des grilles préétablies : Valéry est, sans doute, un « intellectuel petit-bourgeois » mais pourquoi et en quoi est-il ce créateur singulier ? L'utilisation actuelle de la psychanalyse dans l'interprétation littéraire peut présenter le même risque. Sartre y prête, certes, doublement, parce qu'il a lui-même cherché à comprendre le lien de l'homme à l'œuvre et parce qu'il a refusé le champ psychanalytique dont il joue pourtant. Quand l'entreprise est systématique, comme dans le livre *Sartre au miroir*, de Josette Pacaly, l'interprète a beau affirmer « ne pas appliquer une grille de concepts préfabriqués » et se soucier de confronter les textes « au mode d'expression de l'inconscient », images, métaphores, situations sont cependant soumises à une hypothèse qu'elle peut toujours confirmer :

> Notre hypothèse d'une filiation pré-œdipienne (orale et anale surtout) de la libido chez Sartre enfant, liée à l'impossibilité d'affronter l'œdipe et au complexe des castrations ne pourra être étayée que progressivement. Ainsi l'analité, discrète dans *Les Mots*, volontairement déplaisante dans

« L'Enfance d'un chef », triomphe dans *Saint Genet*. Mais il faut bien commencer, et d'abord par ce que Sartre dit de lui lui-même.

7/ J. PACALY, *Sartre au miroir*, Klincksieck, 1981, p. 71.

Doit-on interpréter « le massif biographique » comme preuve de narcissisme ou de « passion de comprendre autrui » (Sartre) ? Doit-on considérer toute son œuvre comme « une forteresse que Sartre a bâtie pour se défendre » ?

La révélation des thèmes et images répétitifs ne se fait-elle pas aux dépens des différences ? Ainsi qu'en est-il de l'assimilation des trois mères (celle de « L'Enfance d'un chef », celle de Poulou (Sartre), celle de Gustave Flaubert) « toutes trois actives, préventives, diligentes, protectrices »... que Sartre présente si différemment !

Cette analyse ne masque-t-elle pas la singularité et l'imprévisibilité de *cette* création et ne piège-t-elle pas la psychanalyse elle-même en l'utilisant sans transfert possible et hors de la « construction de l'espace psychanalytique » ? N'abuse-t-elle pas d'un pouvoir toujours tentant pour l'interprète qui met le créateur sous sa coupe en le lisant « armé de sa propre méthode » ?

Je tenais à signaler ce courant, parmi d'autres interprétations, dans la mesure où liant l'homme à l'œuvre, il illustre une lecture où « ne croyant pas Sartre sur parole » mais « le prenant aux mots », on privilégie le non-dit de l'intertexte maternel au risque d'y subordonner le texte de l'écrivain.

Je m'en tiendrai aux textes.

Comment lire Sartre ?

Question stupide : il n'y a ni ordre ni recette.

Le mieux est de lire selon l'intérêt et les circonstances. Qui penserait, par exemple, que des *« rouquins et rouquines »* (de Xavier Fauche et Lucien Rioux) comprendraient mieux leur différence et leur comportement sous le regard de l'autre grâce aux *Réflexions sur la question juive* ou que *La Nausée* exprimerait la peur d'un dimanche sans emploi du temps au point de troubler un auditoire ?

On peut s'interroger sur les groupes et les institutions ou sur la rareté du temps sans lire toutes les 700 pages de la *Critique de la raison dialectique*, sur la névrose de l'écrivain, l'imaginaire, l'acteur ou la bêtise sans lire les 2 000 pages de *L'Idiot de la famille*, réfléchir sur la liberté et la responsabilité en quelques pages de *L'Être et le Néant*, sur la difficulté à communiquer et l'ambivalence d'autrui en d'autres passages... Alors, peut-être, en « accrochant par le milieu » lira-t-on d'un bout à l'autre ces œuvres pivots ?

Mais il y a les pièces qui disent les mythes de notre siècle, y compris celui de l'acteur dans l'amusement de Kean.

Il y a les romans, où l'époque éclate dans l'incertitude et le retour à *La Nausée* que Sartre considérait comme le livre auquel il tenait le plus, même si beaucoup de lecteurs préfèrent l'artifice des *Mots*.

Il y a, d'un texte à l'autre, achevé ou pas, des biographies qui témoignent de la compréhension attentive de Sartre aux autres, mêlée d'imagination : Tintoret, Baudelaire, Nizan, Genet, Flaubert... Il n'y a que Stendhal dont il n'a pas parlé parce qu'il en était trop proche !

Il y a surtout les *Situations* dont Sartre disait souvent qu'il y tenait plus qu'à tout le reste.

Dix tomes, inclassables, sur lesquels je m'appuierai souvent : ils jalonnent la vie de Sartre et témoignent de la diversité de ses interventions et de ses créations. Très schématiquement on peut dire que *Situations, I* rassemble des critiques littéraires de type nouveau autour de 1940 et quelques textes philosophiques essentiels (« Une idée directrice de la phénoménologie de Husserl, l'intentionnalité » et « La liberté cartésienne »). *Situations, II* développe, dans la « Présentation des *Temps modernes* » et « Qu'est-ce que la littérature ? », le rôle de l'écrivain et les raisons de l'engagement en 1947. Les textes de *Situations, III* sont ceux de l'après-guerre : ils sentent le feu et les armes « d'une semaine d'apocalypse » et contestent déjà le matérialisme en revendiquant la révolution dans une lutte tous azimuts contre l'oppression (« Matérialisme et révolution »). Ceux de *Situations, IV* sont plus personnels et biographiques : entre tous (« Des rats et des hommes », « Merleau-Ponty », etc.) je veux signaler l'« Avant-propos à *Aden Arabie* » (1960). Peu d'hommes ont su mieux dire une telle amitié, mieux retrouver une enfance, mieux réhabiliter un individu et son œuvre condamnés comme traîtres par les communistes : renaissance de Nizan qui crie : « J'avais vingt ans, je ne laisserai personne dire que c'est le plus bel âge de la vie », méditation de Sartre sur le gâchis de l'après-guerre et de la gauche en pleine guerre d'Algérie. Toutes les interventions de Sartre pendant cette guerre sont rassemblées dans *Situations, V* sans qu'on puisse les séparer des articles drôles et polémiques contre le pouvoir personnel, l'abdication des citoyens et le recul démocratique inauguré par la constitution de la Ve République.

Situations, VI et *VII* contiennent les prises de position claironnantes de Sartre en faveur des communistes de 1952 à 1956 (« Les communistes et la paix »), puis le texte critique après l'intervention sanglante des Soviétiques en Hongrie (« Le fantôme de Staline »). Ces textes, comme déjà la « Réponse à Albert Camus » *(Situations, IV)* sont les pièces de débats que j'introduirai en donnant la parole à tous les participants.

Situations, VIII et *Situations, IX* regroupent des textes variés sur la France, sur le Vietnam (Tribunal Russell), sur « Sartre par Sartre » : son évolution, sa réflexion sur le développement des sciences humaines (sur la philosophie et l'anthropologie), sur le langage qui, d'autre part, traverse toute son œuvre : nous l'avons évoqué pour *Situations, II* mais déjà « Aller et retour », « Les hommes et les choses » (sur Brice Parain et sur Ponge), puis « Orphée noir » *(Situations, I et III)* traitent de prose et de poésie : du langage « pratico-inerte » dans la *Critique de la raison dialectique* à sa fonction libératrice dans *Saint Genet...* s'approfondit et se déplace toute une série de réflexions sur « L'écrivain et sa langue » que Sartre, « né de l'écriture » *(Les Mots)*, resserre ici[1].

Situations, IX comporte aussi un des textes les plus poignants et lucides, par lequel Sartre donne une dimension universelle au courage des résistants des pays totalitaires. Préface au livre d'Antonin Liehm, *Trois générations*, « Le socialisme qui venait du froid » n'est pas seulement une dénonciation de l'inhumanisme masqué de « ce socialisme-là » mais un exemple de courage personnel pour qui veut penser au prix de sa vie.

Dans *Situations, X* sont juxtaposés des textes poli-

1. Voir *Situations, IX*, « L'écrivain et sa langue » ; tome II, 5e partie : « L'écriture est magie et communication. »

tiques datant des années 70 qui montrent l'écoute de Sartre aux marges et aux luttes nouvelles (notamment une préface au *Procès de Burgos* de Gisèle Halimi contre le jacobinisme et la centralisation, en soutien aux peuples minoritaires) et des textes personnels : l'entretien avec Michel Contat, « Autoportrait à soixante-dix ans » est celui qui nous fait approcher la vie quotidienne de Sartre en toute simplicité : il constitue, au bout du compte, un témoignage direct que nous donnent les *Lettres au Castor* et *Les Carnets de la drôle de guerre* dans la force de l'âge.

On a raison de se révolter indique, de façon très actuelle encore, son cheminement politique (les entretiens se déroulent en 1972-1973. Ils paraissent en 1974).

A Michel Contat qui l'interroge, Sartre répond en 1974 :

S — [...] *quelle partie de votre œuvre souhaitez-vous voir reprise par la nouvelle génération ?*

— Les *Situations, Saint Genet,* la *Critique de la raison dialectique* et *Le Diable et le Bon Dieu.* Les *Situations* c'est, si vous voulez, la partie non philosophique la plus proche de la philosophie : critique et politique. Ça, j'aimerais bien que ça reste et qu'on le lise. Et puis *La Nausée* aussi. Je considère que, du point de vue proprement littéraire, c'est ce que j'ai fait de mieux.

8/ *Situations, X*, « Autoportrait à soixante-dix ans », 1976, p. 155.

Depuis la mort de Sartre, la publication des *Carnets de la drôle de guerre* (1939-1940) en 1983, celle d'une partie des notes pour la grande morale (1947-1948) parues sous le titre : *Cahiers pour une morale* (1983), le *Scénario Freud* (1984), les *Lettres au Castor et à quelques autres* (1983) nous font connaître de nouveaux aspects de la vie et de la pensée de Sartre. Voilà les jalons d'un long parcours dont je vais indiquer les étapes chronologiques.

Repères chronologiques

Dans la mesure où la vie de Sartre et son œuvre ne se séparent pas des époques où il a écrit et agi, dans la mesure aussi où une spirale ne suit pas un ordre chronologique et où les thèmes selon lesquels la pensée de Sartre sera déployée répondront à des réaffirmations, j'indique ici quelques repères chronologiques[1].

Jean-Paul Sartre est né le 21 juin 1905. Son père meurt peu après (février 1906) : il vit alors dans la famille Schweitzer chez ses grands-parents « Karlémami », à Paris, avec sa mère qu'il considère un peu comme une sœur : Sartre raconte cette enfance dans *Les Mots*.

Puis viennent les traumatismes : remariage de la mère, découverte de la « laideur », départ à La Rochelle, violence et solitude de l'adolescence, guerre de 14-18. Sartre n'en parle que par bribes (film, carnets, lettres...).

En 1920, retour à Paris, lycée Henri-IV : Nizan et lui se retrouvent, deviennent inséparables, préparent l'E.N.S. au lycée Louis-le-Grand et sont reçus à Ulm : ce sont des personnages, « ils se nomment eux-mêmes R'ha et Bor'hou ». Sartre, « satyre officiel », est réputé pour son goût des « canulars » et sa gaieté : il jette des

1. Se reporter à la chronologie de la Pléiade, *Œuvres romanesques*, pp. XXXVI à CIV et aux livres de S. de Beauvoir, *Mémoires d'une jeune fille rangée, La Force de l'âge, La Force des choses, Tout compte fait, La Cérémonie des adieux.*

bombes à eau en criant « Ainsi pissait Zarathoustra ! », crée et joue la revue de l'École, *Le Désastre de Langson.*

« A vingt ans, c'était l'être le plus généreux et le meilleur compagnon qu'on puisse imaginer » (Jean Fabre)... « Il se faisait remarquer par sa puissance de travail, par ses résultats brillants mais aussi par son entrain et sa bonne humeur » (Canguilhem).

En 1925, il fait la connaissance d'une cousine (Simone Jolivet, « Toulouse ») qu'il semble aimer beaucoup comme en témoignent quelques lettres. Refusé à l'agrégation en 1928, il joue le jeu et est reçu premier l'année suivante. Simone de Beauvoir qu'il a rencontrée cette année-là est reçue seconde. « Quand je le quittai début août, je savais que plus jamais il ne sortirait de ma vie », écrit-elle. Il s'agit d'abord « d'un bail de deux ans », puis d'un « amour nécessaire » n'excluant pas « des amours contingentes ».

Les lectures marquantes des années 30 sont : *Le Voyage au bout de la nuit* (Céline, à qui *La Nausée* sera dédiée), *Le 42e Parallèle* (Dos Passos), puis Hemingway, Faulkner... Ses conversations avec Raymond Aron lui font découvrir la phénoménologie qu'il part travailler à Berlin en 1934.

A partir de 1931, il est professeur au Havre, Simone de Beauvoir à Marseille puis à Rouen. Il travaille à *La Nausée* depuis plusieurs années et écrit son premier texte philosophique publié : *La Transcendance de l'ego* (1934). C'est l'année où *La Nausée* est enfin acceptée par Gallimard : elle a un grand retentissement tandis que paraissent dans la N.R.F. plusieurs nouvelles bientôt rassemblées dans *Le Mur.*

Nous en sommes là avant-guerre où Sartre (qui a refusé de faire l'école préparatoire d'officier) est spectateur sympathique des défilés du Front populaire mais profondément individualiste. « La guerre a vraiment divisé ma vie en deux, elle a mis le social dans ma tête. » *Les Carnets de la drôle de guerre* en disent le quotidien. Puis c'est le Stalag et la découverte de la vie communautaire : « Ça m'a beaucoup appris. » Il travaille avec des prêtres, crée et monte *Bariona* : nativité symbolique pour tous les prisonniers. Il se fait libérer en mars 1941 et crée avec Merleau-Ponty, J. et D. Desanti, Jean Cuzin, S. de Beauvoir, etc., un groupe de résistance « Socialisme et Liberté » qui ne durera pas longtemps : manque d'expérience et hostilité des communistes. Alors, tout en ayant publié *L'Imaginaire* (1940) et en publiant *L'Être et le Néant* (1943), il cherche à jouer un rôle comme *écrivain* résistant : en 1943, il adhère au Comité national des écrivains et collabore aux *Lettres françaises* clandestines. *Les Mouches*, montées par Dullin (2 juin 1943), semblent participer d'un théâtre de contestation. Je développe dans « La guerre et la gloire », pp. 87 *sqq.*, l'explosion existentialiste des années d'après-guerre : théâtre, conférences, romans, découverte de *L'Être et le Néant*, création des *Temps modernes*, reportages aux U.S.A. et ailleurs...

La gloire ne va pas sans haine et les injures, déjà lancées à propos de *La Nausée* et de certaines nouvelles du *Mur* (« Intimité », « L'Enfance d'un chef »...) changent de sens et d'ampleur : elles auront désormais une dimension politique, à droite et à gauche : « La célébrité, pour moi, ce fut la haine. »

Cette dimension politique vient de l'influence de Sartre sur la jeunesse et de son audience mondiale. Elle est provoquée aussi par les engagements que Sartre ne cessera désormais de prendre.

Dès la Libération, les rapports avec les communistes sont très hostiles et le rapprochement ne se fera (dans la méfiance constante) qu'à l'occasion des guerres coloniales, notamment de la guerre d'Indochine et de « l'affaire Henri Martin ». Cela n'empêche pas Sartre de dénoncer le stalinisme, « incompatible avec l'exercice honnête du métier littéraire » et de chercher une voie indépendante pour lutter contre la guerre : le R.D.R. (Rassemblement Démocratique Révolutionnaire) se forme en 1948 avec David Rousset, Camus, etc. : cette expérience est discutée dans les *Entretiens sur la politique*, mais ne dure pas longtemps : la neutralité est illusoire, Sartre s'oppose à la tendance pro-américaine : le R.D.R. éclate fin 1949.

C'est alors, en pleine guerre froide, la période où Sartre, au Mouvement mondial de la paix (congrès de Vienne), devient « compagnon de route » du parti communiste. Ce qui n'exclut pas les injures. La rupture aura lieu à propos de l'invasion soviétique en Hongrie (1956), même si, plus tard, Sartre et Simone de Beauvoir continuent à voyager en U.R.S.S. (1960, 1963). Il espère en Cuba où il séjourne en 1960 et dont il tire le reportage : « Ouragan sur le sucre » publié dans *France-Soir* (28 juin, 15 juillet). C'est aussi le temps de la guerre d'Algérie où se succèdent les engagements, les actes et les écrits de Sartre dont je reparlerai. Francis Jeanson, qui est son ami, son collaborateur aux *Temps modernes* et qui a écrit les premiers livres sur Sartre (*Le Problème moral et la pensée de Sartre* puis *Sartre par lui-même*) organise les réseaux d'aide au F.L.N. et lance le Manifeste des 121. La rencontre avec Frantz Fanon qui fait des *Damnés de la terre* dans le tiers monde l'avenir de l'humanité date de 1960.

Les attaques contre Sartre sont de plus en plus violentes. Il est à deux reprises plastiqué par l'O.A.S. et l'on crie « Fusillez Sartre »... Mais de Gaulle se déclare contre toute inculpation : « On n'emprisonne pas Voltaire. »

Pourtant Sartre n'a pas ménagé de Gaulle : les articles *(Situations, V)* intitulés « Les grenouilles qui demandent un roi », « Le Prétendant », « La Constitution du mépris » dénoncent (avec toute la gauche alors dans l'opposition !) le référendum qui fonde la Vᵉ République : Sartre en montre le caractère antidémocratique et l'assistanat des Français. Il a toujours avec la gauche des rapports conflictuels : « La gauche, cette charogne », dit-il dans l'avant-propos à *Aden Arabie* (1960) qui toucha tant la jeunesse, et il ajoute souvent que « la gauche fait la politique de la droite ».

Ces années terribles n'empêchent ni les rencontres, ni les voyages (Brésil, Chine, U.R.S.S., etc.), ni les fantaisies (création dans l'amusement de *Kean*), ni les sentiments : c'est la période où Sartre vit chez sa mère, rue Bonaparte, jusqu'à ce que les menaces de l'O.A.S. les en chassent et où il fait connaissance d'une étudiante, Arlette El Kaim, qui deviendra sa fille adoptive (1965).

Les activités de ces dix années sont essentiellement politiques et ne s'en tiennent pas aux luttes déjà évoquées. Sartre exprime constamment son soutien à Israël et garde encore l'espoir d'un accord avec les Palestiniens. Il défend le film *L'Enfance d'Ivan* de Tarkovski contre les critiques communistes. Il sympathise avec les communistes italiens, etc. Et c'est à la demande des communistes polonais qu'il écrit *Existentialisme et Marxisme* qui deviendra *Question de méthode* en préambule de la *Critique de la raison dialectique* (1960).

Entre-temps, les créations de pièces, les articles et les conférences se sont succédé, dont nous évoquerons les thèmes plus loin.

C'est en 1964 qu'il a le prix Nobel et le refuse.

Il vient d'écrire *Les Mots* comme « un adieu à la littérature » et se méfie de tout compromis qui ferait de lui un écrivain de type classique ; il a d'ailleurs toujours refusé les marques de pouvoir.

En 1965, il prononce au Japon (où Simone de Beauvoir et lui sont accueillis triomphalement) des conférences importantes sur le rôle de l'intellectuel. Désormais il participe à la lutte contre la guerre que mènent les Américains au Vietnam et accepte la présidence effective du « Tribunal Russell » que Bertrand Russell lui propose et qui, de façon symbolique, rappelle le tribunal de Nuremberg.

Sartre, s'il saisit l'importance du mouvement contestataire de mai 68, n'y joue pas de rôle décisif. Il critique Raymond Aron pour son attitude hostile et accuse le parti communiste d'avoir trahi la révolution de Mai. La lutte antirépressive au Secours Rouge (juin 1970), et à la direction de *La Cause du peuple* lui conviendra d'autant mieux qu'il s'agit de groupes, non d'institutions : la spontanéité des ripostes à l'oppression répond à ce qu'il attend depuis longtemps. Proche de la « gauche prolétarienne », il analyse l'ensemble de son activité avec deux « gauchistes », Philippe Gavi et Pierre Victor, dans un texte collectif : *On a raison de se révolter* qui (avec le film *Sartre* d'Alexandre Astruc et Michel Contat) reflète son parcours de façon vivante. Dans les luttes d'après 68 se rencontrent d'autres philosophes que la rue unit malgré les divergences théoriques : Michel Foucault, Gilles Deleuze, André Glucksmann et bien d'autres se retrouvent pour protester contre un meurtre raciste à Ivry ou à la Goutte d'Or ou pour dénoncer les conditions de détention lors des révoltes de prisonniers. Sartre fonde avec Maurice Clavel « l'Agence de presse Libération » et, avec Serge July, le journal *Libération.*

La mort de Pierre Overney, la présence de Sartre venu pour enquêter sur cet assassinat aux usines Renault, les funérailles d'Overney marquent la fin de cette période. Le 22 mai 1973 paraît le premier numéro de *Libération* pour quoi Sartre, déjà fatigué, a fait campagne une année.

A soixante-dix ans, Sartre donne trois séries d'entretiens autobiographiques : l'interview à Francis Jeanson pour son livre : *Sartre dans sa vie*, l'autoportrait accordé à Michel Contat *(Situations, X)* et les entretiens qui suivent *La Cérémonie des adieux* avec Simone de Beauvoir.

Les années d'après 68 sont aussi marquées par le soutien attentif aux dissidents des pays dits socialistes : l'invasion de la Tchécoslovaquie en septembre 1968 par l'armée soviétique marque la rupture définitive de Sartre avec l'U.R.S.S. et avec Cuba. La préface au livre de A. Liehm *Trois générations*, reprise dans *Situations, IX* sous le titre « Le socialisme qui venait du froid », analyse le totalitarisme. Désormais, il sera de ceux qui se battent pour les dissidents. En 1977, alors que Brejnev est reçu à l'Élysée, Sartre et de nombreux intellectuels français accueillent les dissidents soviétiques au théâtre Récamier ; en janvier 1980, il s'élève contre l'assignation à résidence de Sakharov et prend position pour le boycottage des Jeux olympiques de Moscou ; il a lui-même appelé à une manifestation devant l'ambassade pour protester contre l'exécution de cinq Arméniens en U.R.S.S.

Aucune injustice ne le laisse indifférent, quelle que soit sa fatigue, jusqu'à sa mort : il poursuit les tentatives d'un rapprochement entre Israéliens et Palestiniens (voyage en Israël en 1978 et colloque organisé par Pierre Victor et *Les Temps modernes* chez Michel Foucault en 1979). Il tient à être présent aux obsèques de P. Goldmann assassiné.

Ces actes supposent une remise en question des perspectives auxquelles il avait cru : face aux injustices il n'y a pas de clivages idéologiques.

Il est un des rares intellectuels français sensibles à l'appel lancé par les médecins en faveur du Biafra. Sa participation, au côté de Raymond Aron, à la délégation à l'Élysée puis à la conférence de presse organisée par le comité « Ile de Lumière » pour intensifier l'aide aux boat people témoigne de cette remise en cause.

Sartre est pourtant fatigué, malade, il a eu plusieurs attaques et a quasiment perdu la vue. Il a donc *décidé*, pensant ne plus pouvoir dominer son style, que son œuvre est arrêtée : le quatrième tome de *L'Idiot de la famille* ne paraîtra pas. Mais il poursuit régulièrement le travail à deux (le « tu » en philosophie) avec son secrétaire et ami Benny Lévy (Pierre Victor) sur les rapports de la liberté et du pouvoir. Les entretiens parus dans *Le Nouvel Observateur* juste avant sa mort sous le titre « L'espoir maintenant » en sont un écho et je pouvais suivre par des conversations régulières pendant cinq ans avec lui l'acuité de sa pensée en éveil. Sartre meurt à l'hôpital Broussais le 15 avril 1980. Le samedi suivant, plus de cinquante mille personnes, jeunes et vieux, intellectuels ou non, enfants et adultes, Blancs et Noirs... plus de cinquante mille « n'importe qui » l'accompagnent dans les rues et dans son quartier jusqu'au cimetière Montparnasse.

Première partie

Sartre mort ou vif

1. « Une vie est une enfance mise à toutes les sauces »

« Je me présente »

S Je me présente — en avance vous verrez pourquoi —. Vous m'avez reproché d'être ni simple ni vrai, vous allez voir si cela m'est commode.

J'ai un fond de caractère très hétéroclite.

D'une part, je suis extrêmement ambitieux. Mais de quoi ? Je me représente la gloire comme une salle de danse remplie de messieurs en habits et de dames décolletées qui lèvent leurs coupes en mon honneur. C'est tout à fait image d'Épinal, mais j'ai cette image-là depuis mon enfance. Elle ne me tente pas et pourtant la gloire me tente car je voudrais être très au-dessus des autres, que je méprise. Mais surtout j'ai l'ambition de créer : il me faut construire, construire n'importe quoi, mais construire ; j'ai fait de tout, depuis des systèmes philosophiques (idiots bien entendu, j'avais seize ans) jusqu'à des symphonies. J'ai écrit mon premier roman à huit ans. Je ne peux pas voir une feuille de papier blanc sans avoir envie d'écrire quelque chose dessus.

[...]

Seulement je n'aime rien de ce que je fais, je n'écris pas dans mon genre si vous voulez, je change continuellement de style sans arriver à me plaire. D'ailleurs, je plais assez peu aux autres à ce point de vue. Tout ceci est très banal. Malheureusement il se greffe là-dessus que le fond de ma nature est en outre un caractère de petite vieille fille ; je suis — ce dont vous ne vous étiez peut-être pas doutée — né avec le caractère qui convient à ma figure : follement, stupidement sentimental, couard et douillet. Mon sentimentalisme a été jusqu'à me faire larmoyer à propos de n'importe quoi.

[...]

Voilà mes deux tendances fondamentales. La primordiale est l'ambition. Je me suis déplu très vite et la première vraie construction que j'aie faite a été mon propre caractère. J'ai travaillé à deux choses : me donner de la volonté et refouler en moi la seconde tendance dont j'avais une honte profonde. Pour me donner de la volonté j'ai employé la méthode des actes gratuits : faire sans aucune raison quelque chose qui me soit très désagréable.

[...]

Pour mater mon caractère, je me suis efforcé de

le dissimuler. Auparavant, j'étais très expansif, mais d'une part la vie qu'on m'a faite à La Rochelle et que je vous ai racontée, d'autre part ma ferme volonté de changer, m'ont rendu renfermé. Je vous le dis sincèrement : c'est la première fois depuis sept ans que j'en dis si long, et cela tient à ce que je suis sûr de moi à présent. Mais ne croyez pas que j'aie étouffé toutes ces tendances grotesques en moi : elles existent toujours. Ainsi j'étais lâche et douillet, je le suis encore : quand un chien aboie près de moi il m'arrive de tressaillir de peur. Et pourtant je crois que quand je décide fermement une chose aucune peur ne pourrait me faire reculer.

9/ *Lettres au Castor et à quelques autres...*, « A Simone Jolivet », 1926, Gallimard, 1983, p. 9.

Tenons cette présentation pour ce qu'elle est : la lettre d'un jeune homme de vingt et un ans à une jeune fille qu'il aime et dont il veut être aimé, Simone Jolivet. Ne prenons donc pas tout ce qu'il dit pour argent comptant, encore que bien des traits évoqués dans ce caractère qu'il est en train de se fabriquer (car on ne naît pas ceci ou cela : on se fait et se refait...) lui sont propres dans leurs contradictions (hétéroclite, dit-il ici) : le souci de lucidité, avec une certaine complaisance pour ses petits défauts, deviendra un jeu moral à vouloir *l'authenticité*, tout en se reconnaissant inauthentique. Plus tard, dans *Les Carnets de la drôle de guerre*, il cite une lettre de son amie Tania :

« Si tu devenais authentique, tu n'en serais ni mieux ni plus mal, ça serait autre chose. D'un point de vue social tu vaudrais moins et ta vie à l'extérieur serait sans doute moins réussie. Mais en soi tu serais mille fois plus poétique et mille fois plus pur ; au lieu d'écrire, tu serais un sujet de livre (ça ne te dit rien ?). Je crois comme tu dis que ça doit être terriblement dur d'atteindre l'authenticité. J'ai toujours pensé qu'on était en pâte authentique de naissance. C'est un défaut de construction que tu n'as pas. Et puis, tu t'es fait en sens contraire, tu as trop pensé, tu te connais trop bien et puis tu écris. En admettant qu'on ait une lueur d'authenticité, tout s'en va quand on écrit. [...] »

[Il note à son tour :]

S C'est vrai, je ne suis pas authentique. Tout ce que je sens, avant même que de le sentir je sais que je le sens. Et je ne le sens plus qu'à moitié, alors, tout occupé à le définir et à le penser. Mes plus grandes passions ne sont que des mouvements de nerfs. Le reste du temps, je sens à la hâte et puis je développe en mots, je presse un peu par ici, je force un peu par là et voilà construite une sensation exemplaire, bonne à insérer dans un livre relié. Tout ce que les hommes sentent, je peux le deviner, l'expliquer, le mettre noir sur blanc. Mais non pas le sentir. Je fais illusion, j'ai l'air d'un sensible et je suis un désert.

10/ *Les Carnets de la drôle de guerre*, (novembre 1939-mars 1940), Gallimard, 1983, pp. 81-82.

Ce qui n'est pas non plus tout à fait vrai : les violences de Sartre, les ripostes dans leur urgence, sous le coup de l'émotion, l'importance qu'il accorde à celle-ci comme à l'ensemble du champ de la spontanéité contre tout « primat de la connaissance » témoignent de sa sensibilité dans sa philosophie et dans sa vie :

« J'ai voulu que ma vie et ma philosophie soient une seule chose », dit-il au Castor (Simone de Beauvoir).

Ce qu'il avoue à Simone Jolivet de son sentimentalisme n'a jamais tout à fait disparu... Il le revendique contre le stoïcisme dont il aime la fermeté, mais non la rigidité (le côté « garde-à-vous » du stoïcisme). Aussi se permet-il de petites faiblesses : l'austérité d'un régime, pour ne pas prendre de ventre, a ses limites :

S J'ai dit, dans le carnet 3 que je me décrirais, une fois, *faisant un acte.* [...] Ce que je voudrais marquer aujourd'hui et qui n'est pas si loin de l'acte, c'est la façon dont je suis fidèle à une décision prise. Par exemple, je puis dire en gros que j'ai été fidèle hier et aujourd'hui à ma décision de faire un seul repas par jour et de ne point boire ni manger de pain. Mais ce triomphe vu de près se décompose en petites défaites particulières, comme les batailles qui, vues de près, sont toujours des défaites pour le vainqueur. D'abord, la décision une fois prise, j'ai eu un repentir, j'ai ajouté en post-scriptum : finalement je mangerai tout de même du pain à mon petit déjeuner. Non pas tant parce que je jugeai cela sans importance mais parce que, après une rapide inspection de mes possibles, j'ai vu que je ne pourrais m'empêcher de le faire. Quand on veut prendre une décision, on fait un tour d'horizon autour de soi et on inspecte ses possibles. Il y en a qui sont durs comme des rocs et qu'il faut tourner, et d'autres qui forment des masses molles et gélatineuses, c'est là qu'il faut porter son effort, ceux-là il faut les enfoncer. Mon petit déjeuner du matin est un roc. [...] Je ne sais trop pourquoi, c'est une heure où je suis larvaire et de mauvaise volonté, j'aime être seul avec moi mais il faut un prétexte, le prétexte c'est le bol de café et les tartines de pain. Si on me les donne, je suis aux anges, je me sens poétique et parfumé.

[...]

[...] je ne suis absolument pas capable de me surveiller sans défaillance — et puis je suis pressé de voir les effets de mes régimes. Je choisis donc toujours le parti extrême et je préfère me torturer un peu parce qu'il me semble que je *sens* les progrès de mon amaigrissement à travers les protestations de mon estomac. Et puis, naturellement, si je me serre un peu rudement la vis, j'ai l'impression d'être maître de moi, donc libre. Mme Morel m'a dit une fois : « Vous aimez bien vous forcer à faire ce qui ne vous plaît pas. » Oui, mais par à-coups.

11/ *Ibid.*, pp. 154-157.

Il remarque d'ailleurs que l'homme authentique doit être « un peu pleurnichard »... ce qu'illustre l'attitude de ce chef vaincu dont parle Annie à Roquentin dans *La Nausée* :

S Voilà une histoire qui m'avait beaucoup frappée quand j'allais à l'hôpital. Il y avait un roi qui avait perdu une bataille et qui avait été fait prisonnier. Il était là, dans le camp du vainqueur. Il voit passer son fils et sa fille enchaînés. Il n'a pas pleuré ; il n'a rien dit. Ensuite il voit passer, enchaîné lui aussi, un de ses serviteurs. Alors il s'est mis à gémir et à s'arracher les cheveux. Tu peux inventer toi-même des exemples. Tu vois :

il y a des cas où on ne doit pas pleurer — ou bien alors on est immonde. Mais si on laisse tomber une bûche sur le pied, on peut faire ce qu'on veut, geindre, sangloter, sauter sur l'autre pied. Ce qui serait sot, ce serait d'être tout le temps stoïque, on s'épuiserait pour rien.

12/ *La Nausée*, 1938. « Folio », pp. 208-209.

Sartre est un individu bien vivant, bien drôle, qui ne se laisse enfermer dans aucun système et pratique l'anecdote, même en philosophie. Ce sont des conduites singulières qui lui permettent de dévoiler l'apparition du néant dans l'être, dans *L'Être et le Néant* ; c'est par tous les bouts qu'il cherche à exprimer la vie d'un individu dans *L'Idiot de la famille* ; c'est souvent par des cas précis (celui du blondin du Nord ou du petit gars du Midi enrôlés dans l'armée française en Algérie) qu'il fait comprendre les problèmes moraux et politiques (ici l'engrenage qui conduit à torturer). C'est parce qu'il se plaît aux conversations concrètes à bâtons rompus, qu'il goûte les rencontres et aime les cafés. Redoutant les discussions d'idées et la compagnie d'hommes imbus de leur importance, « comiques à force d'être sérieux », Sartre a souvent répété qu'il lui préférait celle des femmes. Il passe dans leur conversation plus de sensibilité et d'imagination. Or Sartre ne sépare jamais ces qualités de l'intelligence ; il en revendique le lien en philosophie ; c'est ce qu'il appelle une *notion* en l'opposant au concept.

S Mes rapports avec les femmes ont toujours été au mieux parce que le rapport sexuel proprement dit permet plus facilement que l'objectif et le subjectif soient ensemble donnés. Les relations avec une femme, même d'ailleurs si l'on ne couche pas avec elle — mais si on l'a fait ou qu'on aurait pu le faire —, sont plus riches. D'abord, il y a un langage qui n'est pas la parole, qui est le langage des mains, le langage des visages. Je ne parle pas du langage sexuel proprement dit. Quant au langage lui-même, il vient du plus profond, il vient du sexe, quand il s'agit d'un rapport amoureux. Avec une femme, la totalité de ce qu'on est est là.

13/ *Situations, X*, « Autoportrait à soixante-dix ans », 1976, p. 197.

Déjà, dans *Les Carnets de la drôle de guerre*, il évoquait le voyage qu'il n'hésiterait pas à faire pour rencontrer la romancière anglaise la plus féminine, Rosamond Lehmann : « Sur les genoux que j'irai ! » s'exclamait-il, en ajoutant : « Je rougis d'écrire tout cela parce que cela vous a un petit air de "j'aime les femmes à la folie" que chante Tino Rossi, mais, enfin le fait est là. »

S [...] j'ai tantôt trente-cinq ans, voilà des années que je suis entouré de femmes et je veux toujours en connaître de nouvelles, ou du moins, je le voulais encore il y a peu de temps, à présent c'est fini. Moi qui m'ennuie crasseusement dans la compagnie des hommes, il est extrêmement rare que la compagnie des femmes ne me divertisse. Je préfère parler avec une femme des plus petites choses que de philosophie avec Aron. C'est que ce sont ces petites choses qui existent pour moi et n'importe quelle femme, même la plus bête, en parle comme j'aime à en parler moi-même ; je *m'entends* avec les femmes. J'aime leur façon de parler, de dire les choses et de les voir, j'aime leur façon de penser, j'aime les sujets sur quoi elles pensent. Très longtemps j'ai cru exprimer l'estime où je les tenais en les déclarant les égales des hommes et en réclamant pour elles l'égalité des droits. En même temps je me refusais à admettre qu'il y eût aucune différence radicale entre les sexes et j'attribuais les différences secondaires à l'éducation et à la société. Mais c'était mal servir leur cause. Qu'elles doivent avoir les mêmes droits que nous, cela ne fait pas de doute. Mais c'est leur faire un beau compliment, assurément, que de les dire des « égales » des hommes et de les assurer que sans l'humilité de leur situation sociale, elles arriveraient certainement à penser aussi bien que nous. [...] Toute la question est à reprendre. Mais ce n'est certainement pas en affirmant l'égalité des sexes, comme un bon rationaliste kantien, qu'on résoudra le problème ; cette notion d'égalité ne signifie rien et je me trompais complètement.

14/ *Les Carnets de la drôle de guerre* (novembre 1939-mars 1940), Gallimard, 1983, pp. 341-342.

En attendant, il souhaite « une grosse tendresse bien sotte », préfère l'amour à l'amitié : « Dès que je n'aime plus, je m'ennuie », déteste l'ennui et aime rire. Il a le goût du bonheur, ce qui lui permettra de surmonter le choc, quand il deviendra aveugle. Déjà à Simone Jolivet, il conseillait : « Soyez toujours gaie... changez votre tristesse ! faites-la passer en émotion dans ce que vous écrivez... Si vous souffrez vraiment un jour, dites-le-moi. J'ai appris à consoler parce que j'ai reçu, sans que je comprenne pourquoi, d'innombrables confidences. » Ceux qui ont connu Sartre peuvent le comprendre : son écoute et sa vitalité étaient telles qu'il savait, par un projet, effacer « le morne univers de la tristesse ». Ceux qui le lisent s'aperçoivent de « sa passion à comprendre autrui » à travers les biographies d'amis et de créateurs : Baudelaire, Genet, Nizan, Flaubert, Tintoret... dont il parle comme de familiers, en se mettant à leur place, ce qui n'exclut pas l'imagination : *L'Idiot de la famille* est « un roman vrai » et Sartre parle avec lyrisme de l'amour homosexuel dans *Saint Genet, comédien et martyr.*

L'imagination est une dimension essentielle de la vie et de la pensée de Sartre. Elle joue un rôle décisif dans son enfance ; il peut la revendiquer clairement dans son œuvre romanesque : « Parbleu, je sais que, dans un roman, il faut mentir pour être vrai. Mais j'aime ces artifices, je suis menteur par goût, sinon je n'écrirais point » ; ses premières analyses phénoménologiques portent sur l'imagination et il dit dans *L'Imaginaire* qu'on ne conçoit pas plus une conscience qui n'imaginerait pas qu'une conscience qui ne penserait pas : c'est que toute conscience doit décoller du réel, dévoiler le néant : elle est une forme de la liberté.

Celle-ci suppose aussi de la disponibilité : « Quand on n'est pas libre, on se libère ! »... Et sans doute s'agit-il ici d'amour, mais ce fut aussi son cas devant tant d'urgences privées et publiques qu'on en oubliait sa célébrité et qu'on en abusait parfois.

La générosité de Sartre est proverbiale : elle allait des dons d'argent aux dons de temps, à l'oubli de ce qu'il donnait et au peu d'importance qu'il y attachait. « Sartre ne sait pas qu'il est Sartre », a dit Claude Roy, justement.

Et la gloire, dans tout cela ? Ou plutôt l'orgueil ? A la formule de Bataille : « Je voudrais être tout », il substitue : « Je voudrais tout fonder », et confie :

S Je ne désire point posséder, tout d'abord, par orgueil métaphysique. Je me suffis, dans la solitude néantisante du pour-soi. Je ne trouverais aucun réconfort dans ces substituts substantifiés de moi-même. Je ne suis à l'aise que dans la liberté, échappant aux objets, échappant à moi-même ; je ne suis à l'aise que dans le Néant, je suis un vrai néant ivre d'orgueil et translucide. Toutefois cela ne résout pas la question métaphysique car, orgueilleux ou non, je suis un *manque* et je manque précisément *du monde*. Aussi est-ce le monde que je veux posséder. Mais sans substitut symbolique. Cela est affaire d'orgueil également : je n'accepterais point de posséder le monde *en la personne* de tel ou tel objet. Je suis, moi individu, en face de la totalité du monde et c'est cette totalité que je veux posséder. Mais cette possession est d'un type spécial : je veux le posséder en tant que *connaissance*. Mon ambition est de connaître à moi tout seul le monde, non dans ses détails (science) mais comme totalité (métaphysique). Et pour moi la connaissance a un sens magique d'appropriation. Connaître c'est s'approprier, tout exactement comme, pour le primitif, connaître le nom secret d'un homme c'est s'approprier cet homme et le réduire en esclavage. Cette possession consiste essentiellement à capter le sens du monde par des phrases. Mais à cela la métaphysique ne suffit pas ; il faut aussi l'art, car la phrase qui capte ne me satisfait que si elle est elle-même objet, c'est-à-dire si le sens du monde y paraît non pas dans la nudité conceptuelle mais à travers une matière. Il faut capter le sens au moyen d'une chose captante qui est la phrase esthétique, objet créé par moi et existant par soi seul.

15/ *Ibid.*, p. 306.

Poulou le conquérant

Dans *Les Mots* (1964) selon une écriture parodique, un discours à plusieurs voix, un style carnavalesque, polyphonique (termes barthiens), Sartre ne nous dit pas seulement son enfance en « un adieu à la littérature » mais, à travers elle, entreprend une démystification — démythisation, contre-mystification de son œuvre (G. Idt) : aussi ne faut-il pas oublier « l'ironie, ce nouveau genre créé par Sartre » (Morot Sir) car, dit-il *(Introduction à la traduction russe)*, « je déteste le mythe de l'enfance mis au point par les adultes » ; aussi tout se passe dans *Les Mots* comme si l'autobiographie « déviait vers l'autoparodie » (J. Lecarne) : il vise le sérieux de toute une littérature en prêtant à un enfant de neuf ans les rêves de gloire posthume. Il s'amuse en même temps à prouver que, quand il veut, il peut aussi bien qu'un autre prendre l'écriture pour un joyau : lorsqu'il ne le fait pas c'est qu'il la destine à autre chose... ; pour tout cela, « *Les Mots* sont bien une œuvre de combat, pamphlet autant qu'autobiographie » (Ph. Lejeune) ; *cf.* G. Idt : « L'Autoparodie dans *Les Mots* de Sartre », *Cahiers du XX*^e^ *siècle*, 1976, n° 6.

Ces précautions prises, n'oublions pas que *Les Mots* sont aussi l'histoire d'un petit garçon, Sartre Poulou, de quatre à onze ans, vivant à Paris, chez ses grands-parents « Karlémami », mot-valise pour désigner une grand-mère discrète, « glissez, mortels... », et un grand-père patriarche. C'est chez ses parents, en effet, que sa mère s'est réfugiée après la mort précoce d'un père dont Sartre n'a quasiment jamais entendu parler et dont le seul témoignage est une photo dans sa chambre. Le voilà libéré : son père est mort si vite qu'il n'a pas de Sur-moi !

S Jean-Baptiste voulut préparer Navale, pour voir la mer. En 1904, à Cherbourg, [...] il fit la connaissance d'Anne-Marie Schweitzer, s'empara de cette grande fille délaissée, l'épousa, lui fit un enfant au galop, moi, et tenta de se réfugier dans la mort.

[...] Il a aimé, pourtant, il a voulu vivre, il s'est vu mourir ; cela suffit pour faire tout un homme.

16/ *Les Mots*, 1964, « Folio », pp. 16 et 19.

Un homme, mais pas un père ! Tant mieux, dit Sartre, car « il n'y a pas de bon père, c'est la règle ; qu'on n'en tienne pas grief aux hommes mais au lien de paternité qui est pourri » (*ibid.*, p. 11).

C'est là qu'il ajoute, de façon provocante : « Je n'ai pas de Sur-moi. »

Je ne chercherai pas à interpréter ces paroles comme une dénégation révélatrice d'un Sur-moi d'autant plus envahissant qu'il serait masqué. J'ai indiqué la propagation actuelle de l'interprétation psychanalytique et chacun peut y trouver ce dont il a besoin.

J'écouterai plutôt Sartre comme le fait François George, en allant d'un texte à l'autre, selon une méthode qu'il qualifie « d'antipsychanalytique ».

En effet, autant que possible, je n'ai pas cherché à réduire Sartre à du connu, à des schémas dont il serait devenu un exemple, une belle illustration.

J'ai cherché au contraire à dégager ce que lui-même peut nous apprendre sur des thèmes qui sont freudiens comme la paternité et l'inceste ; et sur d'autres qui ne le sont pas essentiellement, comme le droit, la propriété, le néant, l'histoire, je n'ai rien interprété, j'ai été patient : j'ai attendu de le voir par un autre texte se répondre, se confirmer ou se reprendre, déplacer le problème ou le poser en termes nouveaux, etc. En outre, j'ai pris garde que rien n'est univoque, que toute cohérence n'est jamais que présomptive, que la contradiction n'est souvent que le signe du rapport difficile entre les multiples registres de notre existence, par exemple l'inconscient et l'histoire. Ainsi, l'absence du père chez Sartre, ce n'est pas pour commencer une intuition psychologique, ce serait plutôt un renseignement administratif. Il n'empêche qu'étudier la question du père chez Sartre n'en est pas moins capital autant pour nous que pour lui, car il s'agit d'élucider l'étrange paternité qu'il aura exercée sur une ou deux générations. Au reste, c'est seulement écouter comme il faut la belle voix ironique et grave des *Mots* et prêter attention au moment où elle se casse un peu : on dira que j'étais un monstre d'orgueil, non, j'étais orphelin de père.

17/ F. GEORGE, *Sartre : Deux études*, Christian Bourgois, 1976, p. 12.

Si « la mort de Jean-Baptiste fut la grande affaire de (sa) vie », c'est que « la loi tombe de son piédestal »... ; tout au plus, est-elle « loi de succession », or il n'y a pas d'héritage, pas de patrimoine... ; Sartre fait donc « l'expérience de (son) inconsistance »... « et c'est pourquoi le cogito qui nous enseigne que nous ne consistons que dans la pensée a été (sa) planche de salut ! »

« Divine absence », « Père : néant »... cela ne veut pas dire que ce manque ne compte pas, puisqu'il ouvre l'espace d'une liberté sans loi !

Et certes le grand-père « est le père absolu », l'autorité déplacée que symbolise le geste du pied sur la pièce par lequel le patriarche punit l'enfant qui a volé en lui interdisant de toucher l'argent, en lui refusant toute confiance. Mais il y a la tendresse, et d'abord celle d'Anne-Marie, fondamentale, irremplaçable (on verra l'inverse pour Flaubert), de cette mère-sœur qui le fait rêver :

> Juge-t-il trop charnel encore le lien qui unit la mère à l'enfant ? Il se plaît à regarder Anne-Marie comme une grande sœur. A dix ans un roman américain le fait rêver d'inceste. « Ce qui me séduisait dans ce lien de famille, c'était moins la tentation amoureuse que l'interdiction de faire l'amour : feu et glace, délices et frustrations mêlées, l'inceste me plaisait s'il restait platonique. » Et Sartre d'enchérir : « Aujourd'hui encore — 1963 — c'est bien le seul lien de parenté qui m'émeuve. » On songe à Baudelaire, au couple incestueux qu'il forme, nous dit Sartre, avec sa mère.
>
> 18/ S. LILAR, *A propos de Sartre et l'amour*, Gallimard, 1962 ; « Idées », 1984, p. 76.

Alors, de deux choses l'une : ou on enferme Sartre dans le triangle œdipien et « les sales petits secrets de famille » et l'on parle de régression anale ou orale, ou il témoigne de la capacité à devenir une personne, par la création, sans passer par l'œdipe. Ce qui n'empêche pas la liberté de l'enfant d'être truquée par les siens. Poulou n'a plus qu'à faire l'imposteur, s'échapper dans l'imaginaire, se réaliser dans l'écriture.

Prenons donc ce petit garçon, don du Ciel, enfant du miracle, selon le plaisir du texte : « Je suis de vent et non d'argile, je veux changer », dit-il dans les *Carnets* ; la légèreté de sa naissance est ambivalente et parfois insupportable : comme l'Oreste des *Mouches*, il lui faudra un acte pour fonder son existence.

Aussi affirme-t-il : « Je suis né de l'écriture », choix existentiel, décidant de toute sa vie, mais il ne l'annonce qu'en seconde partie car la chronologie n'est pas respectée. Lire, imaginer, écrire s'entrecroisent :

> J'essaierai de montrer que le titre : *Les Mots* ne recouvre pas toute la matière traitée, que la coupure des deux parties est en réalité secondaire et que leur titre égare plutôt le lecteur, enfin que la séparation des séquences est très souvent pertinente mais pas toujours, et qu'il arrive qu'elle masque les articulations réelles.
>
> A la recherche de l'ordre réel, on découvrira :
>
> 1. Que l'ordre du texte n'est pas à chercher du côté de la chronologie. Tout se passe comme si tous les événements et toutes les conduites évoqués dans le livre étaient quasi contemporains. L'ordre chronologique n'est utilisé qu'à des niveaux secondaires du texte.
>
> 2. Que là où l'on a cru lire une histoire, on a suivi une analyse dans laquelle les liens logiques sont maquillés par un vocabulaire chronologique. L'ordre du livre est celui d'une dialectique déguisée en suite narrative.

19/ P. LEJEUNE, *Pacte autobiographique, L'ordre du récit dans* Les Mots *de Sartre,* Le Seuil, p. 204.

On ne peut dire « je » qu'au moment de la création : à ce moment-là, les livres ne sont plus « des pierres levées », serrées dans le bureau du grand-père, que l'enfant respecte « comme si la prospérité de notre famille en dépendait », les touchant « en cachette pour honorer mes mains de leur poussière »... il ne fait plus « semblant de lire », « les phrases ne lui résistent plus à la manière des choses », il a conquis cet univers dans lequel il était placé : « Je n'ai jamais gratté la terre ni quêté des nids, je n'ai pas herborisé ni lancé des pierres aux oiseaux. Mais les livres ont été mes oiseaux et mes nids, mes bêtes domestiques, mon étable et ma campagne. La bibliothèque, c'était le monde pris dans un miroir ; elle en avait l'épaisseur infinie, la variété, l'imprévisibilité. »

S C'est dans les livres que j'ai rencontré l'univers : assimilé, classé, étiqueté, pensé, redoutable encore ; et j'ai confondu le désordre de mes expériences livresques avec le cours hasardeux des événements réels. De là vint cet idéalisme dont j'ai mis trente ans à me défaire.

La vie quotidienne était limpide : nous fréquentions des personnes rassises qui parlaient haut et clair, fondaient leurs certitudes sur de sains principes, sur la Sagesse des Nations et ne daignaient se distinguer du commun que par un certain maniérisme de l'âme auquel j'étais parfaitement habitué. A peine émis, leurs avis me convainquaient par une évidence cristalline et simplette ; [...] c'étaient de faux conflits résolus d'avance, toujours les mêmes ; [...] on ne médisait point, chez nous, on constatait, dans l'affliction, les défauts d'un caractère. J'écoutais, je comprenais, j'approuvais, je trouvais ces propos rassurants et n'avais pas tort puisqu'ils visaient à rassurer : rien n'est sans remède et, dans le fond, rien ne bouge, les vaines agitations de la surface ne doivent pas nous cacher le calme mortuaire qui est notre lot.

Nos visiteurs prenaient congé, je restais seul, je m'évadais de ce banal cimetière, j'allais rejoindre la vie, la folie dans les livres.

20/ *Les Mots*, 1964. « Folio », p. 46.

Ainsi mène-t-il double vie : il est à la fois cet enfant prodige (parfois il donne dans le sublime, se trompant de rôle malencontreusement ou fait trop de grimaces), imposteur et truqué :

S Ma vérité, mon caractère et mon nom étaient aux mains des adultes ; j'avais appris à me voir par leurs yeux ; j'étais un enfant, ce monstre qu'ils fabriquent avec leurs regrets. Absents, ils laissaient derrière eux leur regard, mêlé à la lumière ; je courais, je sautais à travers ce regard qui me conservait ma nature de petit-fils modèle, qui continuait à m'offrir mes jouets, et l'univers. Dans mon joli bocal, dans mon âme, mes pensées tournaient, chacun pouvait suivre leur manège : pas un coin d'ombre. Pourtant, sans mots, sans forme ni consistance, diluée dans cette innocente transparence, une transparente certitude gâchait tout : j'étais un imposteur. Comment jouer la comédie sans savoir qu'on la joue ?

21/ *Ibid.*, p. 72.

Mais, en même temps, grâce aux livres, grimpé sur son perchoir, il fuit dans l'imaginaire, et s'en donne à cœur joie.

Le rôle créateur et ludique de l'imaginaire, qui est un des fils conducteurs de la pensée de Sartre, lui vient de l'enfance[1]. Enfant, il mène deux vies, « toutes deux mensongères » : l'une, conforme à ce qu'attendent les grandes personnes, est *mauvaise foi*, inauthenticité ; l'autre est imaginaire, secrète, solitaire (parfois avec une mère complice au piano...) ; l'enfant s'envole vers d'autres azurs : « tout se passa dans ma tête ; enfant imaginaire je me défendis par l'imagination »... (p. 97). Et le voilà qui raconte ses exploits (selon le modèle de « ses vraies lectures ») sur un ton épique qui n'est pas tout à fait joué, ou plutôt qui est, en même temps, joué et affirmatif. Nulle part Sartre ne dit un « je » si claironnant que lorsqu'il devient un chevalier de cape et d'épée :

S [...] je n'aimais pas les fées, il y en avait trop autour de moi : les prouesses remplacèrent la féerie. Je devins un héros ; je dépouillai mes charmes ; il n'était plus question de plaire, mais de s'imposer. J'abandonnai ma famille : Karlémami, Anne-Marie furent exclus de mes fantaisies. Rassasié de gestes et d'attitudes, je fis de vrais actes en rêve. J'inventai un univers difficile et mortel — celui de Cri-Cri, de l'Épatant, de Paul d'Ivoi ; — à la place du besoin et du travail, que j'ignorais, je mis le danger. Jamais je ne fus plus éloigné de contester l'ordre établi : assuré d'habiter le meilleur des mondes, je me donnai pour office de le purger de ses monstres ; flic et lyncheur,

1. La phénoménologie de l'imaginaire et son rôle dans *L'Idiot de la famille* se trouvent développés au tome II, 5e partie, « Création et morale », chapitre 1, « La magie de l'imaginaire » ; chapitre 6, « Le retour de l'imaginaire ».

> j'offrais en sacrifice une bande de brigands chaque soir. Je ne fis jamais de guerre préventive ni d'expédition punitive ; je tuais sans plaisir ni colère pour arracher à la mort des jeunes filles. Ces frêles créatures m'étaient indispensables : elles me réclamaient. Il va de soi qu'elles ne pouvaient compter sur mon aide puisqu'elles ne me connaissaient pas. Mais je les jetais dans de si grands périls que personne ne les en eût sorties à moins d'être moi. Quand les janissaires brandissaient leurs cimeterres courbes, un gémissement parcourait le désert et les rochers disaient au sable : « Il y a quelqu'un qui manque ici : c'est Sartre. » A l'instant, j'écartais le paravent, je faisais voler les têtes à coups de sabre, je naissais dans un fleuve de sang. Bonheur d'acier ! J'étais à ma place.
>
> Je naissais pour mourir : sauvée, l'enfant se jetait dans les bras du margrave, son père ; je m'éloignais, il fallait redevenir superflu ou chercher de nouveaux assassins. J'en trouvais. Champion de l'ordre établi, j'avais placé ma raison d'être dans un désordre perpétué ; j'étouffais le Mal dans mes bras, je mourais de sa mort et ressuscitais de sa résurrection ; j'étais un anarchiste de droite. [...] Je marchais sur un toit en flammes, portant dans mes bras une femme évanouie ; audessous de moi, la foule criait : il était manifeste que l'immeuble allait crouler. A cet instant je prononçais les mots fatidiques : « La suite au prochain numéro. » — « Qu'est-ce que tu dis ? » demandait ma mère. Je répondais prudemment : « Je me laisse en suspens. »
>
> 22/ *Ibid.*, pp. 98-99.

Quelques pages après, Sartre récidive et manie à nouveau ce « je » conquérant : « Je faisais volte-face, je devenais le Spadassin pourfendu, je tombais, je mourais sur le tapis. [...] Invincible, je triomphais de tous », etc. (p. 109). Mais la fragilité de ce sujet imaginaire ne lui échappe pas : c'est un sujet possédé : s'il déteste le sacré, il aime le magique (il lui donnera une grande importance dans son œuvre philosophique)... C'est un sujet évanescent : « Je renvoyais aux calendes mon triomphe parce que j'avais peur du marasme qui suivrait » ; nous verrons, en effet, que l'imaginaire pour Sartre est ludique et disloqué, à la différence de celui de Flaubert qui, proche de la croyance, est un « monde imaginaire », où celui-ci se réfugie. Sartre, lui, enfant déjà, fait la part des choses et si violemment soit-il lancé à donner des coups d'épée avec cet « analogon » qu'est une règle, devenue rapière, il plonge dans le réel, et court porter ses chaussons au grand-père, dès que celui-ci paraît. Les héros de Sartre ne sont pas anodins, et combien Pardaillan « le plus grand de tous » correspond, dans son rêve d'enfant, à l'idéal d'homme libre, hors de tout parti, de toute religion, que Sartre essaiera de tenir : « Je suis de la religion de vivre », répond le héros de Zévaco (écrivain anarchiste), en refusant de se mettre au service d'une faction, quelle qu'elle soit, pendant les guerres de Religion. Pardaillan n'est pas d'Artagnan, homme d'ordre finalement, auquel Sartre ne se réfère pas :

« Je lisais tous les jours, dans *Le Matin*, le feuilleton de Michel Zévaco : cet auteur de génie, sous l'influence de Hugo, avait inventé le roman de cape et d'épée républicain. Ses héros représentaient le peuple. »

Pardaillan n'est pas un héros d'épopée qui accumule les prouesses pour acquérir la richesse et la puissance et qui sort de l'épopée lorsqu'il devient, comme d'Artagnan, capitaine-général des mousquetaires et maréchal de France, in articulo mortis, ou duc de Nevers par mariage, comme le Bossu. Infiniment libre et désintéressé, il combat les grands malfaiteurs de l'histoire ou aide ceux qu'il aime pour la justesse de leur cause au nom de quelques principes ; il est contre la violence faite aux faibles, contre ceux qui couvrent du manteau de la religion ou de la monarchie les atteintes qu'ils portent à la liberté, à la dignité et à la vie de ceux qui les gênent ou de ceux qu'ils exploitent. Pardaillan persécute les persécuteurs pour le principe et pour le plaisir. S'il combat les Guise, Catherine de Médicis, Fausta, le Grand Inquisiteur d'Espagne ou le général des Jésuites, c'est au nom d'une certaine conception de la liberté. S'il défend le peuple, les ribaudes, Henri de Navarre et Jeanne d'Albret, c'est parce qu'ils sont persécutés. S'il se trouve fréquemment aux côtés des protestants pourchassés contre les catholiques puissants qui les persécutent, ce n'est pas par conviction religieuse, et il refusera d'être au service d'Henri IV, comme il avait refusé le service des Guise ou des Valois. Ce héros épique du temps des guerres de Religion pourrait, sans donner dans l'anachronisme facile, avoir pour devise « ni dieu ni maître ». Le gentilhomme bigourdan, donc occitan, est, et entend rester un marginal.

23/ Jean COLOMBEL, dans *Les Temps modernes*, septembre 1974.

A partir de là, pendant ce temps-là, Sartre naît de l'écriture ; il nous montre sa joie créatrice pervertie par l'entourage (*Les Mots*, p. 130).

Tout le monde s'y met : Mme Picard : « Ce petit écrira, il est fait pour écrire » ; la mère attendrie : « Mon petit bonhomme écrira ! », et même le grand-père, tout en réduisant le génie au travail, confie que « personne, au soir de sa vie, n'assiste sans émotion à l'éveil d'un talent ».

S Je commençais à me découvrir. Je n'étais presque rien, tout au plus une activité sans contenu, mais il n'en fallait pas davantage. J'échappais à la comédie : je ne travaillais pas encore mais déjà je ne jouais plus, le menteur trouvait sa vérité dans l'élaboration de ses mensonges. Je suis né de l'écriture : avant elle, il n'y avait qu'un jeu de miroirs ; dès mon premier roman, je sus qu'un enfant s'était introduit dans le palais de glaces. Écrivant, j'existais, j'échappais aux grandes personnes ; mais je n'existais que pour écrire et si je disais : moi, cela signifiait : moi qui écris. N'importe, je connus la joie ; l'enfant public se donna des rendez-vous privés.

C'était trop beau pour durer : je serais resté sincère si je m'étais maintenu dans la clandestinité ; on m'en arracha.

24/ *Les Mots*, 1964. « Folio », pp. 130-131.

Cet enfant de neuf ans va désormais vivre de façon posthume et faire de l'immortalité un remède contre la mort : « La mort était mon vertige parce que je n'aimais pas vivre : c'est ce qui explique la terreur qu'elle m'inspirait. En l'identifiant à la gloire j'en fis ma destination. »

Aussi répond-il, dans le film *Sartre*, à Michel Contat qui l'interroge :

S — *Ces rêves de gloire, ce sont des fantasmes de mort ?*

— Absolument... ; quand vous entriez en littérature vers 1910, par exemple, vous trouviez derrière vous des gens, mettons Flaubert, pour qui littérature et mort c'est la même chose, et immortalité et mort c'est la même chose, vous trouviez donc toute une idéologie à l'époque qui était une idéologie de l'immortalité étant la mort : vous êtes immortel, cela veut dire que vous continuez pendant des siècles, mais votre dépouille de chair meurt, et vous devenez livre.

25/ M. CONTAT et A. ASTRUC, film *Sartre*, Gallimard, 1977, p. 25.

Dans cet héritage, « j'écartais Pardaillan que j'aimais d'amour, par humilité j'optais pour Corneille... » Pourtant, il ne joue pas le jeu : « Faux chevalier, je transformai Corneille en Pardaillan... Je confondis délibérément l'art d'écrire et la générosité. » Cet idéal du moi surgit, d'ailleurs, dans toutes les conduites de Sartre : pas seulement dans l'art d'écrire, mais dans ses batailles contre les injustices et dans ses élans de cœur : « Grisélidis pas morte. Pardaillan m'habite encore. Et Strogoff. Je ne relève que d'eux qui ne relèvent que de Dieu et je ne crois pas en Dieu. Allez vous y reconnaître. Pour ma part, je ne m'y reconnais pas et je me demande parfois si je ne joue pas à qui perd gagne [...]. »

Ces lignes de la dernière page des *Mots* renvoient à cette formule : *« Une vie c'est une enfance mise à toutes les sauces »* ; c'est à travers l'enfance que se constitue la personne.

Cette enfance témoigne aussi de la solitude de Sartre et de son désir de se trouver parmi ses pairs, avec des camarades, où il a sa place : *Solitaire et solidaire*, cet accouplement durera toute sa vie.

La scène du Luxembourg par quoi se termine la première partie « Lire » est une des plus émouvantes :

S Il y avait une autre vérité. Sur les terrasses du Luxembourg, des enfants jouaient, je m'approchais d'eux, ils me frôlaient sans me voir, je les regardais avec des yeux de pauvre : comme ils étaient forts et rapides ! comme ils étaient beaux ! Devant ces héros de chair et d'os, je perdais mon intelligence prodigieuse, mon savoir universel, ma musculature athlétique, mon adresse spadassine ; je m'accotais à un arbre, j'attendais. Sur un mot du chef de la bande, brutalement jeté : « Avance, Pardaillan, c'est toi qui feras le prisonnier », j'aurais abandonné mes privilèges. Même un rôle muet m'eût comblé ; j'aurais accepté dans l'enthousiasme de faire un blessé sur une civière, un mort. L'occasion ne m'en fut pas donnée : j'avais rencontré mes vrais juges, mes contemporains, mes pairs, et leur indifférence me condamnait. Je n'en revenais pas de me découvrir par eux : ni merveille ni méduse, un gringalet qui n'intéressait personne. Ma mère cachait mal son indignation : cette grande et belle femme s'arrangeait fort bien de ma courte taille, elle n'y voyait rien que de naturel : les Schweitzer sont grands et les Sartre petits, je tenais de mon père, voilà tout. Elle aimait que je fusse, à huit ans, resté portatif et d'un maniement aisé : mon format réduit passait à ses yeux pour un premier âge prolongé. Mais, voyant que nul ne m'invitait à jouer, elle poussait l'amour jusqu'à deviner que je risquais de me prendre pour un nain — ce que je ne suis pas tout à fait — et d'en souffrir. Pour me sauver du désespoir, elle feignait l'impatience : « Qu'est-ce que tu attends, gros benêt ? Demande-leur s'ils veulent jouer avec toi. » Je secouais la tête : j'aurais accepté les besognes les plus basses, je mettais mon orgueil à ne pas les solliciter. Elle désignait des dames qui tricotaient sur des fauteuils de fer : « Veux-tu que je parle à leurs mamans ? » Je la suppliais de n'en rien faire ; elle prenait ma main, nous repartions, nous allions d'arbre en arbre et de groupe en groupe, toujours implorants, toujours exclus. Au crépuscule, je retrouvais mon perchoir, les hauts lieux où soufflait l'esprit, mes songes : je me vengeais de mes déconvenues par six mots d'enfant et le massacre de cent reîtres. N'importe : ça ne tournait pas rond.

26/ *Les Mots*, 1964. « Folio », pp. 115-116.

Sa joie, au jeu de ballon, place du Panthéon, annonce l'affirmation : « J'aime les hommes réunis » (*On a raison de se révolter*) :

S Mes travaux scolaires ne me laissaient pas le temps d'écrire ; mes nouvelles fréquentations m'en ôtèrent jusqu'au désir. Enfin j'avais des camarades ! Moi, l'exclu des jardins publics, on m'avait adopté du premier jour et le plus naturellement du monde : je n'en revenais pas. A vrai dire mes amis semblaient plus proches de moi que des jeunes Pardaillans qui m'avaient brisé le cœur : c'étaient des externes, des fils à maman, des élèves appliqués. N'importe : j'exultais. J'eus deux vies. En famille, je continuai de singer l'homme. Mais les enfants entre eux détestent l'enfantillage : ce sont des hommes pour de vrai. Homme parmi les hommes, je sortais du lycée tous les jours en compagnie des trois Malaquin, Jean, René, André, de Paul et de Norbert Meyre, de Brun, de Max Bercot, de Grégoire, nous courions en criant sur la place du Panthéon, c'était un moment de bonheur grave : je me lavais de la comédie familiale ; loin de vouloir briller, je riais en écho, je répétais les mots d'ordre et les bons mots, je me taisais, j'obéissais, j'imitais les gestes de mes voisins, je n'avais qu'une passion : m'intégrer. Sec, dur et gai, je me sentais d'acier, enfin délivré du péché d'exister : nous jouions à la balle, entre l'hôtel des Grands Hommes et la statue de Jean-Jacques Rousseau, j'étais indispensable : *the right man in the right place.* Je n'enviais plus rien à M. Simonnot : à qui Meyre, feintant Grégoire, aurait-il fait sa passe si je n'avais été, *moi, ici présent, maintenant* ? Comme ils paraissaient fades et funèbres mes rêves de gloire auprès de ces intuitions fulgurantes qui me découvraient ma nécessité.

27/ *Ibid.*, pp. 186-187.

De la laideur et de la séduction

Contrairement à ce qu'il dit parfois, Sartre n'a pas détesté son enfance ; nous avons vu qu'il eut l'essentiel : la tendresse d'une mère, un peu complice, un peu sœur : « J'avais une sœur aînée, ma mère, et je souhaitais une sœur cadette. » Et il ajoute en note dans *Les Mots* : « On trouverait dans mes écrits les traces de ce fantasme... platonique » : Boris et Ivich, dans *Les Chemins de la liberté* ; Frantz et Lenni dans *Les Séquestrés d'Altona* ; Oreste et Électre dans *Les Mouches*, etc.

Mais cette enfance choyée ne dure qu'un temps : Sartre arrête le récit de son enfance à onze ans, avant le départ pour La Rochelle auquel il fait une triste allusion dans la lettre à Simone Jolivet, avant les deux traumatismes qui vont rompre le charme : la découverte de la laideur et le remariage de sa mère.

Philippe Lejeune interprète la façon déguisée et déplacée, par laquelle Sartre y fait allusion dans *Les Mots*, comme un refoulement ; mais c'est sûrement aussi un signe de cette pudeur qu'il a toujours manifestée face à ses souffrances. Et puis « c'est le sort » !

Le remariage de sa mère n'est pas une catastrophe, même s'il rompt l'affection privilégiée : il n'est pas Baudelaire... et il se vengera de ce beau-père importun en faisant de lui le symbole de ce qu'il déteste : l'esprit scientifique et bourgeois mais sympathisera avec lui à partir de l'Occupation.

Quant à la laideur... Sans doute évoque-t-il dans *Les Mots* la scène où Poulou revient de chez le coiffeur, les cheveux coupés.

S Il y eut des cris mais pas d'embrassements et ma mère s'enferma dans sa chambre pour pleurer : on avait troqué sa fillette contre un garçonnet. Il y avait pis : tant qu'elles voltigeaient autour de mes oreilles, mes belles anglaises lui avaient permis de refuser l'évidence de ma laideur. Déjà, pourtant, mon œil droit entrait dans le crépuscule. Il fallut qu'elle s'avouât la vérité. Mon grand-père semblait lui-même tout interdit ; on lui avait confié sa petite merveille, il avait rendu un crapaud : c'était saper à la base ses futurs émerveillements. Mamie le regardait, amusée. Elle dit simplement : « Karl n'est pas fier ; il fait le dos rond. »

Anne-Marie eut la bonté de me cacher la cause de son chagrin. Je ne l'appris qu'à douze ans, brutalement. Mais je me sentais mal dans ma peau. Les amis de ma famille me jetaient des regards soucieux ou perplexes que je surprenais souvent. Mon public devenait de jour en jour plus difficile ; il fallut me dépenser ; j'appuyai mes effets et j'en vins à jouer faux. Je connus les affres d'une actrice vieillissante : j'appris que d'autres pouvaient plaire.

28/ *Ibid.*, pp. 90-91.

Mais c'est seulement en fin de livre que Sartre annonce ce qu'il dira plus tard :

S [...] quels acides ont rongé les transparences déformantes qui m'enveloppaient, quand et comment j'ai fait l'apprentissage de la violence, découvert ma laideur — qui fut pendant longtemps mon principe négatif, la chaux vive où l'enfant merveilleux s'est dissous — par quelle raison je fus amené à penser systématiquement contre moi-même au point de mesurer l'évidence d'une idée au déplaisir qu'elle me causait.

29/ *Ibid.*, p. 210.

Il parle cependant de la laideur, ailleurs, dans *L'Idiot de la famille* à propos d'un personnage de Flaubert, le laideron Marguerite, dans *Un parfum à sentir* : la pauvre fille provoque tant d'horreur que tout le village la poursuit et qu'elle finit par se noyer dans la mare.

S Sautons d'abord à la fin du récit. Laide à faire peur, malade, abandonnée, un peu folle, Marguerite est au dernier degré du désespoir et de l'abjection. Par-dessus le marché, la foule — la « multitude vile » de Baudelaire — la poursuit de sa haine et de ses insultes. En pareille circonstance, il n'est pas étonnant que l'on songe à se tuer. Ce qui surprend, c'est que l'idée du suicide lui vienne tout d'un coup, comme une fulguration de génie et qu'elle lui apparaisse moins comme une décision à prendre que comme la découverte d'un secret.

« La folle ! la folle ! » criait le peuple en courant après Marguerite.

Elle s'arrêta, se frappa le front : « La mort ! » dit-elle en riant.

Et elle se dirigea à grands pas vers la Seine. »

De qui parle Gustave ? d'Archimède ? Eurêka ! Elle se frappe le front et elle rit : elle se noiera, bien sûr, mais le texte est fort clair : ce n'est pas à la suite d'un Fiat volontaire ; le suicide apparaît comme une conséquence qui s'est tirée seule de sa découverte. De fait elle vient de déchiffrer l'énigme dérisoire de sa vie : cette foule — qui représente un peu le chœur antique — et plus radicalement, le « monde », dans tous les sens du terme — la refuse impitoyablement. Il ne s'agit pas ici d'exclusion, de mise en quarantaine ni même d'exil : c'est à sa vie qu'on en veut ; elle est condamnée à mort depuis sa naissance et par cette unique raison que sa laideur n'est pas supportable.

30/ *L'Idiot de la famille*, 1971, t. I, p. 302.

Marguerite intériorise son sort car, pour Flaubert, « la laideur est le symbole figé du crime » ; « la laideur lui répugnait comme le crime ; c'est en effet quelque chose d'atroce qu'un être laid ; de loin, il épouvante, de près, il dégoûte ; quand il parle on souffre ; s'il pleure, ses larmes vous agacent... et dans le silence sa figure immobile vous semble le siège de tous les vices et de tous les bas instincts ». Ces paroles de Flaubert, dans un autre roman de jeunesse, *Novembre*, Sartre ne les prend pas à son compte ! Répondant à Gorz, dans le film *Sartre*, il dit avec cette sobriété qui lui fait appeler un chat un chat : « ça fait partie du sort, ma laideur. Parce que pourquoi m'a-t-on fait laid ? C'est là qu'on voit la contingence et la brutalité en même temps... »

Mais justement la contingence n'est pas la fatalité et, là comme ailleurs, il ne faut pas être le produit de ce qu'on a fait de nous : peut-être la laideur emprisonne-t-elle moins l'individu que celui qui, se croyant beau, reste figé dans cette représentation, ajoute-t-il ailleurs... Il lui faut, en tout cas, changer ses rapports au corps et prendre cette fameuse laideur (fort discutable, d'ailleurs) comme un obstacle à franchir. Du coup, s'il y a traumatisme de sa laideur, découverte et reflétée par le regard de l'autre, cela provoquera une entreprise de séduction : ainsi laideur et séduction forment un couple exprimant la liberté conquise sur la « facticité ».

S La physionomie, matière déterminant la forme, sourire des profondeurs entrevu sous les sourires de surface, on dirait que c'est l'inertie de l'être se manifestant comme choix. Cette impression n'est pas entièrement fausse, dans la mesure où l'on a pu dire que chacun, à quarante ans, est responsable de son visage. Et puis, il est vrai que le sentiment d'être laid enlaidit. Mais ce qui nous importe c'est qu'un visage, liberté enchaînée, matérialité dépassée, justifie apparemment cette confusion de premier mouvement entre l'esthétique et le moral. Beau, il rassure ; laid, il paraît révéler la hideur d'une âme ; pis, il semble prophétiser le malheur : un peu partout, les jeteurs de sort ont deux ou trois de ces caractères : ils sont malheureux, étranges (hors du commun ou étrangers) et laids. La laideur n'est pas nécessaire mais, quand elle y est, les deux autres caractères sont en elles ; une femme vraiment laide étonne, détonne au milieu de la platitude « qualunquiste » des têtes humaines et nul ne doute qu'elle ne soit malheureuse. C'est à ce niveau qu'il faut prendre le serf arbitre.

31/ *Ibid.*, p. 309.

D'autant que la conscience populaire, liant le laid au mal, ne facilite pas les choses ; elle fait de cette malheureuse Marguerite, une créature destinée à souffrir et à nuire ensemble, puis montre comment elle s'approprie ce symbole qui la déborde. Chacun de ses choix la conduit vers le pire.

S On dira qu'elle *existe* le Mal dont on l'a frappée, qu'elle l'a intériorisé comme le principe permanent qui règle ses perceptions, ses sentiments et ses conduites, bref qu'elle se le réapproprie et qu'elle en prend la responsabilité. Libre arbitre ? Non, car elle ne peut faire qu'il ne soit et qu'il ne motive toutes ses conduites. Mais *serf arbitre* certainement ; car, tant qu'elle ne se tue pas, elle est complice de la décision maligne qui l'a engendrée ; mieux, elle est cette décision même se continuant dans la liberté de sa créature mais y demeurant comme Destin pour la pousser toujours, en dépit d'elle-même, au pire, à ce qui lui fera le plus de peine, à ce qui nuira le plus aux autres. En effet, la décision prise à tel ou tel instant peut, en surface, lui paraître innocente et sans rapport avec le mal qui la ronge. Mais le Mal est en elle, puisqu'il est sa totalité et son destin, il dévie la conduite choisie vers lui-même, c'est-à-dire dans tous les cas vers le pire : de cela aussi, la malheureuse est coupable puisque, même quand elle prétend l'ignorer, elle en est profondément consciente.

Il va de soi que je n'ai pas tenté, ici, une phénoménologie vraie de la laideur ; j'ai voulu expliquer, par des raisons que je ne nommerai pas objectives mais intersubjectives, la réaction qu'elle provoque chez un très grand nombre de gens. Gustave, adolescent, est de ceux-là (...). Pour lui, Marguerite est coupable : cette victime a son serf arbitre, c'est-à-dire que le Destin, déterminisme à rebours, c'est, en elle comme en Gustave, la liberté pour le malheur. On lui laisse le choix des moyens mais, quoi qu'elle entreprenne, ils aboutiront à réaliser la fin prescrite qui ne peut être qu'une aggravation de ses malheurs ; elle le sait obscurément et c'est sa plus grande faute : elle sait, quand elle tente une démarche, qu'elle ne fait que rapprocher le désastre objectif qui a été décidé en haut lieu. En d'autres termes, l'Être est ce choix ; simplement c'est, en chacun de nous, le choix de l'Autre.

32/ *Ibid.*, p. 310.

Mais Sartre n'est pas Marguerite ! Sartre n'est pas

Gustave ! Si son sort, sa contingence, est d'être désigné comme laid, alors, qu'à cela ne tienne, il retournera la situation et fera oublier cette pseudo-laideur par sa séduction ; il usera de savoir, de mots et l'obstacle apparent sera une raison de plus de se faire aimer. En ce sens, oui, il est responsable de son visage à quarante ans parce qu'il n'en fait pas un malheur et parce qu'il a le tempérament conquérant. Un peintre, devenu écrivain aveugle, Hugues de Montalembert, garde le souvenir du visage de Sartre comme « sculpté de l'intérieur ». Pour qui n'a pas connu Sartre, prenons *Les Carnets de la drôle de guerre* où il nous raconte le couple laideur et grandeur, grandeur de la laideur qui le bouleverse dès son plus jeune âge, avant de se savoir laid.

« J'insiste sur le fait que je n'étais pas encore laid. J'avais de beaux cheveux blonds, des joues pleines, ma biglerie n'était pas encore très visible » ; pourtant Cyrano lui paraît le type du parfait amant et il aime le conte de *La Belle et la Bête* parce que la Bête intéresse et attendrit la Belle, d'abord sous sa forme de bête (p. 322). Il invente même une histoire de ce genre : « Ce qui me charmait avant tout, c'était l'entreprise de séduction. Une fois la femme séduite, je l'abandonnais à son sort. »

Il ne fait pas qu'inventer, il s'applique à séduire (« Pour séduire je comptais uniquement sur ma parole ») et n'abandonne pas toujours la femme séduite à son sort. Le *Carnet XII* nous dit le parcours de la laideur à l'amour. Sans doute rêve-t-il « d'un autre homme qui eût été beau, hésitant, obscur, lent et probe dans ses pensées, qui n'eût pas de grâce acquise, mais une grâce sourde et spontanée ; je ne sais pourquoi je le voyais ouvrier et vagabond dans l'Est américain... » (p. 332)... mais il s'affirme tel qu'il est, tel qu'il est devenu, n'ayant plus besoin d'acheter l'amitié de ses camarades avec des bonbons volés, même s'il n'a toujours pas l'assurance de dandy qu'il admire en Nizan.

S Son portrait, j'eusse été capable de le faire : taille moyenne, cheveux noirs. Il louchait, comme moi, mais en sens inverse, c'est-à-dire agréablement. Le strabisme divergent faisait de mon visage une terre en friche ; le sien convergeait, lui donnait un air de malicieuse absence même quand il nous prêtait attention. Il suivait de près la mode, avec insolence ; à dix-sept ans, il fit serrer ses pantalons autour de ses chevilles, si étroitement qu'il avait peine à les enfiler ; un peu plus tard, ils s'élargirent en *pattes d'éléphant* jusqu'à dissimuler ses souliers ; puis, d'un seul coup, remontés au genou et bouffant comme des jupes, ils se métamorphosèrent en culottes de golf. Il eut une canne de jonc, un monocle, de petits cols ronds, des cols cassés ; il troqua ses lunettes de fer contre d'énormes lunettes d'écaille ; touché par le snobisme anglo-saxon qui ravageait la jeunesse, il les appelait ses « guggles ». J'essayai de le suivre ; mais ma famille fit une résistance efficace, alla jusqu'à soudoyer le tailleur et puis on avait dû me jeter un sort ; sur mon dos les beaux habits se changeaient en hardes. Je me résignai à contempler Nizan. Avec un ébahissement plein d'admiration.

33/ *Situations, IV*, « Paul Nizan », 1964, p. 142. (Avant-propos à *Aden Arabie*, Nizan, 1960.)

La séduction n'est pas seulement défi, mais préalable à l'amour, à une tendresse toujours partagée que Sartre vit comme « une situation à deux » : « Aussi ai-je l'impression que c'est mon sourire qui naît là-bas sur ces belles lèvres... j'ai toujours l'impression d'être tendre, au moyen du corps de l'autre. » Et de cette réciprocité en amour il conclut allégrement que, malgré sa laideur, il est « un homme-femme, espèce fort rare, tranchant sur les autres par un charme physique, parfois par la beauté et par mille richesses que le commun des hommes ignore... car ils sont tout en dehors, ils s'oublient totalement, ils sont des calculateurs ». Lui, voulant non seulement aimer, mais être aimé, devine l'autre, fait l'enchanteur et tente de réaliser l'accord de l'art et de l'amour : « Écrire, c'est saisir le sens des choses et le rendre au mieux. Séduire, c'était la même chose, tout uniment... Dans cette œuvre d'art périssable que je tentais de construire, la femme présentait la matière brute que je devais informer. » Ainsi Sartre cherche une issue à sa laideur comme Genet une issue à sa condition de voleur ; ici l'issue est la séduction dans le rapport magique de sa parole sur l'autre et l'incorporation de la beauté de l'autre en lui. Cette issue devient liberté quand l'obstacle initial est suffisamment effacé pour que l'amour ne soit plus défi mais tendresse et quand son visage est l'expression de sa personne. Peut-être pourrait-on dire, en transformant la formule de Simone de Beauvoir à propos des femmes, « on ne naît pas beau, on le devient »... en y joignant la formule fatidique « avec les moyens du bord » !

Ce qui n'empêche pas l'anxiété à propos de ses yeux : ils lui font mal, ils l'empêchent de lire, il en use et en abuse. « Je pense avec mes yeux », dit-il déjà avec inquiétude dans *Les Carnets de la drôle de guerre*.

Ce qui n'empêche pas la fêlure secrète car « ce n'est pas un paradoxe d'écrire que, depuis Platon, personne sans doute n'avait attaché une telle importance à la beauté » (Suzanne Lilar). Or cette beauté intimide : celle d'Ivich intimide Mathieu ; celle de la femme du mobilisé intimide celui-ci sur le quai de la gare : « Il ose à peine l'embrasser (« Nous devons être un peu ridicules : elle est trop belle, trop froide, je suis trop laid »). Ceux qui sont laids ont honte, devant leurs femmes, devant leurs enfants... L'intelligence et le savoir ne sont que pis-aller par rapport à la beauté physique, à la force, à l'agilité » (Suzanne Lilar).

Or la honte, qui n'est pas culpabilité, est l'expérience première du rapport à autrui : « sentiment originel d'avoir son être dehors engagé dans un autre être et comme tel, sans défense aucune... J'ai honte de moi tel que j'apparais à autrui » *(L'Être et le Néant)*[1].

C'est peut-être pour cela que Sartre, séducteur conquérant, hésitait à aborder par peur de déplaire au premier coup d'œil (ou de déranger ?) quelqu'un dans la rue pour demander son chemin...

Cela dit, sa conduite personnelle illustre le commentaire qu'il donne dans les *Cahiers pour une morale* de l'expression tant contestée : « L'homme est condamné à être libre[2]. » Sa laideur ne doit pas étioler le bouquet de ses possibilités, mais être un stimulant pour en découvrir d'autres. Cette conduite se résume en deux formules : « Je suis né avec le caractère qui convient à ma figure », écrit-il à vingt ans... mais, à quarante ans, « chacun est responsable de son visage. Or, à quarante ans, Sartre est en pleine gloire et en pleine séduction : son visage, sa voix, sa vie, ses créations, expriment ce qu'il a fait de lui.

1. Le rôle existentiel de la honte est repris au tome II, 3e partie, « Condamnés à la liberté dans un monde aliéné : il y a les autres. »
2. Voir tome II, 3e partie, « Condamnés à la liberté ».

2. La guerre et la gloire

Ces traumatismes de l'adolescence de Sartre se situent à une époque qui est, elle-même, traumatisante : « J'ai connu dans mon enfance deux violences sacrées : la Première Guerre mondiale et la révolution russe. » De la guerre de 14, Sartre évoque, dans le film, les effets à La Rochelle : violence de guerre, violence de port, violence d'enfants dont les pères sont loin, violence extérieure intériorisée par ses camarades : « C'est en tant que petites frappes qu'ils étaient comme cela, mais certainement cela venait de là. »

Lui, petit Parisien, est benêt, crâneur, isolé : « C'est une chose certaine, j'ai appris la solitude et en même temps la violence. Et cette violence a été sur moi ; mes camarades m'ont tapé et je rendais les coups. Cette violence je l'ai intériorisée, c'est-à-dire que j'ai essayé de me sentir violent moi-même. » Cet apprentissage de la violence dans la guerre, pendant son adolescence sera à l'origine de bien des options de Sartre.

Un jeune homme seul

Cependant, la période qui va de l'adolescence de Sartre à la guerre nous montre un jeune homme seul, à Paris, dans l'insouciance d'études à l'École Normale supérieure. Il veut vivre plusieurs vies : il est « mille socrates », fait partie d'une bande qui manie le canular ; il est lié à Nizan d'une amitié profonde, complice et admirative. Il rencontre Simone de Beauvoir ; ils s'aiment, sans institution, sans mariage, dans une liberté mutuelle et dans le souci de translucidité, selon l'idéal d'authenticité ; ils partagent leurs activités et leurs créations ; il la prend comme premier « juge »... « mon petit juge », dit-il en en faisant sa complice dans ses lettres.

Ce contrat libre et réciproque hors de l'institution du mariage sera pour beaucoup exemplaire, à une époque où ce non-conformisme était exceptionnel.

Sartre revendique et pratique la « polygamie », Simone de Beauvoir décrit, dans ses mémoires, deux amours bouleversants qui n'entament pas, malgré le risque, le lien fondamental entre eux basé sur l'autonomie de chacun des deux. Les incertitudes, les angoisses, les heurts éventuels font partie de leur union qui ne suppose aucune garantie. Elle correspond, pour Sartre, au souci de rejeter toute identité préalable aux manifestations. De son côté, Simone de Beauvoir témoigne, par sa conduite, de l'indépendance des femmes : ce sera l'enjeu du *Deuxième Sexe* où elle analyse et décrit l'aliénation et l'oppression de la condition féminine. Cet ouvrage, d'une importance sociologique incontestable, sera une référence pour le mouvement des femmes en France, aux États-Unis et dans le monde entier.

Retenons ici la cohérence entre la conduite personnelle, privée, de l'un et de l'autre et les idées développées : c'est sans doute cela l'authenticité ?

Elle s'accomplit dans un rapport aux autres : « pour qui écrit-on ? » Simone de Beauvoir dit, dans le film *Sartre*, que, sûrement, cet intérêt fut une cause involontaire de succès. Dans le même temps, souvent ensemble, parfois isolément, ils ne séparent pas leurs vies privées de leurs responsabilités publiques.

> La voix obsédante : éraillée, la période courte, avec des pointes qui la rendent haletante. Le charme de Sartre, c'est sa voix : elle dévale comme un torrent, qui finit par inonder les deltas.
>
> [...]
>
> Je me souviens : il y avait sa voix et surtout l'histoire d'amour Sartre-de Beauvoir qui, avant la trouée ouverte par tous les mouvements d'émancipation culturels, défrichait un champ de relations nouvelles, donnait à voir une invention aussi importante, alors, que la fission de l'atome.
>
> Et simultanément Sartre bataillait pour les Algériens et pour le tiers monde. Sans cesse présent.
>
> 34/ S. JULY, éditorial de *Libération*, numéro spécial Sartre, 1980.

Cette entente est sans illusion consolatrice : là encore, aucune garantie dans l'athéisme si dignement exprimé par les derniers mots de *La Cérémonie des adieux* : « Sa mort nous sépare. Ma mort ne nous réunira pas. C'est ainsi : il est déjà beau que nos vies aient pu si longtemps s'accorder. »

On retrouve le même souci de ne pas se faire piéger par les institutions dans la décision de vivre de leurs œuvres en quittant rapidement la sécurité de l'enseignement.

Sartre, devenu « un seul socrate », enseigne cependant quelque temps au Havre, puis à Paris, et, comme il prend bien les choses, ce fut assez gai. Voilà ce qu'évoque Bost qui fut son élève :

> D'abord on n'avait absolument pas l'impression que ça vous ennuyait d'enseigner... Sartre parlait énormément, mais il y avait des interruptions constantes, des questions, c'était d'une liberté absolue... Il était déjà célèbre au lycée pour une raison d'ordre général, à savoir qu'on ne s'emmerdait pas dans sa classe et qu'il était bon type.
>
> 35/ J.-L. BOST, film *Sartre*, Gallimard, 1977, pp. 49-50.

Sartre, de son côté, reconnaît qu'il « s'attachait un peu à enseigner » ; mais ce n'était qu'un métier ; comme pour Nizan, « il y avait l'art, nous écririons... J'avais toujours pensé qu'un grand homme devait se garder libre pour son destin ».

Il écrivit *La Nausée* qui ne fut pas publiée sans difficulté.

> Sartre n'était pas gai non plus. Outre l'échec du trio, il en avait subi un autre qui le touchait encore davantage. Le manuscrit de son livre — intitulé *Mélancholia*, à cause de la gravure de Dürer qu'il aimait beaucoup — avait été remis par Nizan à un lecteur de la maison Gallimard. Sartre reçut un mot de Paulhan l'avisant que, malgré certaines qualités, l'ouvrage n'était pas retenu. Il avait paisiblement encaissé le refus de *La Légende de la vérité*, mais, sur *Mélancholia*, il avait travaillé quatre ans, le livre répondait à ses

intentions ; de son point de vue, du mien, il avait réussi son coup. Paulhan désapprouvait donc le dessein même de Sartre : exprimer sous une forme littéraire des vérités et des sentiments métaphysiques ; ce projet était trop profondément enraciné en lui, et, depuis trop longtemps, pour qu'il acceptât cette condamnation : mais elle nous déconcerta.

36/ S. DE BEAUVOIR, *La Force de l'âge*, Gallimard, 1960. « Folio », p. 326.

Il fallut alors l'intervention de Dullin, de Pierre Bost, pour que le texte *Mélancholia*, qui devint *La Nausée*, soit accepté.

Dès *La Nausée* parue, Sartre publie avant-guerre, outre des textes philosophiques, des nouvelles où l'individu est toujours en situation limite : seul face à la mort comme dans « Le Mur », ou prêt, par amour, comme Ève, à basculer, sans y parvenir, dans la folie de son mari (« La Chambre »). Chaque fois, Sartre casse les normes et l'ordre auquel se résout férocement, après les errements d'usage, Lucien dans « L'Enfance d'un chef » : dérision préalable, sans doute, à l'autoparodie des *Mots*, mais envers du décor, car Sartre n'est pas Lucien : « ignominie du chef », affirmera-t-il. Toute sa vie confirme ce mépris.

Cela dit, Sartre est, à la veille de la guerre, « confortablement installé dans sa situation d'écrivain anti-bourgeois et individualiste ». La virulence de ses textes, notamment contre l'antisémitisme ordinaire et haineux de ce petit caïd fasciste qu'est devenu Lucien, exprime cette situation : « J'avais un adversaire, le lecteur bourgeois ; j'écrivais *contre* lui, du moins en partie, alors que Nizan aurait voulu des lecteurs *pour* qui écrire » : un autre public, prolétaire, qu'il souhaitait atteindre en vain.

« La guerre a vraiment divisé ma vie en deux »

Sartre, spectateur sympathique du Front populaire, troublé par la guerre d'Espagne, se considère avant la guerre simplement comme un individu : « Je ne voyais pas du tout le lien qu'il y avait entre mon existence individuelle et la société dans laquelle je vivais... Au moment de Munich, j'étais déchiré entre mon pacifisme et mon antinazisme, cependant, au moins dans ma tête, l'antinazisme l'emportait déjà. »

Il a fallu la guerre.

S C'est ça qui a fait entrer le social dans ma tête : j'ai compris soudain que j'étais un être social quand je me suis vu arraché de l'endroit où j'étais, enlevé aux gens qui comptaient pour moi et emmené quelque part où je n'avais aucune envie d'aller, avec des gars qui n'en avaient pas plus envie que moi, qui étaient encore en civil comme moi et qui se demandaient autant que moi comment on en était arrivé là. [...]

La guerre a vraiment divisé ma vie en deux. Elle a commencé quand j'avais trente-quatre ans, elle s'est terminée quand j'en avais quarante et ça a vraiment été le passage de la jeunesse à l'âge mûr. En même temps, la guerre m'a révélé certains aspects de moi-même et du monde. Par exemple, c'est là que j'ai connu l'aliénation profonde qui était la captivité, c'est là que j'ai connu aussi le rapport aux gens, l'ennemi, l'ennemi réel, pas l'adversaire qui vit dans la même société que vous ou qui vous attaque verbalement, mais l'ennemi qui peut vous faire arrêter et emmener en taule en faisant un simple signe à des hommes armés.

Et puis j'ai connu là aussi, opprimé, abattu mais existant encore, l'ordre social, la société démocratique, dans la mesure précisément où elle était opprimée, détruite et où nous luttions pour lui conserver sa valeur, en espérant qu'après la guerre elle renaîtrait. C'est là, si vous voulez, que je suis passé de l'individualisme et de l'individu pur d'avant la guerre au social, au socialisme. C'est ça le vrai tournant de ma vie : avant, après. Avant, ça m'a mené à des œuvres comme *La Nausée*, où le rapport à la société était métaphysique, et après, ça m'a mené lentement à la *Critique de la raison dialectique*.

37/ *Situations, X*, « Autoportrait à soixante-dix ans », 1976, pp. 179-180.

Son expérience de prisonnier le marqua profondément : elle lui enseigna la solidarité :

[...] Loin de sa survie, brimé, il participa dans l'allégresse à la vie communautaire. Il détestait les privilèges, son orgueil exigeant qu'il conquît par ses seules forces sa place sur terre : perdu dans la masse, un numéro parmi d'autres, il éprouva une immense satisfaction à réussir, à partir de zéro, ses entreprises. Il gagna des amitiés, il imposa ses idées, il organisa des actions, il mobilisa le camp tout entier pour monter et applaudir, à Noël, la pièce qu'il avait écrite contre les Allemands, *Bariona*. Les rigueurs et la chaleur de la camaraderie dénouèrent les contradictions de son antihumanisme : en fait, il se rebellait contre l'humanisme bourgeois qui révère dans l'homme une nature ; mais si l'homme est à faire, aucune tâche ne pouvait davantage le passionner. Désormais, au lieu d'opposer individualisme et collectivité, il ne les conçut plus que liés l'un à l'autre. Il réaliserait sa liberté, non pas en assumant subjectivement la situation donnée, mais en la modifiant objectivement, par l'édification d'un avenir conforme à ses aspirations ; cet venir, au nom même des principes démocratiques auxquels il était attaché, c'était le socialisme, dont seule l'avait écarté la crainte qu'il avait eue de s'y perdre : à présent, il y voyait à la fois l'unique chance de l'humanité et la condition de son propre accomplissement. »

38/ S. DE BEAUVOIR, *La Force des choses*, Gallimard, 1963. « Folio », pp. 16-17.

Cela dit, l'individu Sartre se sort très bien de cette vie imposée et collective que *Les Carnets de la drôle de guerre* et les *Lettres au Castor* racontent au jour le jour. Puis, il participe activement à la vie du Stalag : il discute philosophie avec des prêtres[1] ; il crée une pièce, *Bariona*, que Simone de Beauvoir résume ainsi :

Le sujet apparent de ce mystère était la naissance du Christ ; en fait, le drame traitait de l'occupa-

1. Témoignage de Marius Perrin : *Avec Sartre au Stalag XII*, D, P. Delarge, 1980.

tion de la Palestine par les Romains, et les prisonniers ne s'y étaient pas trompés ; ils avaient applaudi, la nuit de Noël, une invitation à la résistance. Voilà le vrai théâtre, avait pensé Sartre : un appel à un public auquel on est lié par une communauté de situation.

39/ S. DE BEAUVOIR, *La Force de l'âge*, Gallimard, 1960. « Folio », p. 556.

Il partage la vie de tous :

S Il est bien certain que les rapports qu'on avait n'étaient pas des rapports d'élite, c'étaient des rapports d'individu à individu. C'était une communication sans trou, nuit et jour ; on se voyait, on se parlait directement et à égalité. Vous savez, il y avait des cabinets en commun. Alors, quand on en fait usage avec beaucoup de gens, l'élite disparaît.

40/ M. CONTAT et A. ASTRUC, film *Sartre*, Gallimard, 1977, p. 67.

Sartre n'a jamais prétendu avoir été un héros pendant la Résistance mais son attitude n'est pas équivoque :

S Revenu à Paris après neuf mois de captivité, je cherchais — encore convaincu des pouvoirs souverains de l'individu — à constituer un groupe de résistance dont le nom, « Socialisme et liberté », marquait assez le souci principal, mais qui n'était constitué, comme beaucoup de petits groupes à l'époque, que d'intellectuels petits-bourgeois. Nous ne fîmes guère de besogne : surtout des tracts. Quand l'U.R.S.S. entra en guerre, nous

nous mîmes à rechercher l'alliance avec des communistes. Un d'entre nous prit le contact avec eux à la Faculté — encore les intellectuels. Ceux-là s'adressèrent à de plus hautes instances du P.C. et rapportèrent la réponse : « Pas question de travailler avec eux : Sartre a été libéré par les nazis pour se glisser dans les milieux résistants, et les espionner au profit des Allemands. » Cette défiance des communistes nous écœura, et nous fit mesurer notre impuissance. Nous nous dissolûmes peu après, non sans que l'une de nous fût arrêtée par les Allemands ; elle mourut en déportation. Dégoûté, je restai dix-huit mois sans rien faire, professeur au lycée Condorcet. Au bout de ce temps, je fus contacté à mon tour par d'anciens amis communistes qui me proposèrent d'entrer au C.N.E. (Comité national d'Écrivains) qui rédigeait un journal clandestin *Les Lettres françaises*, et je faisais le genre de travail qu'on peut attendre d'écrivains soigneusement coupés par le P.C. des masses résistantes et de la résistance armée. C'est donc au début de 1943 que commença ma première entreprise commune avec le P.C. Je leur demandai, au départ, s'ils n'avaient pas peur de faire entrer au C.N.E. un espion libéré par les nazis pour donner les noms des résistants. Ils rirent, dirent que c'était un malentendu, et que tout allait s'arranger.

41/ *On a raison de se révolter*, Gallimard, « Collection La France sauvage », 1974, pp. 24-25.

Ce ne fut pas le cas puisqu'il figura encore une fois sur une liste d'écrivains collaborateurs ! « J'ai surtout gardé le sentiment qu'on nous isolait » (nous, c'est-à-dire les écrivains, coupés de l'action armée, y compris pendant les combats de la Libération...).

Le public vient d'applaudir *Les Mouches* dans Paris occupé encore (juin 1943) ; la pièce est montée par Dullin, jouée avec l'accord du Comité national des Écrivains dont il fait partie[1].

Pour comprendre la portée de ce spectacle, il faut s'imaginer le poids de la faute entretenu par Pétain, afin de faire accepter la défaite et l'occupation dans la docilité ; il faut avoir ressenti l'attente de la libération. Certes, les journaux clandestins, les poèmes, couraient de main en main, de bouche en bouche, mais là, par le théâtre, en ce rôle qu'il joue sous toute répression, ce sont des hommes réunis, le public, qui applaudissent ensemble le crime d'Oreste, son refus de tout repentir et la libération de la ville d'Argos au moment où Fabien tue le premier officier allemand dans Paris.

Or, peu après, dans une autre langue, celle de la polémique et du paradoxe, Sartre revendique cette entière liberté sous l'Occupation :

S Jamais nous n'avons été plus libres que sous l'occupation allemande. Nous avions perdu tous nos droits et d'abord celui de parler ; on nous insul-

1. Une polémique s'est ouverte autour d'une interview de Jankélévitch publiée après sa mort par *Libération* : il y met en cause l'attitude de Sartre pendant l'Occupation qui, selon ce philosophe, « a tout investi dans l'après-guerre ». Cette polémique, reprise par la presse, a joint à cette critique l'argument des représentations des *Mouches* en juin 1943. Outre les souvenirs d'époque, le travail scientifique de réception du texte entrepris par Ingrid Galster : *La Littérature engagée à l'épreuve*, t. I (Gunther Narr Verlag, Tubingen ; Jean-Michel Place, Paris) conclut au rôle contestataire de cette pièce à l'époque. Cette polémique s'est poursuivie par l'article de Michel Contat (*Le Monde*, 28 juin 1985) et la réponse de S. de Beauvoir, Jean Pouillon et J.-L. Bost (le 28 juillet 1985).

tait en face chaque jour, et il fallait nous taire ; on nous déportait en masse, comme travailleurs, comme Juifs, comme prisonniers politiques : partout sur les murs, dans les journaux, sur l'écran, nous retrouvions cet immonde et fade visage que nos oppresseurs voulaient nous donner de nous-mêmes : à cause de tout cela nous étions libres. Puisque le venin nazi se glissait jusque dans notre pensée, chaque pensée juste était une conquête ; puisqu'une police toute-puissante cherchait à nous contraindre au silence, chaque parole devenait précieuse comme une déclaration de principe ; puisque nous étions traqués, chacun de nos gestes avait le poids d'un engagement. [...] Ainsi, la question même de la liberté était posée et nous étions au bord de la connaissance la plus profonde que l'homme peut avoir de lui-même. Car le secret d'un homme, ce n'est pas son complexe d'Œdipe ou d'infériorité, c'est la limite même de sa liberté, c'est son pouvoir de résistance aux supplices et à la mort.

42/ *Situations, III*, « La République du silence », pp. 11-13 (paru dans *Les Lettres françaises*, 1944).

Que certains, notamment communistes, aient déformé — nous le verrons — la pensée de Sartre, en isolant la première phrase pour faire croire au pire, n'empêche pas la force de ce couple : guerre/ liberté qui fonde la radicalité de la conception de Sartre.

Vision tragique qu'il faut changer en épopée : remonter du fond de l'abîme, pousser au milieu des pavés : de l'herbe ! Dérégler la machine ? un grain de sable. Déranger, libérer. De l'air !

Retrouvons maintenant Sartre, à cette époque, responsable à quarante ans de ce qu'il fait de lui à partir de ce qu'on a fait de lui. Il surgit dans une France libérée et moraliste, explosive et corsetée, ouverte au monde après quatre ans d'enfermement, vibrante et frileuse de faim, de froid, de ruines à reconstruire, de morts et de haines, de hontes et d'exploits, tandis que des batailles se poursuivent, car ce n'est pas encore la paix.

Simone de Beauvoir, dans *La Force des choses,* reconstitue l'atmosphère et les événements de cet après-guerre dans lequel explose l'existentialisme ; elle en décrit les contradictions et l'intensité d'une vie au présent :

> Les fêtes commencées en fin d'occupation chez Leiris ou Picasso continuent après la *« semaine d'apocalypse »* que fut la Libération de Paris, que Sartre a décrite dans *Combat* ; Roger Blin lit un poème de Milosz ; Mouloudji chante au Gipsy tandis que Loleh Bellon marche pieds nus sur l'asphalte : « C'est mon anniversaire et j'ai vingt ans ! »...
>
> [...] Nous étions libérés. Dans les rues les enfants chantaient :
>
> « Nous ne les reverrons plus,
> c'est fini, ils sont foutus »
>
> et je me répétais : c'est fini, c'est fini, c'est fini : tout commence. [...]
>
> Jour et nuit, avec nos amis, causant, buvant, flânant, riant, nous fêtions notre délivrance. Et ceux qui la célébraient comme nous devenaient, proches ou lointains, nos amis. Quelle débauche de fraternité ! Les ténèbres qui avaient enfermé la France explosaient.
>
> 43/ S. DE BEAUVOIR, *La Force des choses*, Gallimard, 1963. « Folio », p. 11.

Sartre est là, seul avec quelques-uns de sa bande, hors la puissance des partis et des idéologies spiritualistes et marxistes qui se partagent les âmes pour que tout rentre dans l'ordre. Aussi devient-il pour ces hommes d'institutions de tout bord, pour les médias et les rumeurs, le symbole de tous les vices et le corrupteur de la jeunesse.

C'est que, du cœur de la guerre, il nous parle sur tous les tons (je veux dire dans toutes les langues qu'il a à sa disposition), d'une liberté personnelle et irréductible, même quand elle est au service d'une libération sociale : théâtre, revue, romans, somme philosophique... tout y passe ! Tout nous est offert en un an !

Une explosion de liberté

Cette vision est contemporaine de toute une jeunesse vivant au présent mais elle est subversive en une période où le risque fait place à l'ordre ; à « la république du silence », « sans institution, sans armée, sans police », conquise à chaque instant contre le nazisme, doit se substituer un ordre légitime, le nôtre, qu'il va falloir respecter et faire respecter ; les forces politiques et religieuses sont unanimes ; le programme de la Résistance est vite gommé. Sartre est donc un provocateur par sa nostalgie de l'insoumission. Or nous découvrons cette irréductible liberté en même temps dans un gros livre : *L'Être et le Néant*, paru fin 1943, dans la nuit de l'Occupation. On y apprend que la conscience est constante interrogation et ne coïncide jamais avec elle-même ; que la liberté est incontournable et que, se dévoilant à nous dans l'angoisse, elle est inséparable d'une responsabilité à laquelle, quoi que nous fassions, nous ne pouvons échapper : « On a la guerre qu'on mérite. » Nous découvrons qu'il ne peut y avoir de situation inhumaine au moment même où le retour des déportés nous prouve que, même dans l'horreur des camps nazis, la solidarité s'est exercée : une *situation* suppose à la fois les conditions dans lesquelles l'homme est placé et sa capacité à les « néantiser », à les surmonter... Ce qui ne veut pas dire qu'elles se valent toutes ! Or, cette liberté de choix (« Je décide seul, injustifiable et sans excuse ») exclut toute référence à un dogme ; elle rejette toute garantie : pas de liberté surveillée ni de manichéisme, pas de hiérarchie des fins préalable à l'acte. Voilà de quoi ameuter toutes les églises et nous ne nous étonnons pas plus que Pierre Brisson, directeur du *Figaro* :

> si Sartre ou plutôt les descriptions sartriennes divisent le public... Que les cohortes de Maurice Thorez injurient Sartre et le proclament « écrivain des ratés » tandis que l'aile guerrière des droitiers parle de l'exorciser, de l'enduire de soufre et de l'allumer sur le parvis de Notre-Dame, ce qui serait la façon la plus charitable de sauver son âme, tout cela est encore très normal.
>
> 44/ P. BRISSON, « Le cas Sartre », *Le Figaro littéraire*, 1946.

D'autant que ce diable d'homme n'arrête pas de créer sur tous les fronts des œuvres dont nous ne sommes pas seulement spectateurs, mais qui nous prennent à parti.

Romans, théâtre, philosophie, articles d'actualité... Voilà le rythme créateur de Sartre dans cet immédiat après-guerre. On comprend le fracas causé ici et dans le monde entier par cette explosion existentialiste à laquelle participent les romans, essais et pièces de Simone de Beauvoir !

L'adoption du terme d'*« existentialisme »* n'est d'ailleurs pas immédiate et fait fortune malgré Sartre : il ne veut pas d'étiquette : « Ma philosophie est une philosophie de l'existence ; l'existentialisme, je ne sais pas ce que c'est », répond-il à l'existentialiste chrétien Gabriel Marcel, mais il doit s'incliner devant l'ampleur de la désignation.

> Ce fut donc une « offensive existentialiste » que, sans l'avoir concertée, nous déclenchâmes en ce début d'automne. Dans les semaines qui suivirent la publication de mon roman, les deux premiers volumes des *Chemins de la liberté* parurent, et les premiers numéros des *Temps modernes*. Sartre donna une conférence : « L'existentialisme est-il un humanisme ? »... et j'en fis une au Club Maintenant, sur le roman et la métaphysique. *Les Bouches inutiles* furent jouées. Le tumulte que nous soulevâmes nous surprit.
>
> 45/ S. DE BEAUVOIR, *La Force des choses*, Gallimard, 1963. « Folio », pp. 60-61.

Il dépassait les frontières dans « l'inflation » d'après-guerre, et déchaînait, en France, les passions.

> Cependant, si les circonstances jouèrent à un si haut point en faveur de Sartre, ce ne fut pas par hasard ; il y avait, du moins à première vue, un remarquable accord entre ce qu'il apportait au public et ce que celui-ci réclamait. Les petits-bourgeois qui le lisaient avaient eux aussi perdu

leur foi dans la paix éternelle, dans un calme progrès, dans des essences immuables ; ils avaient découvert l'Histoire sous sa figure la plus affreuse. Ils avaient besoin d'une idéologie qui intégrât ces révélations, sans les obliger cependant à jeter par-dessus bord leurs anciennes justifications. L'existentialisme, s'efforçant de concilier histoire et morale, les autorisait à assumer leur condition transitoire sans renoncer à un certain absolu, à affronter l'horreur et l'absurdité tout en gardant leur dignité d'homme, à préserver leur singularité. Il semblait leur fournir la solution rêvée.

En fait, non ; et c'est pourquoi le succès de Sartre fut aussi ambigu que volumineux, gonflé par cette ambiguïté même. Les gens se jetèrent avidement sur une nourriture dont ils avaient faim : ils se cassèrent les dents et poussèrent des cris dont la violence intriguait et attirait. Sartre les séduisait en maintenant, au niveau de l'individu, les droits de la morale ; mais celle qu'il indiquait n'était pas la leur. Ses romans leur renvoyaient une image de la société qu'ils récusaient : ils le taxèrent de réalisme sordide, de misérabilisme. Ils étaient disposés à entendre sur eux-mêmes quelques vérités douces, non à se regarder en face. Contre la dialectique marxiste ils revendiquaient leur liberté ; mais Sartre exagérait : celle qu'il leur offrait impliquait de fatigantes responsabilités ; elle se retournait contre les institutions, les mœurs ; elle détruisait leur sécurité.

[...]

Au même instant célèbre et scandaleux, Sartre n'accueillit pas sans malaise une renommée qui, tout en dépassant ses anciennes ambitions, les contredisait.

46/ S. DE BEAUVOIR, *ibid.*, pp. 62-63.

L'offensive continue : toujours dans les mêmes mois, Sartre s'adresse directement au public : il aime l'immédiateté que permet le théâtre : il peut y exprimer une colère, une angoisse et ces limites insupportables à la liberté que sont le regard de l'autre auquel on ne peut échapper, la torture destinée à avilir l'homme ou le racisme qui l'écrase. Sous l'Occupation il avait crié l'entière liberté d'Oreste ; dans l'ordre de la paix il montre le poids de l'aliénation : enfermement de *Huis clos* ou soumission indépassable de *La Putain respectueuse* ; il rappelle brutalement, à ceux qui l'auraient oublié, la situation limite des résistants devant la torture dans *Morts sans sépultures*. Les journaux ont titré « Scandale à Paris » devant la cruauté des scènes, mais c'était plutôt la façon dont s'installent la peur, la suspicion et dont la mort d'un enfant devient nécessaire à la cause commune, qui était insupportable : « Je n'inventais pas ces horreurs, je les trouvais, comme le reste, dans ma mémoire », dit-il dans *Les Mots*.

Sans doute ; mais jetant bas les masques, parlant à ses contemporains de leur propre réalité, dévoilant l'aliénation, Sartre dérangeait leur mauvaise foi.

Pourtant la vie n'était pas triste...

Ils sont toute une bande d'amis, et ça circule : Camus dirige *Combat* ; il a alors comme programme « de la résistance à la révolution » ; il part en Algérie et dénonce au retour « la surexploitation des indigènes » ; il va envoyer Sartre comme reporter aux U.S.A., c'est-à-dire, alors, à la conquête de l'Amérique d'où nous est venue toute une moisson de culture : Miller, Mac Roy, Peter Cheyney, Graham Greene... et ceux qu'on connaissait déjà : Hemingway, Faulkner, Richard Wright, Wilder, Caldwell... « J'avais vécu claquemurée, le monde m'était rendu», dit Simone de Beauvoir.

Années de pauvreté où les Français ont encore froid et faim ; famine en Hollande, opulence relative pour les riches au Portugal..., ce sont les premiers voyages. En même temps, on découvre les camps de la mort : les déportés reviennent, ils ne reviennent pas. C'est aussi le moment de l'épuration où la frontière est difficile entre vengeance, justice, responsabilité. Le procès de Brasillach, auquel Simone de Beauvoir assiste sans avoir voulu demander l'indulgence pour cet écrivain collaborateur, est un test : les mots ne sont pas innocents ; il est donc responsable, même s'il est, par sa dignité, respectable.

En plein été, vient l'annonce des bombardements atomiques : Hiroshima, Nagasaki.

Simone de Beauvoir veut voir le Vercors de ses yeux et assiste à la grande frairie funèbre de Vassieux. Sartre va revenir des États-Unis.

Dans le même temps paraissent les romans : *Les Chemins de la liberté* où le lecteur se laisse prendre : les personnages ne sont pas des héros positifs ; *L'Age de raison* et *Le Sursis* ne sont encore qu'un inventaire des libertés fausses, mutilées, incomplètes, une description des apories de la liberté... Mathieu n'est pas libre, parce qu'il n'a pas su s'engager... Mathieu n'est pas libre, il n'est rien parce qu'il est toujours dehors.

Brunet ne vaut pas mieux :

S Brunet incarne l'esprit de sérieux, qui croit aux valeurs transcendantes, écrites au ciel intelligible, indépendantes de la subjectivité humaine, posées comme des choses. Pour lui, il y a un sens absolu du monde et de l'histoire qui commande ses entreprises. Brunet s'engage parce qu'il faut une certitude pour vivre. Son engagement n'est qu'une obéissance passive à cette exigence. Il se délivre à peu de frais de l'angoisse. Il n'est pas libre. L'homme est libre pour s'engager, mais il n'est libre que s'il s'engage pour être libre. Il y a une autre vie militante que celle de Brunet. Mais Brunet est un militant qui manque sa liberté.

47/ M. CONTAT et M. RYBALKA, *Les Écrits de Sartre*, Gallimard, 1970, p. 115, « Prière d'insérer pour *L'Age de raison*, 1970, et *Le Sursis*, 1945 ».

Ces romans sont des « exercices de la liberté » où s'éprouvent, dans des ratages et des incertitudes, non seulement les personnages mais les lecteurs :

Les romans de Sartre n'en imposent pas, et c'est tant mieux : ils s'imposent à la lecture, ou ne s'imposent pas ; ils laissent libre le lecteur, car ils en appellent à sa liberté. A celui qu'ils laissent indifférent ou hostile, on expliquera vainement pourquoi ils en remuent un autre en son plus intime.

[...]

Si la liberté, comme notion philosophique, comme expérience vécue, comme principe moteur de l'écriture, est le noyau de l'œuvre entière, il faut considérer que le roman occupe dans celle-ci une place centrale, un rôle fondateur. Les romans et les nouvelles de Sartre sont, en effet, des exercices de la liberté : des textes où la liberté s'essaie, au sens où Montaigne s'est essayé lui-même dans son livre, c'est-à-dire se met à l'épreuve.

48/ M. CONTAT, *Sartre, œuvres romanesques*, Gallimard, « Pléiade », 1981, préface, pp. X-XI.

Sartre entraîne le lecteur dans des situations audacieusement dévoilées à l'époque : il ose dire l'avortement, alors caché, puni et condamné comme la pédérastie inavouable et honteuse, avant de nous projeter dans la simultanéité du *Sursis* : répétition générale où nous sommes plusieurs en différentes situations et en différents lieux, semaine de septembre 1938 où la lâcheté de Munich n'empêchera pas la guerre. Cette multiplicité à l'américaine déroute et tournoie, de sorte que nous y perdons toute identification. Nous ne sommes plus seulement confrontés à des situations marginales et ordinaires, mais à un monde disloqué qui annonce la guerre... Celle que nous venons de vivre, en 1940, celle de *La Mort dans l'âme* où tout va basculer. Ce sont des romans de crises, d'incertitudes, d'instabilité et d'inconfort où Sartre déclenche l'interrogation du lecteur et le compromet.

Aléas de l'avant-guerre, agencements qui se font et se défont, fuites et retours de personnages, qui, parfois, forment des couples dont le plus intime est celui des jeunes frère et sœur Ivich et Boris. A ces incertitudes s'oppose Brunet dans l'assurance qu'il tient de sa responsabilité au parti communiste : « Le calme de Brunet était énorme. C'était le calme de la mer. C'était apaisant et exaspérant à la fois. Il n'avait jamais l'air d'être un seul homme, il avait la vie lente, silencieuse et bruissante d'une foule. » Même son amitié est organisée, plus de failles, inatteignable... Nous saurons pourtant par la suite qu'il finira démuni, tandis que Mathieu s'engagera dans l'épreuve :

> *Les Chemins de la liberté*, c'est l'épopée des « hommes de mauvaise volonté » ou la découverte du « Monde réel » au cours d'un désastre national. Ce qui frappe dans la comparaison de

ces œuvres parallèles, c'est la modestie relative de l'entreprise sartrienne. Quand ses concurrents peignent à fresque la société dans son ensemble, dressent un inventaire complet des groupes sociaux, Sartre décrit, en dépit de l'apparente multiplicité du *Sursis*, une société restreinte : des intellectuels au premier plan, les petits-bourgeois qu'ils croisent, un berger des Cévennes, un général, quelques étrangers, les chefs des États en conflit : c'est une masse, non une somme, détotalisée avant même d'être totalisée. Sartre s'est défendu d'avoir voulu écrire « un roman historique sur la guerre de 1940 ». Il a refusé la position de survol de l'historien, sans se limiter à quelques subjectivités privilégiées. Son dessein était d'ordre poétique : il s'agissait de donner le sentiment d'un « gigantesque et invisible polypier », d'un « drôle de corps, proprement impensable [...] dans un espace à cent millions de dimensions ».

49/ G. IDT, *Sartre, œuvres romanesques*, Gallimard, « Pléiade », 1981, préface, p. XXVII.

Ainsi les romans de Sartre n'expliquent pas, ne décrivent pas, ils démystifient et déroutent d'autant plus qu'ils paraissent à un moment où l'héroïsme et les bons sentiments font recette. Or, dans cette époque dégradée, « le langage aussi est désacralisé par le mélange des genres et des tons » (G. Idt). Il est destiné à susciter une mise en question. Sartre n'est pas Zola. Il l'a dit et répété : il n'établit pas un constat, si noir soit-il, sans laisser ses lecteurs et ses personnages se débattre avec un devenir incertain (encore Robbe-Grillet remarque-t-il dans *Le Miroir qui vient* que l'emploi d'un passé historique s'abat sur les personnages — et sur l'écrivain — comme une chape de plomb...).

Romans de guerre et de fureur, de vie et de mort, dans des situations limites que Sartre dépeint parce qu'elles dévoilent une violence masquée ordinairement par la civilisation. Mathieu n'est pas Érostrate mais la guerre dévoile tant de pulsions retenues :

> S « Nom de Dieu, dit-il à voix haute, il ne sera pas dit que nous n'aurons pas tenu quinze minutes. »
>
> Il s'approcha du parapet et se mit à tirer debout. C'était une énorme revanche ; chaque coup de feu le vengeait d'un ancien scrupule. « Un coup sur Lola que je n'ai pas osé voler, un coup sur Marcelle que j'aurais dû plaquer, un coup sur Odette que je n'ai pas voulu baiser. Celui-ci pour les livres que je n'ai pas osé écrire, celui-là pour les voyages que je me suis refusés, cet autre sur les types, en bloc, que j'avais envie de détester et que j'ai essayé de comprendre. » Il tirait, les lois volaient en l'air, tu aimeras ton prochain comme toi-même, pan dans cette gueule de con, tu ne tueras point, pan sur le faux jeton d'en face. Il tirait sur l'Homme, sur la vertu, sur le Monde : la liberté, c'est la Terreur ; le feu brûlait dans la mairie, brûlait dans sa tête ; les balles sifflaient, libre comme l'air, le monde sautera, moi avec, il tira, il regarda sa montre : quatorze minutes trente secondes : il n'avait plus rien à demander sauf un délai d'une demi-minute, juste le temps de tirer sur ce bel officier si fier qui courait vers l'église ; il tira sur le bel officier, sur toute la Beauté de la Terre, sur la rue, sur les fleurs, sur les jardins, sur tout ce qu'il avait aimé. La Beauté fit un plongeon obscène et Mathieu tira encore. Il

tira, il était pur, il était tout-puissant, il était libre.

Quinze minutes.

50/ *Les Chemins de la liberté, La Mort dans l'âme*, 1949. Pléiade, 1981, p. 1344.

Cependant, voilà comment Sartre lui-même annonçait l'ensemble :

S Mon propos est d'écrire un roman sur la liberté. J'ai voulu retracer le chemin qu'ont suivi quelques personnes et quelques groupes sociaux entre 1938 et 1944. Ce chemin les conduira jusqu'à la Libération de Paris, non point peut-être jusqu'à la leur propre. Mais j'espère du moins faire pressentir, par-delà ce temps où il faut bien que je m'arrête, quelles sont les conditions d'une délivrance totale. En ce roman qui comprendra trois volumes, je n'ai pas cru devoir user partout de la même technique. Pendant la *bonace* trompeuse des années 1937-1938, il y avait des gens qui pouvaient encore garder l'illusion, en de certains milieux, d'avoir une histoire individuelle bien cloisonnée, bien étanche. C'est pourquoi j'ai choisi de raconter *L'Age de raison*, comme on fait d'ordinaire, en montrant seulement les relations de quelques individus. Mais, avec les journées de septembre 1938, les cloisons s'effondrent. L'individu, sans cesser d'être une monade, se sent engagé dans une partie qui le dépasse. Il demeure un point de vue sur le monde, mais il se surprend en voie de généralisation et de dissolution. C'est une monade qui fait eau, qui ne cessera plus de faire eau, sans jamais sombrer. Pour rendre compte de l'ambiguïté de cette condition, j'ai dû avoir recours au « grand écran ». On retrouvera dans *Le Sursis* tous les personnages de *L'Age de raison*, mais perdus, circonvenus par une foule d'autres gens. Je désirais à la fois éviter de parler d'une foule ou d'une nation comme d'une seule personne, en lui prêtant des goûts, des volontés, et des représentations, à la manière dont en use Zola dans *Germinal*, et de la réduire à la somme des éléments qui la composent. J'ai tenté de tirer profit des recherches techniques qu'ont faites certains romanciers de la simultanéité, tels Dos Passos et Virginia Woolf.

J'ai repris la question au point même où ils l'avaient laissée et j'ai essayé de retrouver du neuf dans cette voie. Le lecteur dira si j'ai réussi.

Je demande qu'on ne juge pas mes personnages sur ces deux premiers volumes dont l'un tente de décrire le marasme français des années d'entre-deux-guerres et dont l'autre vise à restituer le désarroi qui a saisi tant de gens au moment du sursis dérisoire de Munich. Beaucoup de mes créatures, même celles qui paraissent présentement les plus lâches, feront preuve plus tard d'héroïsme, et c'est bien un roman de héros que je veux écrire. Mais, à la différence de nos bien-pensants, je ne crois pas que l'héroïsme soit facile.

51/ M. CONTAT et M. RYBALKA, *Les Écrits de Sartre,* Gallimard, 1970, p. 113, « Prière d'insérer pour *L'Age de raison*,1970, et *Le Sursis*, 1945 ».

Nous sommes en 1945. Sartre annonce alors *La Dernière Chance* qui devient *La Mort dans l'âme*, et laisse inachevé le destin des protagonistes : soucieux du lien à son époque, Sartre renoncera à *Drôle d'amitié* (qui s'achevait dans le désarroi de Brunet) parce qu'un roman de guerre devenait rétrospectif : « La guerre était finie. Elle nous restait sur les bras comme un grand cadavre encombrant », dit Simone de Beauvoir dans *La Force des choses*. Le projet est inachevé[1].

C'est dans ce climat de mort et de fête, de présent et de lointains, que devient célèbre le café de Flore. Les touristes de Paris et du monde entier débarquent à Saint-Germain-des-Prés. C'est la gloire surgie sans être voulue. Elle ne se sépare pas de la haine.

S [...]

— J'ai toujours cru que je gagnerais, par conséquent je n'ai jamais eu l'impression très nette d'une réussite. Mais enfin, après la guerre, c'était gagné pour moi.

— *Autrement dit, cette notoriété plutôt lourde, qui vous est tombée dessus en 1945...*

— Très lourde...

— *Elle vous a aussi fait plaisir ?*

— Figurez-vous que non, parce qu'elle était faite de tant d'insultes, et même de calomnies, qu'elle était irritante. Ce n'était pas désespérant, loin de là, puisque, par la suite, j'y ai trouvé de l'agrément. Mais, pour commencer, ça m'a été infligé de la manière la plus désagréable : la haine.

— *Ça vous affecte, la haine ?*

— Non, plus maintenant. Mais, à l'époque, j'en faisais connaissance. Je venais de subir l'occupation allemande, qui n'était pas drôle, et je trouvais de la haine chez mes contemporains. Ça me faisait un curieux effet. Et puis, finalement, ça

1. Voir l'édition critique de la Pléiade, *Sartre*, *œuvres romanesques*, 1981.

s'est arrangé très bien. Ils m'ont toujours haï ; mais, ce qui était important, c'est que les jeunes avaient de bons rapports avec moi.

52/ *Situations, X*, « Autoportrait à soixante-dix ans », 1976, p. 154.

Les raisons du rapport privilégié de Sartre aux jeunes, sont de deux ordres ; d'une part son intérêt et sa responsabilité face à ces héritiers d'une société qui n'est faite ni par ni pour eux, dans le souci de leur avenir : les *Situations* sont jalonnées de cette inquiétude ; d'autre part une philosophie de la non-coïncidence, de l'instabilité, de la remise en question qui reste ouverte et combative convient particulièrement à des individus qui ne sont pas encore installés dans leur vie (tout particulièrement en période de crise). J'ajouterai à cela le tempérament de Sartre, sa gaieté, son goût de l'intempestif, son refus d'idées fixes et d'esprit de sérieux, sa capacité à éprouver le neuf (1968 et la suite), ses préférences : « Je n'aime pas les gens de mon âge. Tous les gens que je connais sont beaucoup plus jeunes que moi. C'est avec eux que je m'entends le mieux : ils ont les mêmes besoins, les mêmes ignorances, les mêmes savoirs que moi », dit-il à soixante-dix ans.

Entre-temps, que ce soit dans « Matérialisme et Révolution » *(Situations, III)*, dans l'avant-propos à *Aden Arabie*, « Paul Nizan » *(Situations, IV)*, dans « L'Alibi » *(Situations, VIII)*, trois ans avant 68, Sartre démasque avec violence une société dont ils héritent, qu'ils n'ont pas voulu, où la tentation de tout casser n'a comme alternative que la docilité de l'intégration et condamne la génération (et lui-même) qui n'a pas su offrir de perspectives à la suivante.

Par contre, la discussion avec P. Gavi et P. Victor, dans *On a raison de se révolter*, n'est pas pessimiste.

C'est que dans les années du « gauchisme » d'après 68 il est parmi eux dans un présent affirmatif.

Prenons, parmi d'autres, deux témoignages, bien différents, de ce qu'en 1945, Sartre représentait pour ceux qui avaient vingt ans : un philosophe (ils sont rares), un acteur (ils sont nombreux).

Voici ce qu'évoquait Gilles Deleuze récemment :

> A la Libération, on restait bizarrement coincé dans l'histoire de la philosophie. Simplement on entrait dans Hegel, Husserl et Heidegger ; nous nous précipitions comme de jeunes chiens dans une scolastique pire qu'au Moyen Age.
>
> Heureusement il y avait Sartre, c'était notre Dehors, c'était vraiment le courant d'air d'arrière-cour (et c'était peu important de savoir quels étaient au juste ses rapports avec Heidegger du point de vue d'une histoire à venir).
>
> Parmi toutes les possibilités de la Sorbonne, c'était lui la combinaison unique qui nous donnait la force de supporter la nouvelle remise en ordre.
>
> Et Sartre n'a jamais cessé d'être ça, non pas un modèle, une méthode ou un exemple, mais un peu d'air pur, un courant d'air, même quand il venait du Flore. Un intellectuel qui changeait singulièrement la situation de l'intellectuel. C'est stupide de se demander si Sartre est le début ou la fin de quelque chose. Comme toutes les choses et les gens créateurs, il est au milieu, il pousse par le milieu.

53/ G. DELEUZE et C. PARNET, *Dialogues*, Flammarion, 1977, p. 18.

Et Robert Hossein :

> Sartre, malgré l'écran de son entourage, était très disponible, très attentif à la vie de ses contemporains. On a trop écrit sur l'existentialisme, trop de sornettes... On a condamné le relâchement des mœurs et évoqué un prétendu ennui, je ne sais quelle propension au je-m'en-foutisme. Il faut combattre cette idée reçue, cet éloge de la tristesse. Toutes les caricatures de l'existentialisme sont erronées ! C'était la bonté qui caractérisait le mieux Sartre. Sartre donnait tout ce qu'il possédait. Sa notoriété ne lui était précieuse que si elle aidait ses amis en difficulté. Je n'ai pas rencontré, depuis cette époque, d'intelligence aussi douce, aussi prodigue. Sartre aimait la gaieté. Il savait être drôle. Ce n'était pas un sceptique accablé par l'orgueil. C'était un meneur de jeu qui écoutait et qui consolait. Il avait d'immenses capacités d'amour, une véritable tendresse pour l'humanité. Le cercle de Jean-Paul Sartre était un refuge contre les agressions de la bêtise, de la haine. On reconnaissait ses membres à leur mot de passe : « Salut ! » Personne, autour de Sartre, ne se disait bonjour, bonsoir, au revoir... Le « Salut » vigoureux, résurgence révolutionnaire ou communarde, était plus fraternel, plus égalitaire. Il permettait aussi, et l'avantage n'est pas négligeable, d'être chaleureux sans présumer de l'identité de celui qu'on saluait.

54/ R. HOSSEIN, *La Sentinelle aveugle*, Grasset, 1978, p. 116.

« La célébrité, pour moi, ce fut la haine »

Cette influence sur la jeunesse aggrave la haine et la peur de ceux qu'effrait l'existentialisme de Sartre parce qu'il est athée, parce qu'il fait éclater le pouvoir des idéologies, parce qu'il est un courant d'air, bousculant les mœurs, les valeurs, les rapports entre les gens, la solennité universitaire, la hiérarchie d'appareils, l'hypocrisie moraliste, gonflée par le pétainisme, réinvestie aussi bien par les communistes que par les catholiques.

Sans doute, le phénomène se produit dès *La Nausée*, même si le roman est bien accueilli par la plupart des critiques : certains crient au scandale, à la démoralisation et certaines nouvelles du *Mur* (comme « Intimité ») provoquent des interdits qui ne seront pas levés avant longtemps[1].

Mais la gloire « lui tombe dessus en 1945 » : car l'enjeu est trop important pour les « prêtres ascétiques » de tout bord de préserver une jeunesse d'un esprit de révolte que ni les uns ni les autres ne peuvent admettre. Sans doute accepte-t-on la noirceur naturaliste des descriptions d'un Zola. Mais le danger de Sartre est de remuer les âmes et de donner à chacun un goût de liberté hors toute institution. Sartre dévoile des marges inavouables à l'époque : l'homosexualité de Daniel, l'avortement de Marcelle sont alors des crimes ; son avance libertaire effraie et l'on se sert de ce nonconformisme pour mieux horrifier un public qui ne lit pas Sartre puisqu'il est le Diable. A partir de là toutes les calomnies sont possibles d'autant que sa pensée

1. Voir l'édition critique de la Pléiade, *Sartre, œuvres romanesques*, « Réception critique de *La Nausée* », pp. 1701-1711.

circule hors de l'Université et change les mentalités.

Ce qui n'arrange pas les choses, car cela inquiète tous les hommes d'ordre qui veulent briser, par n'importe quel moyen, cet agent de subversion. Évoquons d'abord la grande presse : les médias « mettent le paquet » contre un intellectuel ; la curiosité renforce l'audience : le goût du fruit défendu !

Boris Vian en a constitué le sottisier dans *Le Manuel de Saint-Germain-des-Prés.*

Voici notamment le passage qu'il rapporte d'un article d'Émile Henriot, paru dans *Le Monde* :

« Des bêtes menées par leurs instincts, recouverts de mots mensongers, voilà ce que nous sommes, d'après Monsieur Jean-Paul Sartre, professeur d'existentialisme et, à ce titre, maître admiré d'une partie de la jeunesse d'aujourd'hui. » Stupre, crasse, paresse, suicides, parasitisme... tout y passe dans l'image que donne de lui la grande presse. Tout y dit, d'ailleurs, un effroi qui semble parfois bien anodin maintenant :

« Au Flore on s'embrasse pour un oui pour un non sur les joues »... Des filles sont en pantalon et des clochards en chemise sans pantalon : « Poètes chevelus, peintres hirsutes, chemises de cowboy au vent, cols échancrés jusqu'à l'estomac, bretelles ocre et mauves... »

Les « pisse-copie » pratiquent la citation tronquée et l'un d'eux cherche à horrifier en isolant ces mots d'un témoignage de prisonnier paru dans *Les Temps modernes* : « Le pire de tout c'est les cabinets. Quand je veux former une image dense du bonheur, c'est à des cabinets que je pense. A des cabinets bien enfermés de murs blancs, dallés de clair, verrouillés (Georges Hyvernaud : *La Peau et les Os*) : le but est de montrer la vulgarité de ce rêve.

Samedi-soir n'est pas en reste. L'article intitulé

« Hôtel de Louisiane chambres 17 et 50 » (17 novembre 1945) a comme sous-titre : « Dans le décor de *Huis clos* en plus infernal Jean-Paul Sartre et Simone de Beauvoir professent le dépassement des ustensiles. »

« Pour les adolescents chevelus il est le maître. Pour les bien-pensants, il est un « assassin ». Mais qu'a donc Monsieur Sartre pour agiter tant les esprits ?... Depuis Barnum on n'avait pas assisté à un tel triomphe de la publicité. » Petit professeur, fils de professeur... cette vogue est d'autant plus étrange : « Il est à la mode et si on faisait une exposition universelle il ne faudrait pas l'oublier. »

Puis on pénètre dans la chambre : « des vêtements épars, des soucoupes remplies de cendres, renversées au hasard » pour reconnaître, ce qui est vrai : Sartre, en effet, n'oublie jamais d'écrire ; il écrit n'importe où et n'importe quand, qu'il soit debout, couché, en veston ou en pyjama »... Puis on passe à la saleté de l'auteur de *La Nausée* grâce à une anecdote : « Le douanier plongea la main dans un fatras de linge, en tira une loque, suffoqua et dit : "Passez, passez vite." De tels incidents... composent sa légende. » Ou plutôt composent l'image de ce philosophe que, d'autre part, on dit abscons : « Ce n'est pas la peine de le lire ; on n'y comprendrait rien. »

« Quand il s'agit de philosophie, Monsieur Sartre emploie volontiers la langue obscure qui est celle des dieux. Il parle volontiers de « conception réalisante et chosifiée », de fissure infraconscientielle, de dépassement des ustensiles, de vivre son ipséité... et tout le café de Flore est prêt à vendre son âme pour les splendeurs de l'ipséité. »

La violence des attaques n'est pas réservée à la grande presse et l'enquête des *Lettres françaises*, dès novembre 1944, est d'autant plus inattendue que Sartre a participé à la rédaction clandestine du journal. Pierre Emmanuel s'écrie : « L'existentialisme, je ne veux pas en parler, c'est infect », ajoutant « l'existentialisme me paraît comme une maladie de l'esprit et, par conséquent, sans remède. Pourquoi veut-on nous faire croire que l'homme est un chancre abominable sur le visage de la nature ? »... Quant à Henri Lefebvre, qui est le maître à penser du marxisme à cette époque, il commente, selon le schéma attendu : « L'existentialisme est un phénomène de pourriture qui est tout à fait dans la ligne de décomposition de la culture bourgeoise. » Il y oppose l'humanisme comme « reconquête de la santé humaine » et ajoute, en rappelant la formule de *Huis clos*, qui sert toujours d'argument au prétendu misanthropisme de Sartre : « Dire l'enfer c'est les autres, c'est nier l'humanisme. »

Cette campagne est donc cautionnée par les autorités spiritualistes ou marxistes. Nous verrons à propos des problèmes du sujet, de la liberté, d'autrui, de la morale, quelles objections furent faites à Sartre par les uns et les autres, indiquons ici seulement les injures et déformations dont elles furent accompagnées.

Il est cependant très difficile de faire le partage des genres, car l'amalgame est constant entre les critiques de fond et les critiques de mœurs : le discrédit de l'homme devant évacuer la déstabilisation provoquée par Sartre en philosophie.

Le spiritualisme doit, en philosophie, garder le pouvoir : il peut accepter l'existentialisme chrétien des « salons » (lieux de rencontre que Sartre et Beauvoir avaient eux-mêmes fréquentés), de Gabriel Marcel, mais voit son emprise minée par l'existentialisme athée qui court les rues et sent le soufre. La véhémence correspond à une inquiétude réelle : la peur que les adeptes du « sartrisme » soient influencés par la pensée négative de leur maître, par ses principes

« lucifériens », son « satanisme », son cynisme et les fameuses « techniques d'avilissement » que Gabriel Marcel avait dénoncées avec force.

Le symbole de la décadence et de l'immoralisme semble bien être le café où se complaît ce penseur hors des murs de l'école.

> Or, qu'est-ce qu'un moins de quarante ans qui fréquente le café ? Voyez-le échoué sur la banquette de moleskine, à une place quelconque. S'il vit habituellement dans cette salle commune, c'est qu'il n'a pas de « chez soi », de foyer où s'épanouirait sa famille, où il recevrait ses intimes. Ceux qu'il nomme ses amis sont de vagues camarades ; et l'amour, il le fait avec des femmes de rencontre. De politique, ah ! il disserte beaucoup, mais sans s'y engager vraiment, sinon pour critiquer et comploter : service social, vie civique, métier, tout ce qui serait effectif, constructif, vient mourir à la porte vitrée. Ne parlons pas de vie religieuse... Ni d'amour de la nature. Qu'en reste-t-il dans ce milieu frelaté où les produits terrestres se consument en petits verres dans un état de fermentation avancée ?...
>
> 55/ PÈRE TROISFONTAINE, *Le Choix de J.-P. Sartre*, Aubier, 1945, p. 50.

Si un homme aussi respectable « argumente » ainsi, on voit quelles conséquences un jeune leader d'Action française peut tirer :

> Le possédé souffre donc toute compagnie d'êtres aussi « solitaires » et désertés de Dieu que lui-même. Toutes les occasions lui sont bonnes pour

> proclamer la séparation et la subjectivité radicales, et le lieu privilégié de son action (qui méritera une place importante dans les descriptions des *moments démoniaques* de la conscience) c'est le café. Certes, il y a longtemps que dans les métropoles modernes, des hommes travaillent et vivent au café, qui s'est substitué à la maison, à la librairie, au cabinet de travail. Jamais encore, cependant, l'anonymat du café ne s'était lié à ce point à la personne d'un homme. Où trouve-t-on le possédé ? au Flore ou au bar du Pont-Royal ? partout sauf chez lui, et il n'a pas de chez lui. Il vit à l'hôtel. Puisqu'il n'est pas de passé et pas d'avenir, on peut bien prendre des habitudes, mais des habitudes dans le lieu le plus déraciné, le plus abandonné de la vie, des habitudes de café... puisqu'il n'est pas d'essences qui se manifestent dans des rapports privilégiés entre les hommes, on peut bien accepter tous les voisinages, toutes les proximités. On peut même faire école dans ce vide, dans cette décompression de l'être qu'est le café. [...]
>
> 56/ P. Boutang, *Sartre est-il un possédé ?,* La Table ronde, 1950, p. 44.

Le marxisme est alors l'idéologie conquérante et pense avoir l'avenir pour lui ; il a à garder l'emprise politique sur tous ceux qui rompent avec la tradition. Et sans doute le matérialisme s'oppose à l'idéalisme, mais la symétrie dérange moins que la mise en question : mieux vaut, à la limite, un matérialisme porteur d'ordre futur qu'une pensée et qu'une conduite qui refusent toute garantie. Ce rapport entre l'idéologie chrétienne et l'idéologie marxiste se poursuivra longtemps : jusque dans le dialogue préfabriqué des « Semaines de la pensée marxiste ».

Ces attaques sont cependant moins symétriques qu'elles n'en ont l'air, même si le dénominateur commun est le combat contre l'avilissement. Elles touchent Sartre différemment : les unes sont de bonne guerre puisque Sartre a comme adversaire l'ordre bourgeois ; les autres lui semblent injustes et le peinent, même s'il dit en riant, malgré l'amertume : « Parbleu, je leur prenais leurs clients ! »

S Un des dirigeants me dit alors que je freinais le mouvement qui entraînait les jeunes intellectuels vers le Parti... Pour ma part j'étais devenu socialiste convaincu mais antihiérarchique — et libertaire — c'est-à-dire pour la démocratie directe. Je savais bien que mes objectifs n'étaient pas ceux du P.C. mais je pensais que nous aurions pu faire un bout de chemin ensemble. Cette rupture brusque me déconcerta profondément.

57/ *On a raison de se révolter*, 1974, p. 26.

Il n'est pas pire ennemi pour un parti « révolutionnaire », et, qui pis est, au pouvoir (après la Libération), que celui qui, par révolte, s'attaque à tous les types d'oppression : ce que développera Sartre dans *Matérialisme et Révolution*. Et ce sont, par milliers, des Hugo (héros des *Mains sales*) révoltés que Sartre arrache à l'engrenage.

Tous donnent de la voix : le péril est grand. Ils reprochent à Sartre de « travailler dans l'ordure ».

Garaudy accuse Sartre d'être le plus bel exemple d'une « littérature de fossoyeurs » et c'est dans ce climat (pour le révéler tout en y répondant) que s'ouvre en 1946 l'enquête d'*Action* : « Faut-il brûler Kafka ? » (janvier-avril 1946) ; il s'agit, en réalité, de la « littérature noire », et, plus précisément, de Sartre. Sans doute, après les autodafés hitlériens, la question est-elle symbolique ; elle n'en est pas moins révélatrice de l'intolérance ambiante. L'écho de cette grande enquête à laquelle répondent avec sérieux — quelles que soient leurs critiques — Mauriac, Merleau-Ponty, Vailland, Ponge, René Char — fait réfléchir sur les menaces pesant sur la liberté créatrice par emprise morale et idéologique. Que la question soit posée reste un indice. Il n'y a, à vrai dire, que Joe Bousquet pour s'indigner : « L'enquête d'*Action* me fait mal ! Qu'un grand journal l'ait trouvée opportune, voilà qui aidera l'avenir à nous juger. Les impératifs politiques tendent à régir les lettres. C'est un fait ; il dépasse les écrivains, déshonore ceux qui s'y résignent et, un peu plus, s'ils feignent de l'avoir provoqué. » Il n'y a que Roger Caillois pour être lucide : « Il est à craindre que de méchants esprits ne s'avisent un jour de prétendre (à tort, mais le mal sera fait) que Kafka dans les juges mystérieux du *Procès*, dans les fonctionnaires invisibles du *Château*, aux décisions inattendues, irrévocables, incompréhensibles mais indiscutables et, pour tout dire, transcendantes, n'a pas décrit autre chose que le parti communiste. »

On se bat alors à coup d'humanisme au point que Sartre est pris au piège : plus humaniste que moi, je meurs ! « l'existentialisme est un humanisme ». On connaît le récit comique que fait Vian dans *L'Écume des jours* de cette conférence éditée trop tôt, dans son schématisme et ses à-peu-près, et qui servit désormais aux journalistes pour parler de ce qu'ils ne connaissaient pas...

> Dès le début de la rue, la foule se bousculait pour accéder à la salle où Jean-Sol donnait sa conférence.

Les gens utilisaient les ruses les plus variées pour déjouer la surveillance du cordon sanitaire chargé d'examiner la validité des cartes d'invitation, car on en avait mis en circulation de fausses par dizaines de milliers.

Certains arrivaient en corbillard et les gendarmes plongeaient une longue pique d'acier dans le cercueil, les clouant au chêne pour l'éternité, ce qui évitait de les en sortir pour l'inhumation et ne causait de tort qu'aux vrais morts éventuels dont le linceul se trouvait bousillé. D'autres se faisaient parachuter par avion spécial. [...]

Une loge spéciale, dans laquelle trônaient la duchesse de Bovouard et sa suite attirait les regards d'une foule presque exsangue et insultait, par son luxe de bon aloi, au caractère provisoire des dispositions personnelles d'un rang de philosophes montés sur pliants.

[...] Mais, Jean-Sol approchait. Des sons de trompe d'éléphant se firent entendre dans la rue et Chick se pencha par la fenêtre de sa loge. Au loin, la silhouette de Jean-Sol émergeait d'un houdah blindé, sous lequel le dos de l'éléphant, rugueux et ridé, prenait un aspect insolite à la lueur d'un phare rouge.

[...] Chick se mettait à ouvrir une grosse caisse noire à côté de laquelle il s'était assis.

« C'est un enregistreur, dit-il. Je l'ai acheté en prévision de la conférence.

— Oh ! dit Isis. Quelle bonne idée !... Comme ça, on n'aura pas besoin d'écouter !...

— Oui, dit Chick. Et en rentrant, on pourra l'écouter toute la nuit, si on veut, mais on ne le fera pas pour ne pas abîmer les disques. Je les ferai doubler avant et peut-être que je demanderai à la maison « Le Cri du Patron » de m'en sortir un tirage commercial.

58/ B. VIAN, *L'Écume des jours*, Pauvert, 1963 ; Le Livre de Poche, p. 103.

Certains pourtant sont déçus :

Le 28 octobre 1945, Sartre nous convoqua. Ce fut une ruée. Une foule énorme battait les murs d'une salle exiguë. Comme les issues étaient bloquées par ceux qui n'avaient pu pénétrer dans le sanctuaire, on entassait les femmes évanouies sur un piano à queue. Le conférencier follement acclamé fut porté à bout de bras jusqu'à sa table. Cette popularité aurait dû nous avertir. Déjà cette étiquette suspecte — l'existentialisme — avait été épinglée sur le nouveau système. Tombée au fond des boîtes de nuit, elle avait aussitôt polarisé une faune grotesque de chanteuses, de jazzmen, de F.F.I., d'ivrognes et de staliniens. Qu'était-ce donc que l'existentialisme ? Nous allions l'apprendre. Le message de Sartre tenait en quatre mots : *l'existentialisme est un humanisme*. Et de nous raconter une histoire de petits pois dans une boîte d'allumettes pour illustrer son propos. Nous étions atterrés. Ainsi notre maître ramassait dans la poubelle où nous l'avions enfouie cette ganache éculée, puant la sueur et la vie intérieure, *l'Humanisme*, et il l'accolait comme également sienne à cette absurde notion d'existentialisme. Et tout le monde d'applaudir.

Je revois la veillée funèbre qui nous réunit ensuite dans un café. L'un de nous crut trouver la clef de tout dans un roman de Sartre publié en 1938, *La Nausée*. On y voit un personnage ridicule, un raté que le narrateur appelle l'Autodidacte parce qu'il s'instruit en lisant dans l'ordre alphabétique tous les auteurs de la bibliothèque municipale de sa ville. Or cet imbécile se réclame de l'humanisme et — comble de ridicule — il confie à ses intimes que c'est dans la chaude promiscuité d'un camp de prisonniers en 14-18 qu'il a découvert la valeur indicible de l'éternel humain. Pour couronner le tout, il s'inscrit à la S.F.I.O. Tout était clair. Prisonnier en 1940, Sartre nous revenait métamorphosé en autodidacte.

59/ M. TOURNIER, *Le Vent paraclet*, Gallimard, 1977. « Folio », pp. 160-161.

Ainsi Sartre semble avoir oublié l'ironie de *La Nausée* vis-à-vis de cet autodidacte :

S Mes amis, ce sont tous les hommes. Quand je vais au bureau, le matin, il y a, devant moi, derrière moi, d'autres hommes qui vont à leur travail. Je les vois, si j'osais je leur sourirais, je pense que je suis socialiste, qu'ils sont tous le but de ma vie, de mes efforts et qu'ils ne le savent pas encore. C'est une fête pour moi, monsieur.

Il m'interroge des yeux ; j'approuve en hochant la tête, mais je sens qu'il est un peu déçu, qu'il voudrait plus d'enthousiasme. Que puis-je faire ? Est-cc ma faute si, dans tout ce qu'il me dit, je reconnais au passage l'emprunt, la citation ? Si je vois réapparaître, pendant qu'il parle, tous les humanistes que j'ai connus ? Hélas, j'en ai tant connu ! L'humaniste radical est tout particulièrement l'ami des fonctionnaires. L'humaniste dit « de gauche » a pour souci principal de garder les valeurs humaines ; il n'est d'aucun parti, parce qu'il ne veut pas trahir l'humain, mais ses sympathies vont aux humbles ; c'est aux humbles qu'il consacre sa belle culture classique. C'est en général un veuf qui a l'œil beau et toujours embué de larmes ; il pleure aux anniversaires. Il aime aussi le chat, le chien, tous les mammifères supérieurs. L'écrivain communiste aime les hommes depuis le deuxième plan quinquennal ; il châtie parce qu'il aime. Pudique, comme tous les forts, il sait cacher ses sentiments, mais il sait aussi, par un regard, une inflexion de sa voix, faire pressentir, derrière ses rudes paroles de justicier, sa passion âpre et douce pour ses frères. L'humaniste catholique, le tard-venu, le benjamin, parle des hommes avec un air merveilleux. Quel beau conte de fées, dit-il, que la plus humble des vies, celle d'un docker londonien, d'une piqueuse de bottines ! Il a choisi l'humanisme des anges ; il écrit, pour l'édification des anges, de longs romans tristes et beaux, qui obtiennent fréquemment le prix Fémina.

Ça, ce sont les grands premiers rôles. Mais il y en a d'autres, une nuée d'autres.

60/ *La Nausée*, 1938. « Folio », p. 165.

Il semble avoir oublié la réponse de Roquentin : « Je ne suis pas humaniste » alors que son interlocuteur le traite de « misanthrope ».

Il n'a pas pour autant perdu le sens des différences puisque, au même moment, dans les *Réflexions sur la question juive* il déclare le démocrate piètre allié du juif s'il le fait par humanisme... Mais il est gagné par l'alternative révolutionnaire qui veut arracher l'humanisme à l'hypocrisie bourgeoise comme elle lui a arraché le drapeau tricolore et *La Marseillaise* !

Sans doute s'agit-il d'humanisme athée, sans doute n'y a-t-il pas de valeurs au ciel intelligible, n'empêche qu'à la formule de Dostoïevski : « Si Dieu n'existait pas, tout serait permis », Sartre répond par une affirmation : « Ma liberté est solidaire de celle d'autrui » que son ontologie ne permet pas de fonder[1]. Elle correspond à un second glissement où perce déjà l'influence marxiste et qui lui fait réduire dans *Qu'est-ce que la littérature ?* l'angoisse existentielle à l'angoisse sociale.

S Bourgeois nous-mêmes, nous avons connu l'angoisse bourgeoise, nous avons eu cette âme déchirée, mais puisque le propre d'une conscience malheureuse est de vouloir s'arracher à l'état de malheur, nous ne pouvons demeurer tranquillement au sein de notre classe et comme il ne nous est plus possible d'en sortir d'un coup d'aile en nous donnant les dehors d'une aristocratie parasitaire, il faut que nous soyons ses fossoyeurs même si nous courons le risque de nous ensevelir avec elle.

61/ *Situations, II*, « Qu'est-ce que la littérature ? », 1948. Édit. 1980, p. 276.

Cette bonne volonté ne trompe pourtant pas les communistes. Kanapa répond : « L'existentialisme n'est pas un humanisme. »

L'étrange mode ! Elle aura fait fureur plus qu'aucune autre mode philosophique ou littéraire.

1. Voir tome II, 3e partie : « Condamnés à la liberté dans un monde aliéné ».

> [...]
>
> L'existentialiste est un animal d'une espèce mimétique : il s'adapte au milieu, en prend la teinte et l'aspect. Mieux, devant l'attaquant, il se dissout pour renaître aussitôt sous les traits... de l'attaquant lui-même. Lui reproche-t-on de n'être pas marxiste ? Fi donc ! Il *est* marxiste. Lui affirme-t-on que sa constitution l'empêche d'être humaniste ? Allons donc ! Il *est* humaniste. Marxiste, humaniste, il l'est autant que vous qui lui reprochez de ne pas l'être. Il l'est même davantage. Il est même le seul à l'être *vraiment*.
>
> [...]
>
> « Tout le monde est marxiste aujourd'hui... Tout le monde est humaniste... » Quant à Sartre qui, dans *La Nausée*, avait grossièrement ridiculisé un humaniste sous les traits d'un répugnant vieillard pédéraste et verbeux, il se donne aujourd'hui un mal fou pour expliquer qu'il est quand même humaniste, qu'il y a deux (pourquoi pas trois, quatre ou dix ?) humanismes, que le sien seul est le bon, etc.
>
> 62/ J. KANAPA, *L'existentialisme n'est pas un humanisme*, Éditions Sociales, 1948, pp. 12-14.

Puis Kanapa s'en prend aux *Temps modernes*, au « nazisme » de Heidegger, à l'absurde de Camus et à la contingence, « aux élucubrations de ces animaux démodés » qui prétendent comprendre : comprendre Brasillach ? Comprendre Genet « le voleur pédéraste » ?

« On ne plaque pas l'humanisme sur une philosophie ; on n'en recouvre pas une doctrine comme d'un vernis. Car, dans ce cas, ce n'est qu'un camouflage. » Et d'opposer Marx : « la racine de l'homme c'est l'homme lui-même » à Sartre pour qui « la racine de l'homme c'est le pour-soi, c'est-à-dire la conscience bourgeoise »... Mieux même, c'est le néant... Du néant à la décadence « l'existentialisme, loin d'être un humanisme, s'affirme fondamentalement comme un conservatisme ».

> L'humanisme, familièrement exprimé, affirme « qu'on peut en sortir ». L'existentialisme tente de justifier, par un pathos philosophique, « qu'on ne peut pas en sortir ». L'existentialisme peut-il toujours prétendre être humaniste, alors que *son inspiration fondamentale est antihumaniste* ?
>
> 63/ J. KANAPA, *ibid.*, p. 70.

Car « ce n'est pas l'homme qui est divisé et opposé à lui-même, c'est seulement l'homme *bourgeois...* » proclamant que sa solitude est la solitude de tous. La manœuvre n'est pas nouvelle « qui vide la situation de tout concret pour mieux évacuer l'histoire et persuader chacun « tu es seul, seul, seul... tu ne trouveras jamais ton semblable. Laisse-toi aller à ton délaissement. Renonce. Renonce ». Voilà l'image donnée d'une philosophie de la liberté fondée sur la contingence :

> « La liberté ? Mais tout le monde la possède pleine et entière ! Chacun est libre, « transi » *(sic)* de liberté. Même le prisonnier dans sa cellule est libre comme vous et moi, *autant* que vous ou moi. » Quoi d'étonnant ! L'existentialisme se moque pas mal de l'homme : il ne s'intéresse qu'à sa conscience...
>
> 64/ J. KANAPA, *ibid.*, p. 80.

Et Kanapa d'extrapoler sur l'immense cellule qu'est le régime capitaliste où le travailleur ne possède pas cette liberté et doit la conquérir sur la classe bourgeoise :

> La liberté pour Sartre n'est que la liberté de Sartre. [...] « Pourquoi revendiquez-vous cette liberté ? dit l'existentialiste au prolétaire. Vous l'avez ! » Sans blague ! Quel est, au juste, des deux, le « salaud » ? [...] Et quand Sartre écrit : « Sous l'Occupation nous étions traqués, arrêtés, torturés, exécutés, mais nous n'avons pourtant jamais été plus libres », est-ce bien certain que le « nous » qui était traqué est le même que celui qui se proclame merveilleusement libre ? [...] Dans le fond, Sartre l'accorderait au rédacteur de la *Partisan Review*, « la résistance était absurde » ! Et quel humanisme admirable vraiment que celui qui propose comme idéal la liberté sous l'occupation nazie !
>
> 65/ G. KANAPA, *ibid.*, pp. 83-85.

L'art de l'amalgame ou des citations tronquées permet de tout faire dire à l'adversaire pour mieux le pousser au crime et le déconsidérer en jouant des termes même que Sartre a employé : le plus « salaud » des deux n'est pas celui qu'on pense... et si l'homme est « condamné » à la liberté, alors celle-ci est un mythe. Cela avant de conclure :

> Parce qu'elle agonise, la bourgeoisie a *peur* de l'avenir de l'homme ; parce que l'idéologie bourgeoise décadente n'a d'autre fonction que de justifier les intérêts de la bourgeoisie agonisante, elle *nie* théoriquement cet avenir de l'homme ; parce

qu'il n'est qu'une forme de l'idéologie bourgeoise décadente, *l'existentialisme n'est pas un humanisme.*

66/ J. KANAPA, *ibid.*, p. 115.

Ainsi, dit Kanapa, « il n'y a qu'un humanisme. C'est celui du parti dont un des plus grands représentants [il s'agit de Staline] a défini la mesure : l'homme, le capital le plus précieux. »

Si j'ai insisté sur ce texte parmi beaucoup d'autres, c'est qu'il glisse constamment de la pseudo-analyse à la calomnie et qu'il constitue une opération : Kanapa qui a été l'élève de Sartre est un philosophe averti. C'est donc délibérément que Sartre est attaqué par les communistes qu'il prend (et qui apparaissent à l'époque) pour le seul recours du prolétariat, symbole de l'opprimé. On voit donc comment ces accusations pèseront à la longue sur lui, même s'il conclut alors de toutes ces attaques :

S Le conservatisme du P.C. s'accompagne aujourd'hui d'un opportunisme qui le contredit. Il ne s'agit pas seulement de sauvegarder l'U.R.S.S., il faut ménager la bourgeoisie. On parle donc son langage : famille, patrie, religion, moralité ; et comme on n'a pas renoncé pour autant à l'affaiblir, on tentera de la battre sur son propre terrain, en renchérissant sur ses principes. Cette tactique a pour résultat de superposer deux conservatismes contradictoires : la scolastique matérialiste et le moralisme chrétien. [...] Pauvres intellectuels communistes : ils ont fui l'idéologie de leur classe d'origine, mais c'est pour la retrouver dans leur classe d'élection. Cette fois, c'est fini de rire ; travail, famille, patrie : il faut qu'ils chantent. J'imagine qu'ils doivent souvent avoir plutôt envie de mordre ; mais ils sont enchaînés. [...]

C'est pourtant un M. Garaudy, communiste et propagandiste, qui m'accuse d'être un fossoyeur. Je pourrais lui retourner l'insulte, mais je préfère plaider coupable : si j'en avais le pouvoir, j'enterrerais la littérature de mes propres mains plutôt que de lui faire servir les fins auxquelles il l'utilise. Mais quoi ? les fossoyeurs sont gens honnêtes, certainement syndiqués, communistes peut-être. J'aime mieux être fossoyeur que laquais.

Puisque nous sommes encore libres nous n'irons pas rejoindre les chiens de garde du P.C. [...].

67/ *Situations, II,* « Qu'est-ce que la littérature ? », 1948. Édit. 1980, pp. 285-287.

La mise à l'index

Dans cet après-guerre l'œuvre de Sartre est mise à l'index par l'Église et en U.R.S.S.

« Au moment où toutes les églises nous repoussent et nous excommunient, où l'art d'écrire, coincé entre les propagandes, semble avoir perdu son efficacité propre, notre engagement doit commencer. » Cette proclamation, dans *Qu'est-ce que la littérature ?*, montre combien l'engagement est loin de l'adhésion ; il suppose la liberté : « les œuvres de Marx, comme la Bible, sont dangereuses à qui les aborde sans directeur de conscience. » Et Sartre refuse aussi bien de s'évader dans l'éternité que de se soumettre au « processus historique[1]. »

1. Voir tome II, 3e partie : « Une éthique de l'engagement ».

Je rappellerai cette formule lorsque j'étudierai l'éthique de l'engagement, à propos de la liberté et de la responsabilité.

Voici, pour en finir, jusqu'où allèrent les injures :

Cela se passa au congrès mondial de la paix à Wroclaw en 1948 : cinq cents participants, quarante-cinq pays, toutes les races : Aimé Césaire, Richard Hughes, Léger, Picasso, Julian Huxley et Irène Joliot-Curie qui présidaient... « Tout allait bien encore ; l'idylle s'était nouée. La tempête s'est levée le lendemain. »

L'assaut Jdanov contre Sartre

Le lendemain, j'étais assise au milieu d'un groupe de délégués français, avec Picasso, Éluard, Vercors, Léger, tous d'excellente humeur malgré la nuit blanche. Casque sur la tête, nous prêtions une attention flottante à la traduction simultanée de discours que nous présumions monotones et lénifiants.

Fadeiev est monté à la tribune. Ce romancier soviétique que je connaissais depuis le procès de Bergen-Belsen était plus couperosé, avait l'œil plus injecté, le cheveu plus blanc, mais était resté inchangé. Il venait de publier un roman : *La Jeune Garde*, où, paraît-il, « le rôle dirigeant du Parti était sous-estimé »... Ce qui ne m'était pas apparu à la lecture. Il a commencé à parler et soudain...

Je ne me rappelle plus les phrases ; seuls surnagent les mots clefs. Guerre éclair contre la décadence de la littérature et de l'art en Occident ; apparition de l'homme nouveau porteur du réalisme socialiste et rangé sur les positions de la classe ouvrière. Tout intellectuel digne de ce nom se devait de s'opposer à cette décadence...

Vercors, Éluard, Picasso et moi échangions des clins d'œil ironiques : ces Soviétiques, leur dogmatisme ! Nous nous sentions à l'abri dans notre coque française. Et soudain : « Sartre, cette hyène dactylographe, ce chacal muni d'un stylo... » Picasso arrache ses écouteurs comme on trépigne. Éluard les ôte lentement et se met à crayonner. Vercors et Léger se figent.

Pour moi c'est un ébranlement. Nous parlions toujours d'« arracher de soi le vieil homme » ? Voilà pour moi l'extirpation sans anesthésie. Sartre ? Le non-conformisme profond, le non-consentement, l'incessante remise en question du monde et l'exigence de son propre, de son constant inconfort moral, c'est de lui que nous l'avions appris. De lui, nous avions appris que la vie privée devait dans le non-conformisme élaborer ses règles tout comme la vie publique et qu'on est lié par ses promesses mais qu'à chaque moment on est comptable de sa liberté. Non pas en théorie et verbalement mais dans les actes et chaque jour. Il avait été, en deçà ou au-delà de la politique, notre maître à vivre... Nous l'avions quitté pour le communisme. Mais aujourd'hui...

Je regarde. Sur la tribune, Irène Joliot-Curie et Julian Huxley échangent des billets griffonnés, Borejsza, bouche entrouverte, semble un acrobate poignardé. Sous la tribune, tous, même Pierre Daix, sont désarçonnés. Fadeiev poursuit. Je me lève — tant pis si ça ne se fait pas — et sors dans les couloirs. De la salle parvient un murmure coupé d'applaudissements ; Fadeiev doit avoir fini.

68/ D. de Santi, *Les Staliniens*, Fayard, 1975, p. 115.

Huxley reprit l'avion ; Irène Joliot-Curie resta malgré tout. Quant à Sartre... il écrivit *Les Mains sales*, non comme riposte mais comme problème, puis, son angoisse de la guerre croissant, il prit part au Mouvement de la paix et se rendit au Congrès des peuples à Vienne en 1952 : sa présence « fit de ce rassemblement un symbole de la sortie du tunnel » (D. de Santi, *idem*, p. 247).

Ses critiques sont, en effet, dominées par une inquiétude majeure : celle de la guerre menaçante, même si l'on sort à peine de celle qu'on vient de vivre : la gloire de Sartre qui explose au lendemain de la guerre en porte la marque : son œuvre et ses engagements dépendent de cette inquiétude :

S On avait dit aux gens de pavoiser : ils ne l'ont pas fait, la guerre a pris fin dans l'indifférence et dans l'angoisse.

Rien n'avait changé dans la vie quotidienne. Les bourdonnements de la radio, les caractères gras des journaux ne parvenaient pas à nous persuader. Nous eussions souhaité quelque prodige, un signe au ciel pour nous prouver que la paix s'était inscrite dans les choses. Un maigre canon toussait dans une ennuyeuse après-midi d'été. Les gens passaient sur les ponts, dans les rues, avec des yeux morts, occupés de leur faim chronique et de leurs soucis. Comment se réjouir, le ventre creux, de la fin de cette guerre qui n'en finit pas de finir et qui, après avoir ravagé nos terres, s'en va mourir au diable, du côté de ces îles dont les noms rappellent les amandes doubles et les paris en famille. [...] quelques hommes ont décidé dans leur bureau que la guerre était terminée. Un d'eux l'annonce, il parle devant le pick-up, un papier à la main. Pour le croire, il faudrait que nous n'eussions pas désappris, en dix ans, à croire aux paroles de ces hommes qui s'avancent vers un pick-up, un papier à la main. Ce n'est pas qu'on ose imaginer qu'il mente. Simplement on pense que toute cette histoire de guerre et de paix se déroule à un certain niveau de vérité : la vérité des mots historiques, des prises d'armes et des cérémonies commémoratives. Les gens se regardent avec une vague déception : la Paix, ce n'est que ça ?

Ce n'est pas la Paix. La Paix, c'est un commencement. Nous vivons une agonie. Nous avons cru longtemps que la Guerre et la Paix étaient deux espèces bien tranchées, comme le Noir et le Blanc, comme le Chaud et le Froid. Ce n'était pas vrai et nous le savons aujourd'hui. Nous avons appris entre 1934 et 1939 que la paix peut finir sans que la guerre éclate. Nous sommes rompus aux subtilités exquises de la neutralité armée, de l'intervention, de la prébelligérance. On passe de la paix à la guerre, en notre siècle, par un jeu continu de dégradés. Il va falloir, dans l'hypothèse la plus optimiste, refaire ce chemin en sens inverse. Aujourd'hui, 20 août 1945, dans ce Paris désert et affamé, la guerre a pris fin, la Paix n'a pas commencé.

69/ *Situations, III*, « La fin de la guerre », 1949, pp. 63-65. (Paru dans *Les Temps modernes*, nº 1, octobre 1945.)

Cet article, écrit en fin d'été 1945, ne met pas seulement en garde contre l'optimisme de l'entre-deux-guerres :

S Nous avons cru sans preuve que la paix était l'état naturel et la substance de l'Univers, que la guerre n'était qu'une agitation temporaire de sa surface. Aujourd'hui nous reconnaissons notre erreur : la fin de la guerre, c'est tout simplement la fin de *cette* guerre. L'avenir n'est pas engagé : nous ne croyons plus à la fin des guerres [...].

70/ *Ibid.*, p. 66.

Il est aussi marqué par la terrible nouvelle : l'arme nucléaire lancée sur Hiroshima et Nagasaki : la fin du monde et l'impensable :

S A la prochaine, la terre peut sauter [...]. Il fallait bien qu'un jour l'humanité fût mise en possession de sa mort. Jusqu'ici elle poursuivait une vie qui lui venait on ne sait d'où et n'avait même pas le pouvoir de refuser son propre suicide faute de disposer des moyens qui lui eussent permis de l'accomplir. Les guerres creusaient de petits trous en entonnoirs, vite comblés, dans cette masse compacte de vivants. Chaque homme était à l'abri dans la foule, protégé contre le néant antédiluvien par les générations de ses pères, contre le néant futur par celles de ses neveux, toujours au milieu du temps, jamais aux extrêmes. Nous voilà pourtant revenus à l'An Mille, chaque matin nous serons à la veille de la fin des temps ; à la veille du jour où notre honnêteté, notre courage, notre bonne volonté n'auront plus de sens pour personne, s'abîmeront de pair avec la méchanceté, la mauvaise volonté, la peur dans une indistinction radicale. Après la mort de Dieu, voici qu'on annonce la mort de l'homme. Désor-

> mais ma liberté est plus pure : cet acte que je fais aujourd'hui, ni Dieu ni homme n'en seront les témoins perpétuels. Il faut que je sois, en ce jour même et dans l'éternité, mon propre témoin, moral parce que je veux l'être, sur cette terre minée. Et l'humanité tout entière, si elle continue de vivre, ce ne sera pas simplement parce qu'elle est née, mais parce qu'elle aura décidé de prolonger sa vie. Il n'y a plus d'*espèce humaine*. La communauté qui s'est faite gardienne de la bombe atomique est au-dessus du règne naturel car elle est responsable de sa vie et de sa mort : il faudra qu'à chaque jour, à chaque minute elle consente à vivre. Voilà ce que nous éprouvons aujourd'hui dans l'angoisse.
>
> 71/ *Ibid.*, pp. 68-69.

L'angoisse existentielle est retrouvée sur fond de guerre. Elle ne se sépare pas du refus de la fatalité, du lien pensée/action et de l'engagement.

« Les Temps modernes »

Cet article, comme celui de Merleau-Ponty : « La guerre est finie », inaugure la revue *Les Temps modernes* qui est la seule arme de Sartre ; nous allons maintenant en voir le rôle à cette époque.

Ils sont toute une équipe formée quelques mois avant ce premier numéro d'octobre 1945 ; elle comprend au départ, outre Sartre et Simone de Beauvoir, Merleau-Ponty (qui assurera pratiquement une codirection, une dizaine d'années), Michel Leiris, Pouillon, Pontalis et Raymond Aron, Jean Paulhan, Albert Ollivier pour peu de temps...

Cette revue va devenir un creuset intellectuel en France et hors des frontières.

Sa « présentation » bouscule la hiérarchie des genres littéraires, revendique le journalisme (alors décrié) pour son lien à l'actualité, tout en respectant l'acte littéraire. Les premiers mots de ce manifeste dénoncent l'irresponsabilité de l'écrivain bourgeois : « d'un côté, il écrit, il chante, il soupire... d'un autre côté, on lui donne de l'argent ». Il s'achève ainsi :

S Nous étaierons ces documents par des enquêtes et des reportages. Il nous paraît, en effet, que le reportage fait partie des genres littéraires et qu'il peut devenir un des plus importants d'entre eux. La capacité de saisir intuitivement et instantanément les significations, l'habileté à regrouper celles-ci pour offrir au lecteur des ensembles synthétiques immédiatement déchiffrables sont les qualités les plus nécessaires au reporter ; ce sont celles que nous demandons à tous nos collaborateurs. [...] Nous faisons appel à toutes les bonnes volontés ; tous les manuscrits seront acceptés, d'où qu'ils viennent, pourvu qu'ils s'inspirent de préoccupations qui rejoignent les nôtres et qu'ils présentent, en outre, une valeur littéraire. Je rappelle, en effet, que dans la « littérature engagée », l'*engagement* ne doit, en aucun cas, faire oublier la *littérature* et que notre préoccupation doit être de servir la littérature en lui infusant un sang nouveau, tout autant que de servir la collectivité en essayant de lui donner la littérature qui lui convient.

72/ *Situations, II*, « Présentation des *Temps modernes* », 1948. Édit. 1980, p. 30. (Paru dans le n° 1 des *Temps modernes*, octobre 1945.)

Nous voulons retenir de ces dernières lignes le double souci : celui de l'écriture et de la littérature qu'on oublie trop souvent au profit de l'engagement ; celui, très neuf à cette époque, de la valeur de genres considérés comme mineurs tels le journalisme ou le reportage qui ont depuis fait leurs preuves.

L'avance de ce projet vient de l'avidité de vivre ; elle caractérise Sartre et ses amis.

S Nous ne voulons rien manquer de notre temps : peut-être en est-il de plus beaux, mais c'est le nôtre ; nous n'avons que *cette* vie à vivre, au milieu de *cette* guerre, de *cette* révolution peut-être. [...] L'écrivain est *en situation* dans son époque : chaque parole a des retentissements. Chaque silence aussi. Je tiens Flaubert et Goncourt pour responsables de la répression qui suivit la Commune parce qu'ils n'ont pas écrit une ligne pour l'empêcher. Ce n'était pas leur affaire, dira-t-on. Mais le procès de Calas, était-ce l'affaire de Voltaire ? La condamnation de Dreyfus, était-ce l'affaire de Zola ? L'administration du Congo, était-ce l'affaire de Gide ? Chacun de ces auteurs, en une circonstance particulière de sa vie, a mesuré sa responsabilité d'écrivain. L'Occupation nous a appris la nôtre.

73/ *Ibid.*, p. 13.

La guerre a donc balayé les rêves du jeune écrivain. La célébrité n'est plus ce qu'elle était : tant pis pour nos petits-neveux dont nous ne pouvons rien prévoir puisqu'ils sont libres ! C'est au cœur de l'époque, parmi nos contemporains, en plein éphémère, que se trouve l'absolu et que nous voulons « Tout ». Cette conversion personnelle est celle de toute l'équipe.

C'est par elle que nous avons choisi de présenter Sartre : elle définira son œuvre et sa vie comme elle définit le rôle de la revue. Il n'est que d'évoquer les textes et les noms de ceux qui y participèrent alors pour en comprendre le dynamisme et l'audience : témoignages de guerre (parmi d'autres : *Les Jours de notre mort* de David Rousset), témoignages de vie quotidienne : vie d'un Allemand, vie d'un légionnaire... il s'agit de dire ce qu'on tait : André Masson revendique une peinture tragique, Richard Wright y publie *Le Feu dans la nuée* ; de nouveaux écrivains y sont découverts : Nathalie Sarraute, par exemple *(Portrait d'un inconnu)*, Carlo Levi *(Le Christ s'est arrêté à Eboli)*, ou Beckett, Blanchot, Genet, Vian, etc. Les textes philosophiques ou politiques côtoient les romans ; Raymond Aron s'interroge sur « Les chances du socialisme » ; Claude Lefort y fait entendre une voix marxiste, Pontalis, celle de la psychanalyse, Beauvoir, celle de la morale : aussi bien lorsqu'elle la met en question *(Pour une morale de l'ambiguïté)* que lorsqu'elle la met en pratique : « Œil pour œil » est un article sur la justice, l'épuration et la responsabilité à propos du procès de Brasillach. Merleau-Ponty donne à la revue ses structures philosophiques et bientôt politiques : « La Querelle de l'existentialisme » ou le texte « Pour la vérité », aident à faire le point. Et Sartre dans tout cela ? Eh bien, il y publie les textes qui deviendront ses romans et ceux qui, épars, seront regroupés dans les dix volumes de *Situations* auxquels nous savons qu'il tient tant.

Voilà donc le creuset que sont *Les Temps modernes* en ces années d'immédiat après-guerre. La force des choses donnera à la revue un rôle politique ; il est inauguré par le témoignage de Tran Duc Tao sur l'Indochine et par le double numéro spécial sur les U.S.A. en 1946.

Déjà, selon des principes qui seront revendiqués en 1968, ces « chasseurs de sens » donnent la parole à ceux qui sont concernés plutôt que de parler en leur nom.

Nous en verrons la portée et les limites « du côté des opprimés ».

3. *Du côté des opprimés*

Ce point de vue n'est pas seulement une exigence morale exprimée dès 1947 dans les *Cahiers pour une morale*, mais une conduite à laquelle Sartre tâche de se tenir pendant plus de trente ans.

Simone de Beauvoir en précise la portée :

> Il pensait déjà ce qu'il a exprimé plus tard : le vrai point de vue sur les choses est celui du plus déshérité ; le bourreau peut ignorer ce qu'il fait ; la victime éprouve de manière irrécusable sa souffrance, sa mort ; la vérité de l'oppression, c'est l'opprimé. C'est par les yeux des exploités que Sartre apprendrait ce qu'il était : s'ils le rejetaient, il se trouverait enfermé dans sa singularité de petit-bourgeois.
>
> 74/ S. de Beauvoir, *La Force des choses*, Gallimard, 1963. « Folio », p. 18.

Rien ne fonde ce postulat sur le plan ontologique dans *L'Être et le Néant* : ni la conception de la liberté dans l'équivalence des fins, ni le statut de l'autre. C'est un choix existentiel lié à ce que Simone de Beauvoir appelle sa « conversion littéraire » :

> Tant qu'il avait cru atteindre l'absolu par la création littéraire, son être pour autrui n'avait eu qu'une importance secondaire. Il avait découvert avec son historicité sa dépendance ; plus d'éternité, plus d'absolu ; l'universalité à laquelle, en tant qu'intellectuel bourgeois, il aspirait, seuls pouvaient le lui conférer des hommes en qui, sur terre, elle s'incarnait.
>
> 75/ S. de Beauvoir, *ibid.*, p. 18.

Il en confirme le sens, trente ans après, dans *On a raison de se révolter*. « Je pensais que j'allais servir à expliquer la liberté individuelle et que, de là, on concevrait l'idée d'une liberté plus collective. »

Ainsi, cet individualiste, créateur de *La Nausée* et du personnage de Roquentin, donne une dimension sociale à la liberté qui a son fondement dans l'individu. Non pas « passage » mais plutôt « double niveau » que nous analyserons plus loin[1] ; il comporte une exigence morale : il s'agit de *changer les têtes*, et d'abord les nôtres dans des rapports quotidiens, en ne confondant pas individuel et individualisme ; il comporte une exigence sociale, car les situations ne sont pas équivalentes : à nous donc de contribuer à les changer pour permettre, au pire, une issue, au mieux, l'élargissement du champ des possibles !

Or, si on *décide seul*, on ne change pas seul la réalité. N'oublions pas que la guerre a mis le social dans la tête de Sartre. C'est ainsi « qu'un homme en vient à

1. Voir tome II, 3e partie, « Une éthique de l'engagement ».

la politique, qu'il est saisi par elle, qu'il est fait par elle... Parce qu'il faut vous souvenir que je n'étais pas fait pour la politique et que pourtant la politique m'a si bien changé que j'ai été obligé d'en faire. C'est cela qui est surprenant. » Ce souci d'efficacité, pour ne pas être « une belle âme », décide des actes de Sartre, et domine sa « Réponse à Albert Camus » après la parution de *L'Homme révolté*[1] :

S Notre liberté aujourd'hui n'est rien d'autre que le *libre choix de lutter pour devenir libres.* Et l'aspect paradoxal de cette formule exprime simplement le paradoxe de notre condition *historique.* Il ne s'agit pas, vous le voyez, *d'encager* mes contemporains : ils sont déjà dans la cage ; il s'agit au contraire de nous unir à eux pour briser les barreaux. Car nous aussi, Camus, nous sommes encagés, et si vous voulez vraiment empêcher qu'un mouvement populaire ne dégénère en tyrannie, ne commencez pas par le condamner sans recours et par menacer de vous retirer au désert, d'autant que vos déserts ne sont jamais qu'une partie un peu moins fréquentée de notre cage ; pour mériter le droit d'influencer des hommes qui luttent, il faut d'abord participer à leur combat ; il faut d'abord accepter beaucoup de choses, si l'on veut essayer d'en changer quelques-unes.

76/ *Situations, IV*, « Réponse à Albert Camus », 1964. Édit. 1980, p. 110. (Texte paru dans *Les Temps modernes*, août 1952.)

Cette dernière phrase est décisive : nous savons,

1. Voir « Les ruptures », p. 144, et « Les opprimés qui venaient du froid », p. 178. Le thème est repris dans le tome II, 3e partie.

depuis, que le renoncement à certaines fidélités personnelles peut mener loin, que l'orientation du côté des opprimés est une gageure impossible à tenir sur tous les fronts (mais l'impossibilité n'est-elle pas une dimension de la morale ?) ; nous savons que les opprimés, en luttant pour devenir libres, risquent de devenir oppresseurs à leur tour, sans que cela condamne leur lutte libératrice ; nous savons aussi que les conflits entre opprimés ne manquent pas, et qu'on se perd à chercher une entente : la nécessité d'un État refuge pour les victimes de l'antisémitisme et la légitimité des Palestiniens revendiquant le même territoire constituent un drame qui obsédera Sartre toute sa vie.

Le principe d'une morale concrète affronte une réalité contradictoire et tumultueuse ; elle l'affronte dans l'époque, au moment où « les événements tombent sur nous comme des voleurs », dans l'incertitude de l'avenir et au milieu de forces politiques qui altèrent toute position.

C'est pourquoi j'éviterai les jugements rétrospectifs et suspects de dénégation ou de jubilation : le slogan qui fit fureur à sa mort, « Sartre s'est toujours trompé », n'est pas seulement faux parce que systématique, il est un exutoire pour ceux qui, nombreux, ont partagé des erreurs et, du coup, s'en débarrassent puisque c'est la faute de Sartre !

Plaçant cette étude sous le signe du devenir des époques, j'examinerai les engagements de Sartre « du côté des opprimés », en essayant de rendre compte de la complexité des situations et en les éclairant d'un regard actuel.

Voici deux témoignages : celui de Bernard Kouchner, animateur de « Médecins du monde », du côté des opprimés, et celui d'Edgar Morin, qui depuis longtemps s'est écarté du marxisme et des interventions directement politiques :

Éternel engagé, toujours floué ; toujours présent, ayant gardé jusqu'au bout une capacité d'indignation, de colère et de gentillesse qu'un demi-siècle d'oppression en tous genres et de coups bas portés à la dignité humaine s'était pourtant chargé d'émousser dans cette génération.

On ne frappait jamais en vain à la porte de Sartre. Je me souviens d'un soir de janvier 1970 où les combattants du Biafra s'écroulèrent devant la poussée des armées nigérianes que soutenaient les Anglais et les Russes. Ils furent peu nombreux, les intellectuels français dont les yeux ne se fermèrent pas devant ces bébés squelettiques qui avaient « choisi » le mauvais camp. Sartre fut encore une fois de ceux qui se levèrent, comme pendant les jours difficiles de la guerre d'Algérie où les fils de la France torturèrent sur ordre : comme lorsqu'il exigeait que les Israéliens survivent et en réclamait autant à l'égard des Palestiniens.

La liste est trop longue. Et on se rend mal compte comme un mot de Sartre, une exigence de vérité animant une espérance pouvaient peser lourd aux quatre coins du monde des prisons, des réfugiés, des victimes du racisme, des révoltés.

On sait les erreurs, maintenant plus claires avec le recul, ou certaines, évidentes, dès que prononcées. Stalinisme, compagnonnage avec les communistes au pire moment, l'U.R.S.S., Cuba, l'apologie de la violence qu'il jugeait alors plus qu'indispensable, le maoïsme français... j'en passe. Nous les connaissons bien ces erreurs qui nous rendaient si proche l'homme à la petite veste de daim qui marchait avec nous dans les cortèges. Ce furent les nôtres.

> Peu d'entre nous qui n'aient, au moins, partagé l'une d'elles. Quel juge dérisoire voudrait en dresser le bilan [...].
>
> Dans l'inconfort intellectuel et le courage de la contradiction, Sartre restera plus grand de ces retours en arrière pour aller de l'avant. On saura mieux demain qu'il fut le seul recours philosophique contre un marxisme triomphant [...].
>
> 77/ B. KOUCHNER, dans *Libération,* numéro spécial Sartre, 1980.

Comme Bernard Kouchner, Edgar Morin insiste sur l'inconfort intellectuel et le courage de la contestation, sur la tragédie de tant d'illusions perdues, sur l'incitation, jusqu'au bout, à tout remettre en question et il nous fait méditer sur cette triste évidence que, dans ce demi-siècle, seuls les indifférents ont pu rester lucides...

> Chaque fraction de l'intelligence de gauche, a, au moins un moment, vécu ces problèmes de façon sartrienne. L'ensemble de cette intelligentsia peut trouver en Sartre, fort justement, le visage de sa recherche et de son errance. Mais il ne faudrait pas que la mort du grand homme soit pour elle l'occasion de s'auto-féliciter et de s'auto-vénérer en exaltant les qualités démystificatrices et élucidatrices du disparu. Elle devrait plutôt réfléchir sur cette tragédie de l'intellectuel, qui, dans sa recherche même de la réalité, a rencontré les plus grandes illusions, et qui, dans sa recherche même de la révolution, a pu en arriver à justifier pour un temps les formes nouvelles d'oppression.
>
> Ici, il s'agit de tout autre chose que de juger (condamner, féliciter, absoudre). La mort peut

nous mettre au-delà de l'obséquiosité et du ressentiment. Elle peut nous inciter à comprendre : comprendre que tant d'erreurs et d'errances, qui ont frappé les bonnes volontés et les meilleures volontés (seuls, les indifférents et les cyniques ont pu rester politiquement « lucides » de façon constante) sont venues du poids formidable des forces aveugles déferlant sur notre siècle ; elles sont venues de la transformation rapide des révolutions en leur contraire, tandis que leur idéologie — notre idéologie — demeurait la même. Tant d'erreurs et d'errances viennent du fait que les nouvelles oppressions et répressions non seulement se sont masquées sous d'incroyables mises en scène, mais parlent le langage même de nos aspirations et de nos vérités.

78/ E. MORIN, dans *Libération*, numéro spécial Sartre, 1980.

Le problème posé par le soutien et les dérives de Sartre dans ses luttes du côté des opprimés, n'est donc pas celui d'un individu égaré, mais celui de toute une conception de l'histoire qui, pendant cette période, oriente les mouvements sociaux, et pèse sur eux, les développant et les freinant, si bien que les individus les plus indépendants y sont pris. Cette idéologie est forte de l'idéal des mouvements socialistes passés et présents, de sa prétention scientifique, du lien qu'elle revendique entre la pratique et la théorie de sorte qu'on peut croire ou ne pas croire, dans les années 50, à la réalisation du socialisme en U.R.S.S., être, en conséquence, plus ou moins lucide sur cette réalité, les fins n'en sont pas moins semblables, et l'on peut toujours espérer en une meilleure application...

C'est d'ailleurs autour de cette référence que se développent les critiques qui entourent la parution des

Communistes et la Paix, où Sartre, sans être marxiste, et à partir de ses propres principes, se met, non seulement à défendre, mais à faire l'apologie du parti communiste : grâce à lui, les ouvriers ne seraient plus démunis, mais organisés, conquérant, sur le poids des choses, leur liberté. Je reviendrai sur ce débat qui ouvre les rapports de Sartre et du marxisme : je l'exposerai comme des batailles successives. Il faut ici souligner seulement que la référence commune est marxiste : c'est par rigueur marxiste que Claude Lefort critiquera le subjectivisme de Sartre et que Merleau-Ponty, s'éloignant lui-même de la dialectique, reprochera à Sartre son « ultra-bolchevisme » parce qu'il n'a rien de marxiste[1].

Cet « attardé de l'anarchisme »

Au départ, c'est pour être un interlocuteur valable en politique que Sartre se met à la tâche et s'applique à se défaire de son tempérament libertaire. Il décrit cette évolution à la mort de son ami Merleau-Ponty, en 1961 : il nous dit comment celui-ci, « qui avait de l'avance », fut son guide en politique, quels furent leurs espoirs, leurs échecs, et leurs divergences ; comment l'un fut usé par l'histoire tandis que l'autre fonçait. Ce double itinéraire, selon ses décalages et ses écarts, est révélateur de ce siècle :

S En un mot, ce fut Merleau qui me convertit : au fond de mon cœur, j'étais un attardé de l'anar-

1. Le débat se retrouve dans le tome II, 4e partie, « L'existentialiste tenté par le communisme ».

chisme, je mettais un abîme entre les fantasmes vagues des collectivités et l'éthique précise de ma vie privée. Il me détrompa : cette entreprise ambiguë, raisonnable et folle, toujours imprévisible et toujours prévue, qui atteint ses objectifs quand elle les oublie, passe à côté d'eux quand elle veut leur rester fidèle, s'anéantit dans la fausse pureté de l'échec et se dégrade dans la victoire, parfois abandonne l'entrepreneur en cours de route et d'autres fois le dénonce quand il ne s'en croit plus responsable, il m'apprit que je la retrouvais partout, au plus secret de ma vie comme au grand jour de l'Histoire et qu'il n'y en a qu'une, la même pour tous — événement qui nous fait en se faisant action, action qui nous défait en devenant par nous événement et qu'on appelle, depuis Hegel et Marx, la *praxis*. En somme, il me révéla que je faisais l'Histoire comme M. Jourdain faisait de la prose ; le cours des choses fit craquer les derniers barrages de mon individualisme, emporta ma vie privée, je me trouvai aux lieux mêmes où je commençais à m'échapper : je me connus : plus obscur, en pleine lumière, que je ne me croyais et plus riche deux milliards de fois. Il était temps : notre époque exigeait de tous les hommes de lettres qu'ils fissent une dissertation de politique française ; je me préparai à cette épreuve, Merleau m'instruisit sans professer, par son expérience, par les conséquences de ses écrits ; si la philosophie doit être, comme il disait, une « spontanéité enseignante », je peux dire qu'il fut pour moi le philosophe de sa politique.

79/ *Situations, IV*, « Merleau-Ponty », 1964. Édit. 1980, pp. 217-218.

L'expérience de Merleau-Ponty et son tempérament de « lieur », le conduisaient à tenter l'union autour « d'un marxisme relativiste dont il acceptait l'idée, mais non qu'il fut un dogme ».

S Issus des classes moyennes, nous tentâmes de faire le trait d'union entre la petite-bourgeoisie intellectuelle et les intellectuels communistes. Cette bourgeoisie nous avait engendrés : nous avions reçu, en héritage, sa culture et ses valeurs ; mais l'Occupation et le marxisme nous avaient enseigné que ni l'une ni les autres n'allaient de soi. Nous demandions à nos amis du parti communiste les outils nécessaires pour arracher aux bourgeois l'humanisme. A tous les amis de gauche, nous demandions de faire le travail avec nous. Merleau écrivait : « Nous n'avions pas tort en 1939 de vouloir la liberté, la vérité, le bonheur, des rapports transparents entre les hommes et nous ne renonçons pas à l'humanisme. (Mais) la guerre... nous a appris que ces valeurs restent nominales... sans une infrastructure économique et politique qui les fasse entrer dans l'existence. » Cette position, qu'on peut appeler éclectique, je vois bien qu'elle n'était pas viable à la longue, mais je vois aussi que la situation française et internationale la rendait seule possible.

80/ *Ibid.*, pp. 219-220.

Les communistes les traitaient d'intellectuels flics :

S Malgré les quolibets et les coups bas, Merleau-Ponty fit le travail proprement, avec goût, sans une défaillance : c'était son job. Il n'a pas dévoilé — qui l'a fait ? — la réalité des années 1945, mais il a profité de l'illusoire unité française pour se tenir au plus près des communistes, pour entamer avec eux des pourparlers impossibles et nécessaires et pour jeter les bases, par-delà Marx, de ce qu'il appela parfois « une pensée de gauche ». En un sens, il échoua : la pensée de gauche, c'est le marxisme ni plus ni moins. Mais l'Histoire récupère tout, sauf la mort : si le marxisme est en passe de devenir aujourd'hui *toute la pensée de gauche*, nous le devons en premier lieu aux efforts d'une poignée d'hommes dont il était ; les petits-bourgeois, je l'ai dit, glissaient vers la gauche, le coup d'arrêt vint de partout mais la glissade prit fin sur des positions avancées : au désir commun d'union démocratique et de réformes, Merleau donna l'expression la plus radicale.

81/ *Ibid.*, pp. 221-222.

Ces projets échouèrent. S'y substitua la tentative du *Rassemblement démocratique révolutionnaire* lancé par David Rousset : elle montra l'illusion à rester neutre dans un monde tranché en deux camps.

Cet échec a lieu en pleine guerre froide ; une guerre réelle éclatera quelques années après : la guerre de Corée jettera Sartre dans une nouvelle expérience ; entre-temps, la menace d'une guerre mondiale dont l'Europe serait le champ de bataille, obsède les esprits :

S Le monde fit une psychose de guerre et je me sentis mauvaise conscience. On se demandait partout, à l'Ouest, la voix nonchalante mais l'œil fou, ce que feraient les Russes de l'Europe quand ils l'auraient tout entière occupée. « Car ils n'y manqueront pas », disaient les stratèges en chambre. Les mêmes évoquaient avec complaisance le « réduit breton », cette tête de pont que les U.S.A. maintiendraient dans le Finistère pour faciliter les futurs débarquements. Bien ; si l'on se battait sur notre sol, pas de problème : nous y passerions tous. Mais d'autres augures pensaient que les États-Unis chercheraient sur d'autres continents les vrais champs de bataille et qu'ils nous abandonneraient à l'U.R.S.S. par commodité. Que faire en ce cas ? Une réponse fut donnée par de jeunes vierges bourgeoises : à Paris, dans un lycée de filles, une classe entière fit serment de recourir au suicide collectif. L'héroïsme noir de ces pauvres enfants en disait long sur la frousse des parents.

82/ *Ibid.*, pp. 246-247.

Sartre et Merleau-Ponty ne sont pas épargnés ; Sartre est sauvé par son optimisme impénitent : « Je nageais dans l'incertitude, ce fut ma chance ; je n'eus même pas la tentation de penser qu'il fût minuit dans le siècle, ni que nous vivions l'An Mille, ni que le rideau se levait sur l'apocalypse : je regardais de loin ce foyer d'incendie et n'y voyais que du feu » ; Merleau-Ponty est plus atteint :

S A Paris, je retrouvai Merleau. Plus froid, plus sombre. Certains de nos amis, m'apprit sa femme, espéraient fermement que je me ferais sauter la cervelle le jour où les Cosaques franchiraient nos frontières. Il allait de soi qu'on réclamait aussi la cervelle de Merleau. Le suicide ne me tentait pas, je ris ; Merleau-Ponty m'observa sans rire. Il imagina la guerre, l'exil. Légèrement, avec cet air de gaminerie que je lui ai toujours vu prendre quand le propos risquait de tourner au sérieux : il serait liftier à New York. Plaisanterie gênante : c'était une autre version du suicide ; si le conflit éclatait, ce ne serait pas assez que de ne plus écrire, il faudrait refuser d'enseigner ; emprisonné dans une cage, il ne ferait que manœuvrer des boutons et se mortifierait par le silence. Cette gravité se rencontre peu, elle surprendra. Pourtant, c'était la sienne, la nôtre, c'est la mienne encore. Sur un point, nous étions d'accord avec les bonnes gens qui souhaitaient notre mort : en politique, il faut payer. Nous n'étions pas des hommes d'action, mais les idées fausses sont des crimes autant que les faux mouvements. [...] Si nous étions tombés dans la barbarie, on ne pouvait dire un mot ni même se taire sans se comporter en barbare ; pourquoi se reprochait-il des articles sincères et réfléchis ? L'absurdité du monde lui avait volé sa pensée, rien de plus.

83/ *Ibid.*, pp. 240-241.

Dans ce tumulte, Merleau disait : « Les canons parlent, nous n'avons plus qu'à la boucler. » Ainsi fit-il peu après, non seulement à cause de l'échec, mais à cause d'erreurs dont il se sentait responsable et du désarroi profond à ne plus pouvoir espérer dans une alternative sociale, ni dans l'unité démocratique et tolérante pour laquelle il avait œuvré. Pourtant, « grâce à cet effort pour tenir la chaîne par les deux bouts, jamais la circulation des idées ne s'est arrêtée », Ainsi s'accrochait-il de l'une et de l'autre main, à des continents qui s'éloignaient : « Des deux côtés de la barricade, il n'y a que des hommes »... Mais l'histoire démentait ce rêve, il dut lâcher prise et s'éloigna :

S En fait, le fil s'est rompu par la faute de l'Histoire : elle use les hommes qu'elle emploie et les tue sous elle comme les chevaux. Elle choisit des acteurs, les transforme jusqu'aux moelles par le rôle qu'elle leur impose et puis, au moindre changement, elle les congédie pour en prendre d'autres tout neufs. [...]

84/ *Ibid.*, p. 242.

Parce qu'il ne réfléchit pas si loin et, parce qu'il est nouveau venu aux luttes politiques, Sartre prend une autre voie et se rapproche du parti communiste, dont il devient « compagnon de route ». Cela dura six ans, jusqu'à la révolte hongroise et son écrasement par les chars soviétiques en 1956. La menace de guerre en fut le mobile. Depuis Yalta, la guerre froide « obligeait à choisir son camp » ; l'expérience du R.D.R. avait été malheureuse ; les États-Unis étaient en plein maccarthisme (répression anticommuniste dont beaucoup d'intellectuels et d'artistes étaient victimes) ; ils étaient seuls à posséder la bombe atomique et on avait dans les yeux l'image d'Hiroshima et de Nagasaki. L'U.R.S.S., qui n'avait pas encore d'armement nucléaire, jouait la paix. Un appel mondial (l'appel de Stockholm) fut signé par des dizaines de millions de gens (pas par Sartre d'ailleurs) contre toute arme atomique. Quand la menace de guerre devint une réalité en Corée (l'U.R.S.S. faisant croire, mensongèrement, à l'emploi d'une arme nouvelle bactériologique), Sartre adhéra au Mouvement de la paix fondé par d'anciens résistants, Yves Farge, Ch. Tillon... en 1948. Il alla au Congrès mondial de la paix à Vienne (bien qu'il eût été injurié au précédent congrès), et, pour calmer les esprits, fit même retirer de l'affiche *Les Mains sales* qu'on y jouait. Ce qui n'empêcha rien : il resta traître en puissance.

Les ruptures

Donnons deux repères à cet apprentissage de Sartre à la vie politique, deux livres qui font date : *Humanisme et Terreur* de Merleau-Ponty, écrit en 1947 en riposte au *Zéro et l'Infini* de Koestler décida, nous dit Sartre, de son orientation ; *L'Homme révolté*, de Camus, cinq ans après, donne lieu à un débat dans *Les Temps modernes*, consacre la rupture entre Sartre et Camus (précédée de celle entre Merleau-Ponty et Camus), et permet de faire le point sur les positions de Sartre qui inaugure ici son circuit en politique.

Humanisme et Terreur retrace le procès de Boukharine et interprète « l'aveu », c'est-à-dire la reconnaissance, par l'accusé, de fautes objectives dans lesquelles — dirigeant révolutionnaire — il aurait pu entraîner l'U.R.S.S. : tout vient de l'ambiguïté de l'histoire, non d'une opposition entre morale et discipline : si l'orientation qu'il voulait donner aboutissait à l'échec, alors, homme responsable et juste, il n'a qu'à la reconnaître ; il intériorise l'objectivité : « La trahison n'est que divergence politique. Mais les divergences en période de crise compromettent et trahissent l'acquis d'octobre 1917. »

Plus généralement ce que soutient Merleau-Ponty c'est que, face à une « mystification libérale » qui masque une violence de fait sous des « libertés formelles », le communisme se place dans le réel sur le plan des relations humaines ; le communisme ne respecte pas les règles libérales ; ce n'est donc pas à partir d'elles qu'on doit le juger ; la violence prolétarienne n'autorise pas n'importe quel moyen et si le léniniste abandonne la morale universelle, c'est qu'elle « va lui être rendue dans l'univers nouveau des prolétaires de tous les pays ».

« Mais pouvons-nous en dire autant du communisme aujourd'hui ?... On soutiendrait difficilement que le système va vers la reconnaissance de l'homme par l'homme, l'internationalisme, le dépérissement de l'État et le pouvoir effectif du prolétariat. »... On ne peut pas être anticommuniste, on ne peut pas être communiste... « La malédiction de la politique tient justement en ceci qu'elle doit traduire des valeurs dans l'ordre des faits. » Nous sommes en 1947. Nous verrons comment, trois ans après, Merleau-Ponty, dénonçant les camps soviétiques, rappellera ces valeurs dans lesquelles il espère encore, sans pouvoir accepter un tel fossé. Ici il fait encore crédit, non pour approuver (on ne peut pas être communiste) mais pour écouter (on ne peut pas être anticommuniste).

> Enfin, on demandera peut-être pourquoi nous nous donnons tant de mal ; si finalement nous pensons qu'on ne peut pas être communiste, ni sacrifier la liberté à la société soviétique, pourquoi tant de détours avant cette conclusion ? C'est que la conclusion n'a pas le même sens selon qu'on y vient par un chemin ou par un autre. C'est que — encore une fois — il y a vraiment deux usages et même deux idées de la liberté. Il y a une liberté qui est l'insigne d'un clan, et déjà le slogan d'une propagande. L'histoire est logique au moins en ceci que certaines idées ont avec certaine politique ou certains intérêts une convenance préétablie, parce que les unes et les autres supposent la même attitude

envers les hommes. Les libertés démocratiques prises comme seul critère dans le jugement qu'on porte sur une société, les démocraties absoutes de toutes les violences qu'elles exercent ici et là parce qu'elles reconnaissent le principe des libertés et les pratiquent au moins à l'intérieur, en un mot la liberté devenue paradoxalement principe de séparation et de pharisaïsme, c'est déjà une attitude de guerre. Au contraire de la liberté en acte, qui cherche à comprendre les autres hommes et qui nous réunit tous, on ne pourra jamais tirer une propagande.

85/ M. MERLEAU-PONTY, *Humanisme et Terreur*, Gallimard, 1949, pp. XL-XLI.

L'Homme révolté paraît cinq ans plus tard ; on ne peut plus tenter de comprendre la liberté d'une société, de type si différent qu'on veuille, dont la politique concentrationnaire fait des millions de victimes. Merleau-Ponty et Sartre l'ont affirmé clairement dans l'éditorial de janvier 1950 qu'on analysera plus loin[1]. Cela n'empêchera pourtant pas la revue (critique de Francis Jeanson) puis Sartre, pris à parti lui-même par Camus (« Lettre au directeur des *Temps modernes* » et « Réponse à Albert Camus », *Les Temps modernes*, août 1952), de critiquer violemment, au nom de l'engagement et de l'histoire, la thèse de Camus. « C'est le moment, dit celui-ci, où l'existentialisme est soumis lui aussi à l'Historisme et à ses contradictions. »

La distance qu'a prise Camus s'exprime déjà dans une série d'articles de *Combat* : « Ni victimes, ni bourreaux » puis dans les « Réponses à d'Astier de la Vigerie » à la suite des critiques d'*Action* (1948).

L'essentiel y est dit sans prétention doctrinale :

1. Voir « Les opprimés qui venaient du froid », p. 179.

l'Europe, laissée avec une haine en perte d'objet, mue sa haine en peur : « peur très générale d'une guerre que tout le monde prépare et peur toute particulière des idéologies meurtrières » qui nous domine d'autant plus que « nous sommes tout entiers livrés à l'histoire ». Aussi veut-il sauver les corps, sauver la chair, s'éloigner du monde de l'abstraction, des bureaux, des machines, des idées absolues et du messianisme sans nuance... où nous étouffons. Il ne nie pas la violence mais « les institutions de la violence » et refuse « un monde où le meurtre est *légitimé* » par les idéologies. Il en accuse le marxisme, non en ce qu'il a de critique (analyse des faits du XIXe siècle par leur contemporain, Marx) mais en ce qu'il a de messianique. Plus généralement il accuse « l'orgueil européen », espère la fin des idéologies, cherche à briser la peur, le silence, la séparation qui s'installent dans un monde dont l'accélération l'inquiète ; c'est donc une tâche urgente pour laquelle il n'y a guère de recours si ce n'est la mesure, l'eau de la mer, midi, et le monde méditerranéen.

L'Homme révolté reprend ces arguments d'une façon qui se veut systématique ; Camus donne à la révolte un caractère métaphysique, essentiel à la condition humaine et en analyse les formes et les déviations. Le détour par l'affirmation absolue, selon Nietzsche, permet à l'auteur de montrer le nihilisme des révolutionnaires qui préfèrent l'utopie à la réalité (« le nihiliste ne croit pas à ce qui est ») et dévoile le rôle de l'idéologie — utopie par excellence — dans le processus révolutionnaire ; au *mouvement* de révolte qui tourne court, il oppose *l'idée* de Révolution. Le rappel de la Terreur de la révolution française (Sade/Saint-Just) et la critique de la philosophie de Hegel, conformiste et opportuniste, expliquent bien des choses : que les révolutionnaires s'en réclament indirectement justifie la perversion de la révolte en ordre : « ceux qui ont choisi de tuer, ceux qui ont choisi d'asservir vont successivement occuper le devant de la scène, au nom d'une révolte détournée de sa vérité » ; les « déicides » succèdent aux « régicides », selon une idéologie du sacrifice et de la réussite. « Mais rien ne peut décourager l'appétit de divinité au cœur de l'homme. D'autres sont venus et viennent encore qui, oubliant Waterloo, prétendent toujours terminer l'histoire. » Ainsi montre-t-il le lien du progrès et du conservatisme, critique-t-il que l'homme « soit réduit à l'histoire » et celle-ci à l'économique (c'est pourquoi il s'en prend à l'idéologie comme structure interne à l'histoire), dénonce un radicalisme où « c'est par le pire que l'histoire progresse » tandis qu'on mise sur l'avenir. Sans nier l'exigence éthique de Marx contre les injustices présentes, il pense que le messianisme la corrompt et s'étonne qu'un socialisme qui se prétend scientifique se heurte aux faits dès qu'il devient réalité. Tous ces arguments, comme l'opposition entre une pensée césarienne triomphante, et un syndicalisme libertaire écrasé, tiennent la route. Cette première page de *L'Homme révolté* est un avertissement.

> Mais, à partir du moment où, faute de caractère, on court se donner une doctrine, dès l'instant où le crime se raisonne, il prolifère comme la raison elle-même, il prend toutes les figures du syllogisme. Il était solidaire comme le cri, le voilà universel comme la science. Hier jugé, il fait la loi aujourd'hui. On ne s'en indignera pas ici. Le propos de cet essai est une fois de plus d'accepter la réalité du moment, qui est le crime logique, et d'en examiner précisément les justifications ; ceci

est un effort pour comprendre mon temps. On estimera peut-être qu'une époque qui, en cinquante ans, déracine, asservit ou tue soixante-dix millions d'êtres humains, doit seulement, et d'abord, être jugée. Encore faut-il que sa culpabilité soit comprise. Aux temps naïfs où le tyran rasait des villes pour sa plus grande gloire, où l'esclave enchaîné au char du vainqueur défilait dans les villes en fête, où l'ennemi était jeté aux bêtes devant le peuple assemblé, devant des crimes si candides, la conscience pouvait être ferme, et le jugement clair. Mais les camps d'esclaves sous la bannière de la liberté, les massacres justifiés par l'amour de l'homme ou le goût de la surhumanité, désemparent, en un sens, le jugement. Le jour où le crime se pare des dépouilles de l'innocence par un curieux renversement qui est propre à notre temps, c'est l'innocence qui est sommée de fournir ses justifications. L'ambition de cet essai serait d'accepter et d'examiner cet étrange défi.

86/ A. CAMUS, *L'Homme révolté*, Gallimard, 1952. Édit. 1960, pp. 13-14.

L'auteur ajoute : « l'important n'est donc pas encore de remonter à la racine des choses, mais, le monde étant ce qu'il est, de savoir comment s'y conduire. » Or, comment se conduire dans un monde absurde ? « Au temps de la négation il pouvait être utile de s'interroger sur le problème du suicide. Au temps des idéologies, il faut se mettre en règle avec le meurtre. »

Solitaire et solidaire, le recours à la morale est possible si l'histoire n'est pas tout. Cette conception croise celle de Sartre ; nous verrons comment celui-ci, à la recherche d'une morale concrète, affirmait dans ses notes écrites en 1947-1948 (récemment publiées[1]) que l'histoire n'est pas tout et que l'individu y est irréductible. Mais, en même temps, il dévoile l'impossibilité de se situer hors du monde aliéné de sorte que notre liberté est toujours hypothéquée. C'est pourtant ainsi qu'elle existe, n'étant rien hors de ses manifestations dans une époque et une société que nous n'avons pas choisies et où nous agissons, même en nous abstenant. C'est sur ce terrain ontologique que Sartre répond à Camus, chassant la morale pour un ancrage historique où l'on ne peut être « ami de tout le monde » ni rester au-dessus de la mêlée. Si l'on ne soutient pas les victimes on est complice des bourreaux. La prétention à ne pas choisir comme la prétention à une révolte métaphysique relèvent de la mauvaise foi.

Si la position de Camus semble, rétrospectivement, tenir la route, elle ne tient pas l'époque.

Elle ne répond ni à ce que Sartre appellera « l'esprit objectif » dans *L'Idiot de la famille* et qu'il définit comme la culture établie « pratico-inerte », ni aux forces qui se heurtent et emportent les résistances individuelles dans des luttes collectives où chacun est partie prenante.

Elle est, d'autre part, bancale ; si sa position est lucide, lorsqu'il montre le rôle et les méfaits de l'idéologie, elle est illusoire dans l'analyse de doctrines souvent dépassées ; bref elle n'offre aucune perspective dans une époque où les conflits sont tels que l'un cache l'autre. La vanité des efforts conciliateurs de Camus, puis son silence, pendant les guerres coloniales, en témoignent. Sartre répond, en effet, au nom d'une liberté hypothéquée par l'histoire dans laquelle on est. Cette relativité n'empêche pas le choix et,

1. *Cahiers pour une morale*, Gallimard, 1983, Paris.

quoi qu'on fasse, on choisit : d'où l'illusion de celui qui ne s'y résout pas : la « bouderie » de Camus, elle-même, est historique :

S Engagé dans l'Histoire, comme vous, je ne la vois pas à votre manière. Je ne doute pas qu'elle ait ce visage absurde et terrible pour ceux qui la regardent des Enfers : c'est qu'ils n'ont plus rien de commun avec les hommes qui la font. Et s'il était une histoire des fourmis ou des abeilles, je suis sûr que nous la verrions comme une suite bouffonne et macabre de forfaits, de satires et d'assassinats. Mais si nous étions fourmis peut-être jugerions-nous différemment. Je ne comprenais pas votre dilemme « Ou bien l'Histoire a un sens ou bien elle n'en a pas... », etc., avant d'avoir relu vos *Lettres à un ami allemand*. Mais tout m'est devenu clair quand j'y ai trouvé cette phrase que vous adressez au soldat nazi : « Depuis des années vous essayez de me faire entrer dans l'Histoire. » « Parbleu, me suis-je dit, puisqu'il se croit *dehors*, il est normal qu'il pose ses conditions avant d'entrer dedans. » Tout comme la fillette qui tâte l'eau de l'orteil en demandant : « Est-elle chaude ? » vous regardez l'Histoire avec défiance, vous y plongez un doigt que vous retirez très vite et vous demandez : « A-t-elle un sens ? » Vous n'avez pas hésité en 1941 mais c'est qu'on vous demandait de faire un sacrifice. Il s'agissait tout simplement d'empêcher la folie hitlérienne de casser un monde où l'exaltation solitaire était encore possible à quelques-uns et vous consentiez à payer le prix de vos exaltations futures. Aujourd'hui, c'est différent. Il ne s'agit plus de *défendre le statu quo* mais de le changer : voilà que vous n'accepterez que sur les plus formelles garanties.

Et si je pensais que l'Histoire fût une piscine pleine de boue et de sang, je ferais comme vous, j'imagine, et j'y regarderais à deux fois avant de m'y plonger. Mais supposez que j'y sois déjà, supposez que, de mon point de vue, votre bouderie même soit la preuve de votre historicité. Supposez qu'on vous réponde comme Marx : « L'Histoire ne fait rien... C'est l'homme, l'homme réel et vivant qui fait tout ; l'Histoire n'est que l'activité de l'homme poursuivant ses propres fins. » Si c'est vrai, celui qui croit s'éloigner d'elle cessera de partager les fins de ses contemporains et ne sera sensible qu'à l'absurdité des agitations humaines.

87/ *Situations, IV*, « Réponse à Albert Camus », 1964. Édit. 1980, pp. 122-123. (Paru dans *Les Temps modernes*, août 1952.)

Mais en les partageant, il ne peut rester l'ami de tout le monde dans une société déchirée par la guerre : « les temps sont durs et mêlés » et « votre morale... d'abord changée en moralisme, n'est plus aujourd'hui que littérature... J'ai dit ce que vous avez été pour moi et ce que vous êtes à présent... J'espère que notre silence fera oublier cette polémique. »

Il faut donc, selon Sartre, choisir son camp : la neutralité est illusoire et quoi que nous fassions, nous sommes embarqués. Autant alors choisir consciemment, liant la pensée et l'action, sa place dans l'époque sans espérer l'universalité qui ne peut être que formelle ou factice. Dans ce cas « l'intellectuel n'a qu'un moyen de comprendre la société où il vit : c'est de prendre sur elle le point de vue des plus défavorisés :

> S Ceux-ci ne représentent pas l'universalité qui n'existe nulle part mais *l'immense majorité*, particularisés par l'oppression et l'exploitation qui font d'eux les produits de leurs produits, en leur volant leurs fins. [...] La seule possibilité réelle de prendre un point de vue distancié sur l'ensemble de l'idéologie décrété en haut, c'est de se mettre aux côtés de ceux dont l'existence même le contredit.
>
> 88/ *Situations, VIII*, « Les Intellectuels », 1972. Édit. 1980, pp. 413-414. (Conférence au Japon, 1965.)

Sartre cite alors le prolétariat ouvrier et rural et « l'existence de deux milliards de sous-alimentés sur une population de trois milliards ». Les uns et les autres ne conquièrent ce « point de vue objectif » par aucun don spécial mais le tiennent, plus ou moins consciemment ou confusément, de leur situation. L'intellectuel, issu des classes moyennes, ne peut être qu'à leurs côtés... Encore faut-il qu'il y soit s'il veut saisir l'intelligence de la société et participer à sa dynamique[1].

Le mythe de la classe ouvrière

Si la paix était le mobile, l'attirance profonde venait de plus loin : Sartre l'explique à Pierre Victor (Benny Lévy) dans : *On a raison de se révolter* : « Je considérais à l'époque que le P.C. était le représentant organique de la classe ouvrière. De fait, il ne semblait y avoir que lui à gauche ; je ne me rendais pas compte que le centralisme démocratique et la structure hiérar-

1. Voir « L'intellectuel en question », p. 195.

chique ne faisaient qu'un. » Il ajoute : « A l'époque, le parti, seul à gauche, faisait fonction, à la fois, de mouvement de gauche et, en apparence, de mouvement gauchiste. » Il est vrai que le parti socialiste au pouvoir « faisait la politique de la droite » et que Sartre se méfiait des mouvements doctrinaires s'ils n'étaient pas populaires.

Il est fasciné par ces opprimés qui forment le prolétariat : ceux-ci sont proches et inaccessibles, non seulement victimes, mais porteurs d'avenir ; ils nous interpellent directement puisque, bourgeois nous-mêmes..., nous serions complices de ceux qui les exploitent si nous ne dévoilions pas cette exploitation, si nous ne contribuions pas à changer l'injustice sociale.

S Vous vous révoltiez contre la mort mais, dans les ceintures de fer qui entourent les villes, d'autres hommes se révoltaient contre les conditions sociales qui augmentent le taux de la mortalité. Un enfant mourait, vous accusiez l'absurdité du monde et ce Dieu sourd et aveugle que vous aviez créé pour pouvoir lui cracher à la face ; mais le père de l'enfant, s'il était chômeur ou manœuvre, accusait les hommes : il savait bien que l'absurdité de notre condition n'est pas la même à Passy et à Billancourt. Et finalement les hommes lui masquaient presque les microbes : dans les quartiers misérables, les enfants meurent deux fois plus que dans les quartiers aisés et, puisqu'une autre répartition des revenus pourrait les sauver, la moitié des morts, chez les pauvres, paraissent des exécutions capitales dont le microbe n'est que le bourreau.

89/ *Situations, IV*, « Réponse à Albert Camus », 1964. Édit. 1980, pp. 118-119.

Ce n'est pas par pitié, mais par solidarité qu'on soutient ceux qui mènent « les luttes pour devenir libres ».

Or, depuis 1947, « le prolétariat n'est plus de sortie » (selon l'expression de Merleau-Ponty), comme dans l'immédiat après-guerre : « la bonace de la Libération » n'a pas duré ; les grèves ouvrières se développent dans des secteurs clefs, porteurs d'une longue tradition : elles partent des mines, se répandent dans tout le pays, sont durement réprimées par le gouvernement socialiste (Jules Moch) : il y aura des morts, des blessés par charges de C.R.S. à cheval et par innovation des bombes lacrymogènes.

Mais comment approcher ces opprimés-là qu'on côtoie et auxquels on reste étranger ? Comment un intellectuel peut-il participer à leurs combats, être admis par eux, si ce n'est devenir un des leurs ? Michel-Antoine Burnier insiste sur le constant inconfort que traduisent des personnages de romans ou de théâtre des existentialistes :

> Il est frappant de voir comment Simone de Beauvoir situe, par rapport au P.C., le jeune bourgeois en mal de révolution. Dans *Le Sang des autres*, le P.C. semble présenté comme une sorte de paradis interdit. Il est normal que l'ouvrier — celui qui cst né dans la classc prolétaricnnc — soit communiste : le Parti est fait pour lui ; c'est son seul moyen de désaliénation et de libération. En revanche, l'intellectuel issu de la bourgeoisie n'y pourra jamais entrer pleinement. Il y sera toujours de trop, pourra toujours repartir. Son engagement manque de poids : le prolétaire, lui, est dur. Le communisme est sa manière d'arriver à l'existence, à la liberté. Il n'est pas la voie de

l'intellectuel. Il est son impossible salut : l'intellectuel, le bourgeois éclairé n'est alors que cette « passion inutile » qui se saisit éternellement comme manque de pouvoir-être communiste.

La même conception se retrouve chez Jean-Paul Sartre. Dans *Les Mains sales*, Hugo est au « Parti ». Il n'y vit que comme un exclu possible. D'ailleurs, il n'a jamais eu faim ; au contraire, quand il était petit, on le forçait à manger. Aucun besoin objectif ne l'a jamais conduit au Parti : il l'a trop librement, gratuitement choisi.

Cette façon de présenter les choses et de les ressentir, est révélatrice. Elle explique la position de la « tendance sartrienne » de l'existentialisme vis-à-vis du parti communiste. Le P.C. est vu comme un bloc, de l'extérieur, comme une possibilité de libération à laquelle certains, quelle que soit leur bonne volonté, ne peuvent participer sans mauvaise foi. De plus, le Parti ne libère pas pleinement ceux pour qui il est fait. Il les aliène aussi, en un autre sens. Il engendre chez ses adhérents un « esprit de sérieux » qui n'est pas moindre que celui du célèbre garçon de café.

90/ M.-A. BURNIER, *Les Existentialistes et la Politique*, Gallimard, 1966. « Idées », pp. 49-50.

Cependant Sartre pense que dans les années d'après-guerre (jusqu'à la fin des années 50) il n'y a pas d'autres forces pour défendre les exploités : c'est ce qu'il développe dans « Les Communistes et la Paix », à un moment où, « à partir de ses propres principes », il défend le parti communiste contre une solitude passive d'ouvriers qu'il contribue à libérer[1].

1. Voir tome II, 4e partie, « L'existentialiste tenté par le communisme ».

Dans ce cas allons-y, en bordure, par solidarité, non par nécessité, comme peut y prétendre un intellectuel qui n'est pas de la même paroisse ! Cela vaut bien une messe.

Ce que Sartre ne sait pas encore, c'est que le parti communiste barre toute approche de la classe ouvrière à un intellectuel aussi célèbre que suspect et corrupteur : « Pour eux, je n'étais qu'un disparu en sursis »... Ce qu'il apprend, c'est que le Parti est comme l'Église : « Il est là pour faire attendre. Autrement dit, le parti communiste ne veut pas la révolution » ; c'est un parti qui fait prendre patience, parce que « la révolution est différée selon lui, *sine die.* Quand donc le parti français a-t-il dit : Allez-y, les gars, on la fait ? Jamais. Il disait : elle est faite en U.R.S.S., voyez comme c'est beau là-bas. C'est tout. » Ce dont Sartre s'aperçoit, c'est que cette institution est prête à tous les compromis : le vote des pouvoirs spéciaux au gouvernement socialiste (Guy Mollet), qui envoie le contingent en Algérie (mars 1956), donne une dimension nationale à la guerre coloniale. C'est un parti d'ordre qui se montre lors de cette guerre contre tout illégalisme et deviendra, en 68, le principal auxiliaire de la répression contre des luttes qu'il ne contrôle pas.

A vrai dire, dans ce rapprochement sans cesse conflictuel des années 50, Sartre n'est pas si innocent qu'il le dit à ses interlocuteurs gauchistes en 1972, dans *On a raison de se révolter*, puisque nous avons vu avec quelle lucidité critique il jugeait le parti communiste et l'U.R.S.S. dans l'immédiat après-guerre. C'est donc, à la fois, le poids idéologique du marxisme, l'audience populaire et l'isolement du parti communiste écarté du pouvoir, la réalité des luttes ouvrières, le souci d'éviter la guerre dans l'illusion que l'U.R.S.S. a intérêt encore à la paix, qui poussent Sartre à gommer ses critiques et à tenter cette alliance provisoire.

Il l'inaugure, d'ailleurs, pratiquement dans une campagne populaire qui lui tient doublement à cœur : il s'agit d'obtenir (ce qui fut conquis) la libération d'un jeune soldat, Henri Martin, condamné à cinq ans de bagne, pour avoir, dans des tracts, dénoncé le comportement de l'armée française en Indochine : lutte pour la liberté d'expression d'un individu qui dévoile une vérité que veut cacher le pouvoir, lutte contre le colonialisme, voilà deux terrains sur lesquels Sartre sera toujours présent.

Les batailles contre le colonialisme

Son action ne se sépare pas, dans la lutte contre l'oppression coloniale, de celle de toute l'équipe des *Temps modernes* qui est à la pointe du combat.

Ils sont les premiers à dénoncer la guerre d'Indochine, tandis qu'on apprend avec retard le massacre de Sétif (mai 1945) qui fit quarante mille morts, puis celui de Madagascar qui en fit le double.

L'éditorial de décembre 1946 fait date. Il éclate, comme une bombe, et secoue une France où, traditionnellement, l'Empire colonial est encore considéré comme un bienfait et un honneur, tandis que l'« Union française » est une idée à peine ébauchée. Or voilà que *Les Temps modernes* parlent de la présence française en Indochine en termes d'occupation, au lendemain de l'Occupation... Cette lucidité mord sur l'avenir, c'est-à-dire sur cet immense mouvement de décolonisation, consacré par la conférence de Bandoeng en 1955, qui durera plus de vingt ans :

En décembre 1946, c'est soudain une position extraordinairement claire, violente, qui se dégage sur la guerre d'Indochine. La revue consacre à ce problème le premier éditorial de son histoire, signé « Temps Modernes ». « Devant les nouvelles tronquées qui parviennent d'Indochine, y lit-on, devant les titres des journaux où dominent une sénile fureur guerrière ou un pitoyable embarras et toujours le goût sadique de l'information sensationnelle, les mots d'« indignation » [...] et de « refus » peuvent seuls caractériser ce que nous ressentons » [...]. « Si vraiment nous sommes acculés à la guerre, si vraiment nous n'avons le choix qu'entre nous maintenir en combattant, ou partir, eh bien ! qu'on s'en aille. » [...] « Il est inimaginable qu'après quatre années d'occupation les Français ne reconnaissent pas le visage qui est aujourd'hui le leur en Indochine, ne voient pas que c'est le visage des Allemands en France. » Le texte est important. D'abord, parce que c'est le premier où la revue se heurte de front et globalement à l'ensemble de la politique gouvernementale, c'est le premier où elle prend une position aussi tranchée. Puis, parce que la politique anticolonialiste des *Temps modernes* restera constante pendant près de vingt ans. Si, comme nous le verrons par la suite, les changements d'attitude furent parfois profonds sur de nombreux sujets, il est à noter que, dès le début, *Les Temps modernes* ont pris une position nette sur les guerres coloniales, ont défendu les colonisés contre les colonisateurs sans ambiguïté d'aucune sorte. Ils furent les premiers à voir l'importance de ces questions pour la France et pour la gauche française, les premiers à réclamer l'indépendance immédiate et sans contrepartie.

91/ M.-A. Burnier, *Les Existentialistes et la Politique*, Gallimard, « Idées », 1966, pp. 39-40.

La guerre d'Indochine lie aux communistes qui la combattent selon la tradition anti-impérialiste ; les grèves politiques se développent par internationalisme : les dockers refusent de charger les armes ; des femmes sont emprisonnées pour avoir, en se couchant sur les rails, voulu empêcher leur transfert.

Il n'en sera plus de même pendant la guerre d'Algérie où le parti communiste, pour plusieurs raisons, freinera tant qu'il peut le soutien au peuple algérien.

Il s'agit, dans ce cas, non d'une colonie, mais de trois départements d'outre-mer, de liens séculaires aux colons, d'une trahison et d'une amputation que n'admettent pas l'ensemble des Français, de quelque classe qu'ils soient ; le rapport à l'électorat et le racisme ambiant concernant les travailleurs émigrés pèsent tant qu'on en oublie les principes socialistes. Depuis l'envoi du contingent, la « pacification » crée trop de deuils, fait trop de morts tandis que la censure, le black-out, permettent d'ignorer la réalité de cette guerre : ses causes, son ampleur, sa violence, les charniers et l'usage de la torture « pratiqués en notre nom ». Cela va durer huit ans.

L'équipe des *Temps modernes* se trouve, avec d'autres, et notamment des catholiques progressistes, constamment solidaires de la lutte des Algériens : elle conduit des intellectuels, et, plus immédiatement, des jeunes, au refus d'être complices, et dévoile l'engrenage où sont entraînés ceux qui sont appelés et pris dans les rangs de l'armée française. Le manifeste des 121 appelle publiquement, illégalement, et avec les risques conséquents, à cette résistance en 1959 :

> Les soussignés, considérant que chacun doit se prononcer sur des actes qu'il est désormais impossible de présenter comme des faits divers de l'aventure individuelle, considérant qu'eux-mêmes, à leur place et selon leurs moyens, ont le devoir d'intervenir, non pas pour donner des conseils aux hommes qui ont à décider personnellement face à des problèmes aussi graves, mais pour demander à ceux qui les jugent de ne pas se laisser prendre à l'équivoque des mots et des valeurs, déclarent :
>
> — Nous respectons et jugeons justifié le refus de prendre les armes contre le peuple algérien.
>
> — Nous respectons et jugeons justifiée la conduite des Français qui estiment de leur devoir d'apporter aide et protection aux Algériens opprimés au nom du peuple français.
>
> — La cause du peuple algérien, qui contribue de façon décisive à ruiner le système colonial, est la cause de tous les hommes libres.
>
> 92/ *Manifeste des 121*[1].

1. Signé par Arthur Adamov, Robert Anthelme, Georges Auclair, Jean Baby, Hélène Balfet, Marc Barbut, Robert Barrat, Simone de Beauvoir, Jean-Louis Bédouin, Marc Begbeider, Robert Benayoum, Maurice Blanchot, Roger Blin, Arsène Bonnafous-Murat, Geneviève Bonnefoi, Raymond Borde, Jean-Louis Bory, Jacques-Laurent Bost, Pierre Boulez, Vincent Bounoure, André Breton, Guy Cabanel, Georges Condomine, Alain Cuny, Jean Dalauce, Jean Czarnecki, Hubert Dzunisch, Bernard Dort, Jean Douassot, Simone Dreyfus, Marguerite Duras, Yves Élicouet, Dominique Éluard, Charles Estienne, Louis-René des Forêts, Théodore Francatel, André Frénaud, Jacques Gernet, Louis Gernet, Édouard Gissani, Anne Guérin, Daniel Guérin, Jacques Howlett, Édouard Jaguer, Pierre Jaouen, Gérard Charfloit, Robert Jaulin, Alain Joubert, Henri

Ce manifeste exprime la double raison qui fait de Sartre un défenseur à part entière des peuples qui se libèrent du colonialisme. Par solidarité avec les opprimés, Sartre s'associe à l'aide au F.L.N., soutient les réseaux formés par Francis Jeanson, et propose publiquement de « porter les valises ».

Par liberté personnelle : l'insoumission suppose le respect de soi, contre toute compromission, et le souci de la France en tant que citoyen. La responsabilité de chacun est engagée dans cette résistance commune pour que ni l'histoire, ni le monde, ni les opprimés eux-mêmes, ne puissent confondre notre pays avec l'ordre d'un État qui opprime, exploite, camoufle, nomme « pacification » ce qui déjà est guerre, massacre, torture. L'alliance avec les opprimés contre l'ordre oppresseur est la seule issue. Cette division de la France rappelle celle de l'Affaire Dreyfus et, plus près

Kren, Robert Lagarde, Monique Lange, Claude Lanzmann, Robert Lapoujade, Henri Lefebvre, Gérard Legrand, Michel Leiris, Paul Lévy, Jérôme Lindon, Éric Losfeld, Robert Louzon, Marcel Peju, Olivier de Magny, Florence Malraux, André Mandouze, Maud Mannoni, Jean Martin, Renée-Marcel Martinet, Jean-Daniel Martinet, André Marty-Capgras, Dionys Mascolo, François Maspero, André Masson, Pierre de Massot, Jean-Jacques Mayoux, Jehan Mayoux, Théodore Monod, Marie Moscovici, Georges Mounin, Maurice Nadeau, Georges Navel, Claude Ollier, Hélène Pannelin, José Pierre, André Pieyre de Mandiargues, Ernest Pignon, Bernard Pingaud, Maurice Pons, J.-B. Pontalis, Jean Pouillon, Denise René, Alain Resnais, Jean-François Revel, Paul Revel, Alain Robbe-Grillet, Christiane Rochefort, Jacques-Francis Rolland, Alfred Rosmer, Gilbert Rouget, Claude Roy, Marc Saint-Saens, Nathalie Sarraute, Jean-Paul Sartre, Renée Saurel, Claude Sautet, Jean Schuster, Robert Scipion, Louis Seguin, Geneviève Serreau, Simone Signoret, Jean-Claude Silbermann, Claude Simon, René de Solier, D. de la Souchère, Jean Thiercelin, René Tzanck-Vercors, Jean-Pierre Vernant, Pierre Vidal-Naquet, J.-P. Viellaure, Claude Viseux, Ylipe, René Zazzo (il s'agit ici des signataires de la première heure, qui furent ensuite rejoints par beaucoup d'autres).

de nous, la résistance sous l'Occupation. Mais cette fois il ne s'agit pas de nos propres fins, mais de celles d'opprimés « qui ne nous aiment pas » et qui ont leurs propres fins.

Les textes de *Situations, V* traduisent cette complexité : Sartre commence par dévoiler la réalité coloniale et la présente comme un *système* : surexploitation du travail, développement des routes et travaux pour le seul intérêt des colons, culture importée, voilà ce qu'expose un article de 1956, contre tous les préjugés :

S Pour 90 p. 100 des Algériens, l'exploitation coloniale est méthodique et rigoureuse : expulsés de leurs terres, cantonnés sur des sols improductifs, contraints de travailler pour des salaires dérisoires, la crainte du chômage décourage leurs révoltes ; les grévistes ont peur qu'on ne fasse des « jaunes » avec les chômeurs. Du coup, le colon est roi, il n'accorde rien de ce que la pression des masses a pu arracher aux patrons de France ; pas d'échelle mobile, pas de conventions collectives, pas d'allocations familiales, pas de cantines, pas de logements ouvriers. Quatre murs de boue séchée, du pain, des figues, dix heures de travail par jour : ici le salaire est vraiment et ostensiblement le minimum nécessaire à la récupération des forces de travail.

Voilà le tableau.

93/ *Situations, V*, « Le colonialisme est un système », 1964. Édit. 1983, p. 37. (Paru dans *Les Temps modernes*, janvier 1956.)

Si le colonialisme est un système, toute réforme est inefficace ; les intérêts du colon sont directement contraires à ceux des Algériens ; ils ne se sont pas mêlés aux indigènes comme d'autres envahisseurs, et ils ont importé notre culture et tenté de détruire la communauté musulmane, tout en refusant l'assimilation et la garantie des droits aux Algériens. Selon Sartre, le système colonial fonctionne comme un cycle infernal. Cette réalité s'incarne dans un million de colons, fils et petits-fils de colons qui ont été modelés par le colonialisme, et qui pensent, parlent et agissent selon les principes même du système colonial : le colon est fabriqué comme l'indigène ; il est « fait par sa fonction et par ses intérêts » même s'il est partagé entre ses deux patries, exploitant l'une pour jouir dans l'autre... Aussi la métropole est-elle prise au piège du colonialisme qui est en train de se détruire lui-même.

Après six ans de guerre, en 1961, Sartre préface le livre de Frantz Fanon, *Les Damnés de la terre* ; l'auteur fait du tiers monde la force future et Sartre mise sur l'avenir des luttes libératrices de ces opprimés. On trouve, ici comme ailleurs, le renversement qui fonde sa problématique : grâce à leurs luttes, les hommes ne subissent plus, mais brisent leur oppression ; les victimes deviennent des forces ; du coup l'avenir est décentré : les laissés-pour-compte sont les Européens s'ils s'attachent à tout prix au passé ; la seule issue est la solidarité avec ceux qui conquièrent leur autonomie, leur apprentissage de la liberté dans la lutte et la violence est source de salut.

Cette montée aux extrêmes est liée aux événements : les mouvements de résistance gagnent l'Afrique et l'Asie ; la guerre d'Algérie est de plus en plus cruelle. Quelles que soient la pesanteur du silence et la censure, cette guerre, qui a fait un million de morts algériens et des dizaines de milliers de morts français, pèse sur le pays. L'opposition s'élargit à des manifestations de masse françaises et algériennes qui font parfois des morts : on retrouve des cadavres d'Algériens dans le canal Saint-Martin en octobre 1961 ; près de 100 000 manifestants protestent contre ces crimes ; harcelés par la police, dix d'entre eux sont écrasés au métro Charonne. La politique de la terre brûlée en Algérie, les attentats O.A.S. en métropole disent la désespérance ; cette guerre coloniale devient une guerre civile. Dans cet affrontement, impitoyable de part et d'autre,

S nos chères valeurs perdent leurs ailes ; à les regarder de près, on n'en trouvera pas une qui ne soit tachée de sang. S'il vous faut un exemple, rappelez-vous ces grands mots : que c'est généreux, la France ! Généreux, nous ? Et Sétif ? Et ces huit années de guerre féroce qui ont coûté la vie à plus d'un million d'Algériens ? Et la gégène ?

94/ *Situations, V*, « Les Damnés de la terre », 1964. Édit. 1983, p. 188. (Préface aux *Damnés de la terre* de Frantz Fanon, Maspero, 1961.)

Sartre fait de cette tragédie une épopée où, paradoxalement, la violence devient valeur si elle est libératrice : tout prend sens pour lui à l'écoute des opprimés. Ainsi commence l'aventure :

S Il n'y a pas si longtemps, la terre comptait deux milliards d'habitants, soit cinq cents millions d'hommes et un milliard cinq cents millions d'indigènes. Les premiers disposaient du Verbe, les autres l'empruntaient. Entre ceux-là et ceux-ci, des roitelets vendus, des féodaux, une fausse bourgeoisie forgée de toutes pièces servaient d'intermédiaires. Aux colonies la vérité se montrait nue ; les « métropoles » la préféraient vêtue ; il fallait que l'indigène les aimât. Comme des mères, en quelque sorte. L'élite européenne entreprit de fabriquer un indigénat d'élite ; on sélectionnait des adolescents, on leur marquait sur le front, au fer rouge, les principes de la culture occidentale, on leur fourrait dans la bouche des bâillons sonores, grands mots pâteux qui collaient aux dents ; après un bref séjour en métropole, on les renvoyait chez eux, truqués. Ces mensonges vivants n'avaient plus rien à dire à leurs frères ; ils résonnaient ; de Paris, de Londres, d'Amsterdam nous lancions des mots « Parthénon ! Fraternité ! » et, quelque part en Afrique, en Asie, des lèvres s'ouvraient : « ... thénon ! ... nité ! » C'était l'âge d'or.

Il prit fin : les bouches s'ouvrirent seules ; les voix jaunes et noires parlaient encore de notre humanisme mais c'était pour nous reprocher notre inhumanité. Nous écoutions sans déplaisir ces courtois exposés d'amertume. D'abord ce fut un émerveillement fier : Comment ? Ils causent tout seuls ? Voyez pourtant ce que nous avons fait d'eux ! Nous ne doutions pas qu'ils acceptassent notre idéal puisqu'ils nous accusaient de n'y être pas fidèles ; pour le coup, l'Europe crut à sa mission : elle avait hellénisé les Asiatiques, créé cette espèce nouvelle, les nègres gréco-latins. Nous ajoutions, tout à fait entre nous, pratiques : Et puis laissons-les gueuler, ça les soulage ; chien qui aboie ne mord pas.

95/ *Ibid.*, pp. 167-168.

Ce n'est là que le début, le passé : cette génération de « nègres gréco-latins » fabriqués par nous, ose trahir et dévoiler la réalité oppressive ! « Ils font le strip-tease de notre humanisme » et projettent leur avenir en nous ignorant.

Cette indifférence frappe au cœur...

A ce décentrement correspond un nouvel avenir. Sartre soutient alors la thèse de Fanon : la violence n'est pas seulement nécessaire, mais féconde :

S Les marques de la violence, nulle douceur ne les effacera : c'est la violence qui seule peut les détruire. Et le colonisé se guérit de la névrose coloniale en chassant le colon par les armes...

Quand les paysans touchent des fusils, les vieux mythes pâlissent, les interdits sont un à un renversés : l'arme d'un combattant, c'est son humanité. Car, en ce premier temps de la révolte, il faut tuer : abattre un Européen c'est faire d'une pierre deux coups, supprimer en même temps un oppresseur et un opprimé : restent un homme mort et un homme libre ; le survivant, pour la première fois, sent un sol *national* sous la plante de ses pieds.

96/ *Ibid.*, p. 183.

Sartre répondra lui-même à Benny Lévy, dans les entretiens de 1980, de cette exaltation de la violence ; elle est, de toute façon, interne à notre histoire qui est celle de la rareté et le couple fraternité-terreur tournoiera tout au long de la *Critique de la raison dialectique*[1].

S'ajoutent ici des raisons circonstancielles qui, selon Sartre, lui donnent sens :

1. Voir tome II, 4e partie, « Une épopée des temps modernes », et 5e partie, « Une morale en suspens ».

Benny Lévy — Comment rendrais-tu compte de cette tendance profonde, dans ton œuvre, à une éthique de la violence ? Pourquoi, par exemple, cette exaltation dans la préface aux *Damnés de la terre* ?

J.-P. Sartre — Dans ce cas précis, je te le dirai, ça vient de la guerre d'Algérie et de la guerre d'Indochine, qui m'ont fait toutes deux profondément horreur. Parce que, comme tu sais, ma seule réaction politique à l'âge de dix-neuf ans, c'était l'écœurement de la colonisation, la seule voie que je voyais pour réussir à sortir de la colonisation, c'était la violence. Cette violence qu'on pourrait appeler juste, qui était celle du colonisé contre le colon.

Benny Lévy — Mais tu en rajoutes : la « transparence », l'« unité natale », tout l'essentiel, quoi, est au bout du fusil ! Nous, quand nous en rajoutions dans un éditorial de *La Cause du peuple*, c'était normal, si j'ose dire ; la bêtise militante est en cause. Mais qu'est-ce qui te poussait, toi ?

J.-P. Sartre — C'était le moment où je voyais Fanon, qui était profondément violent, ça a compté certainement pour le mode d'expression. Il y a aussi le fait que nous étions dans une situation fâcheuse, étant donné que, malgré tout, nous luttions contre la France et avec des Algériens qui ne nous aimaient pas beaucoup, bien que nous fussions pour eux. Ça nous mettait dans une situation assez particulière qui s'exprime dans ce texte. Une situation de malaise, de plus grande violence, d'attitude tranchée parce que c'était plus facile. La France, c'est quelque chose qui existe pour moi. Il m'était désagréable d'être contre mon pays.

97/ « L'espoir maintenant », Entretiens avec Benny Lévy, dans *Le Nouvel Observateur*, mars 1980.

Car Sartre n'agit pas seulement « du côté des opprimés », mais toujours, en même temps, par morale, contre la dégradation de son pays et contre l'avilissement de chaque citoyen avec l'idée constante qu'il faut d'abord « balayer devant sa porte » :

S Il n'est pas bon, mes compatriotes, vous qui connaissez tous les crimes commis en notre nom, il n'est vraiment pas bon que vous n'en souffliez mot à personne pas même à votre âme par crainte d'avoir à vous juger. Au début vous ignoriez, je veux le croire, ensuite vous avez douté, à présent vous savez mais vous vous taisez toujours. Huit ans de silence, ça dégrade. Et vainement : aujourd'hui, l'aveuglant soleil de la torture est au zénith, il éclaire tout le pays ; sous cette lumière, il n'y a plus un rire qui sonne juste, plus un visage qui ne se farde pour masquer la colère ou la peur, plus un acte qui ne trahisse nos dégoûts et nos complicités. Il suffit aujourd'hui que deux Français se rencontrent pour qu'il y ait un cadavre entre eux. Et quand je dis : un... La France, autrefois, c'était un nom de pays ; prenons garde que ce ne soit, en 1961, le nom d'une névrose.

98/ *Situations, V*, « Les Damnés de la terre », 1964. Édit. 1983, p. 192.

Ainsi l'excès vient d'un désespoir qui, comme toujours, pour Sartre, ne se traduit pas en résignation. Il est cependant tragique, car où chercher une issue, a fortiori un projet ? Ailleurs ?

Mais, aux jeunes de notre pays qui s'adressent à nous, que dire ? Évoquant la parole bien connue de Nizan : « J'avais vingt ans, je ne laisserai personne dire que c'est le plus bel âge de la vie », Sartre dans la préface au livre de son ami, *Aden Arabie* (enfin réédité et réhabilité), s'interroge et interroge ses contemporains :

> S Jusqu'à ces derniers temps, les enfants prodigues disaient merde à leurs pères et passaient à la Gauche, avec armes et bagages ; le révolté, c'était classique, se changeait en militant. Mais si les pères sont à gauche ? Que faire ? Un jeune homme est venu me voir : il aimait ses parents mais, dit-il avec sévérité : « Ce sont des réactionnaires ! » J'ai vieilli et les mots avec moi : dans ma tête ils ont mon âge ; je m'égarai, je crus avoir affaire au rejeton d'une famille aisée, un peu bigote, libérale peut-être et votant pour Pinay. Il me désabusa : « Mon père est communiste depuis le congrès de Tours. » Un autre, fils de socialiste, condamnait à la fois la S.F.I.O. et le P.C. : « Les uns trahissent, les autres s'encroûtent. » [...] Croit-on qu'elle puisse attirer les fils, la Gauche, ce grand cadavre à la renverse, où les vers se sont mis ? Elle pue, cette charogne ; les pouvoirs des militaires, la dictature et le fascisme naissent ou naîtront de sa décomposition ; pour ne pas se détourner d'elle, il faut avoir le cœur bien accroché. Nous les grands-pères, elle nous a faits : nous avons vécu par elle ; c'est en elle et par elle que nous allons décéder. Mais nous n'avons plus rien à dire aux jeunes gens : cinquante ans de vie

en cette province attardée qu'est devenue la France, c'est dégradant. Nous avons crié, protesté, signé, contresigné ; nous avons, selon nos habitudes de pensée, déclaré : « Il n'est pas admissible... » ou : « Le prolétariat n'admettra pas... » Et puis finalement nous sommes là : donc nous avons tout accepté. Comment communiquer à ces jeunes inconnus notre sagesse et les beaux fruits de notre expérience ? De démission en démission, nous n'avons appris qu'une chose : notre radicale impuissance. J'en conviens : c'est le commencement de la Raison, de la lutte pour la vie. Mais nous avons de vieux os : et nous découvrons que nous n'avons rien fait à l'âge où l'on médite d'écrire son testament.

99/ *Situations, IV*, « Paul Nizan », 1964. Édit. 1980, pp. 137-138. (Avant-propos à *Aden Arabie*, Maspero, 1960.)

Quant aux jeunes :

S [...] comptables ou casseurs d'assiettes, blousons noirs ou techniciens, ils luttent sans espoir et seuls, contre l'asphyxie. Ceux qui choisissent la famille ou le métier, ne croyez pas qu'ils se résignent : ils ont tourné leur violence contre eux-mêmes et se ravagent ; réduits par leurs pères à l'impuissance, ils se font culs-de-jatte par ressentiment. Les autres brisent tout, frappent n'importe qui avec n'importe quoi, un couteau, une chaîne de bicyclette : pour fuir leur malaise, ils feront tout sauter. Rien ne saute, ils se retrouvent au commissariat, en sang : c'était un beau dimanche, ils feront mieux dimanche prochain. Donner les coups, les prendre, c'est pareil : faut que ça saigne ; dans l'hébétude qui suit les bagarres, on ne souffre que de meurtrissures, on a le plaisir funèbre de ne penser à rien.

100/ *Ibid.*, p. 139.

On dirait une chanson de Renaud !

On peut voir à chaque étape, et jusque dans les derniers entretiens, le souci qu'a Sartre d'une jeunesse sans perspectives. Pourtant cette inquiétude se heurte à l'ironie lénifiante des bonnes consciences catholiques ou marxistes.

Mauriac riposte à Sartre : *Pourquoi êtes-vous si triste, Monsieur Sartre ?*

Qu'a-t-il cru, qu'a-t-il tenté à la Libération pour échapper à la tenaille ? Aujourd'hui, cette préface en témoigne, il n'espère plus rien. Il y a ce cadavre de la gauche française dont il prend l'exacte mesure. Quel impitoyable constat ! Pour moi qui ai si souvent dénoncé la carence de la gauche (ce fut la raison de mon appel constant, puis de ma fidélité à de Gaulle), je ne désespère pas pourtant de la gauche, comme Sartre. Mais ce qui m'importe ici, c'est cette amertume, ce désespoir d'un homme à qui il n'a servi de rien de ne réussir que pour lui-même. Cet athée ne se console pas de n'avoir pu atteindre ici-bas le royaume de Dieu et sa justice, mais c'est trop peu dire : d'avoir acquis la certitude que pour y parvenir, il n'existe plus de chemin.

101/ F. MAURIAC, « Bloc-notes », dans *L'Express*, septembre 1960.

Roger Garaudy, dirigeant alors du parti communiste, pose *Douze questions à Jean-Paul Sartre* et commence ainsi :

> Croyez-moi, Sartre, ne l'écrivez pas trop tôt, votre testament, car la vie n'a pas dit son dernier mot. Et, je l'espère, vous non plus.
>
> Ne me prenez pas pour le docteur Pangloss. Je ne crois pas que tout est pour le mieux dans le meilleur des mondes possibles. Il y a le chaos. Mais il existe des forces capables de surmonter le chaos. [...]
>
> Je n'ai à aucun degré le sentiment d'avoir « trahi notre jeunesse ». Ma joie, c'est d'être, à quarante-sept ans, fidèle aux certitudes de mes vingt ans. Ce n'est pas affaire de tempérament ou de vertu personnelle : sans doute en suis-je là, parce que je n'ai pas, comme vous le dites, « choisi la solution la plus individuelle » et parce que je ne crois pas qu'une Révolution cesse d'être une Révolution quand elle n'est pas seulement négation du passé et qu'elle se met à « construire ».
>
> Lorsque je me retourne vers ce quart de siècle écoulé et que je me demande quand et comment notre peuple a connu l'espoir, je puis témoigner de ceci : 1933, oui, c'était Laval et Hitler. Mais 1934 c'était l'unité ouvrière, et 1936 le grand cri de joie du Front populaire. 1940 c'était Hitler encore et Pétain. Mais c'était aussi la Résistance qui allait devenir la France, et la résurrection de 1944. Chaque fois mon parti s'était levé avant le jour : il était seul en 1933 à vouloir l'unité. Il était le seul parti à demeurer debout en 1940. Il était le seul parti à répondre Non au plébiscite de 1958. Il était le seul parti, en 1954, à reconnaître le caractère national de la lutte du peuple algérien,

> à réclamer pour lui le droit de disposer de lui-même et la négociation.
>
> Voilà pourquoi, aujourd'hui, je ne me sens ni honteux ni désespéré.
>
> [...]
>
> Pour nous, le refus de ce qui sous nos yeux se décompose et meurt n'est qu'un moment d'une affirmation et d'une adhésion plus haute à ce qui naît et se développe.
>
> 102/ R. GARAUDY, *Douze questions à Jean-Paul Sartre*, Clarté, 1960, pp. 18-22.

A la même époque, Serge Reggiani incarne le personnage de Frantz von Guerlach, officier nazi, bourreau de Smolentz, mais aussi officier français en Algérie, et « contre-homme » en chacun d'entre nous.

Ce pessimisme n'empêche pas l'optimisme :

Il n'y a pas de situation inhumaine. Le récit de Henri Alleg, *La Question*, illustre cette formule de *L'Être et le Néant*. Ce livre interdit, lu par des centaines de milliers de gens, décrit les tortures subies par Alleg, et dévoile le mécanisme de leur pratique par l'armée française ; Sartre fait de ce témoignage « Une Victoire » : victoire de l'humain sur l'inhumain, puisqu'un homme a pu, non seulement se taire, mais, en homme libre, dénoncer l'engrenage qu'il a affronté. « Condamné à la liberté », un individu peut, en surmontant l'oppression, donner de l'espoir aux autres : sa lucidité l'emporte sur nos cauchemars, son courage sur notre peur ; sa parole nous délivre de notre culpabilité et renforce notre responsabilité :

S En 1943, rue Lauriston, des Français criaient d'angoisse et de douleur ; la France entière les entendait. L'issue de la guerre n'était pas certaine et nous ne voulions pas penser à l'avenir ; une seule chose nous paraissait en tout cas impossible : qu'on pût faire crier un jour des hommes en notre nom.

Impossible n'est pas français : en 1958, à Alger, on torture régulièrement, systématiquement, tout le monde le sait, de M. Lacoste aux cultivateurs de l'Aveyron, personne n'en parle. Ou presque : des filets de voix s'effilochent dans le silence. La France n'était guère plus muette sous l'Occupation. [...]

Aujourd'hui, nous savons qu'il n'y a rien à comprendre : tout s'est fait insensiblement par d'imperceptibles abandons, et puis, quand nous avons levé la tête, nous avons vu dans la glace un visage étranger, haïssable : le nôtre.

Plongés dans la stupeur, les Français découvrent cette évidence terrible : si rien ne protège une nation contre elle-même, ni son passé, ni ses fidélités, ni ses propres lois, s'il suffit de quinze ans pour changer en bourreaux les victimes, c'est que l'occasion décide seule : selon l'occasion, n'importe qui, n'importe quand, deviendra victime ou bourreau.

[...]

Avec *La Question*, tout change : Alleg nous épargne le désespoir et la honte parce que c'est une victime et qui a vaincu la torture. Ce retournement ne va pas sans quelque humour sinistre ; c'est en notre nom qu'on l'a martyrisé et nous, à cause de lui, nous retrouvons enfin un peu de notre fierté : nous sommes fiers qu'il soit français. Les lecteurs s'incarnent en lui passionnément, ils l'accompagnent jusqu'à l'extrême de la souffrance ; avec lui, seuls et nus, ils tiennent le coup. En seraient-ils, en serions-nous capables *pour de vrai* ? C'est une autre affaire. Ce qui compte, c'est que la victime nous délivre en nous faisant découvrir, comme elle le découvre elle-même, que nous avons le pouvoir et le devoir de tout supporter.

Nous nous fascinions sur le gouffre de l'inhumain ; mais il suffit d'un homme dur et têtu, obstiné à faire son métier d'homme, pour nous arracher au vertige : la « question » n'est pas inhumaine ; c'est tout simplement un crime ignoble et crapuleux, commis par des hommes contre des hommes et que les autres hommes peuvent et doivent réprimer. L'inhumain n'existe nulle part, sauf dans les cauchemars qu'engendre la peur. Et justement le calme courage d'une victime, sa modestie, sa lucidité nous réveillent pour nous démystifier : Alleg vient d'arracher la torture à la nuit qui la couvre ; approchons-nous, pour la regarder au grand jour.

103/ *Situations, V*, « Une victoire », 1965. Édit. 1983, pp. 72-73 et 76-77. (Paru dans *L'Express*, 6 mars 1958.)

Cet article fut saisi mais sa diffusion fut clandestine comme celle de *La Question* : elles n'en eurent que plus de succès.

Cette analyse exprime, en un exemple, toute la pensée de Sartre sur une liberté en situation et sur le choix à faire pour agir en homme libre[1]. Nous verrons ailleurs quelles aliénations il faut surmonter et comment l'engrenage rend difficiles les résistances ! c'est le cas des appelés qui, de près ou de loin, participent à l'entreprise d'avilissement qu'ils n'ont pourtant pas

1. Voir les notes pp. 73, 115, 120, 132 et le tome II, 3e et 5e parties, « La morale en suspens ».

choisie. Il n'y a donc de liberté personnelle que « du côté des opprimés » et chacun n'y parvient qu'en déjouant l'aliénation de l'oppresseur.

Cette position est contemporaine de l'ampleur des mouvements de résistance au colonialisme.

Que l'indépendance des peuples provoque de nouvelles oppressions, que de nouvelles dépendances se substituent aux anciennes, que les conflits renaissent, que les terreurs se reproduisent, tout cela démythifie et démasque les illusions d'avenir, mais n'empêche pas la nécessité du choix à l'époque. Ainsi en est-il des années 60 où, pourtant, Sartre ne chôme pas. Il préside le Tribunal Russell, symbolique écho du tribunal de Nuremberg, pour dénoncer moralement la guerre menée par les U.S.A. au Vietnam, tandis que le peuple résiste et que l'opinion américaine impose la paix.

Il dévoile, par souci démocratique, en France, les effets de ce qu'il a appelé, en 1958, « la constitution du mépris » (celle de la Ve République, dans laquelle nous sommes toujours) ; il montre comment elle contribue au renforcement politique d'un État-providence, à l'effritement de la société civile et du sens civique d'individus assistés : « les grenouilles demandent un roi »... disait-il à l'époque où de Gaulle l'instaurait et où la gauche semblait la combattre.

Il analyse le processus de dépolitisation qui s'ensuit ct la façon dont elle dilue les responsabilités individuelles et collectives. En 1984, malgré l'explosion de 1968, et des années qui suivirent, nous mesurons l'actualité de ces craintes fondées par respect démocratique.

Les opprimés qui venaient du froid

La difficulté de Sartre et de Merleau-Ponty à dévoiler l'oppression en U.R.S.S. vient de ce qu'elle symbolisait la réalisation du socialisme. Or, pour l'un et l'autre, l'attachement au socialisme n'est pas de l'ordre des choses, mais de l'ordre des valeurs : le nom déjà cité de leur mouvement tenté dans la « Résistance » indique le lien entre le socialisme et la liberté. C'est donc malgré cet espoir que *Les Temps modernes* finissent par dénoncer la cruelle réalité des camps soviétiques en 1950. Cette position est prise après beaucoup de méfiance lors de « l'affaire Kravchenko » (1946) car les révélations de cet ingénieur sont immédiatement utilisées et répandues en France et en Amérique par ceux qui font flèche de tout bois contre le socialisme.

En même temps, la polémique autour du *Zéro et l'Infini* de Koestler à quoi répond Merleau-Ponty dans *Humanisme et Terreur*, et les brouilles (celle de Merleau-Ponty et de Camus, puis celle de Sartre et Camus), ont montré que personne n'est à l'abri de la mauvaise foi et que celle-ci, tributaire de la foi, conduit Sartre et Merleau-Ponty à repousser, pour de bonnes et mauvaises raisons, des faits irrécusables. Simone de Beauvoir, dans le roman *Les Mandarins* (qui comporte aussi une histoire d'amour), rend compte, de façon vivante et transposée, de ces rapports troublés et des enjeux de circonstances : l'anticommunisme pousse tant de gens à être les porte-parole de l'oppression en U.R.S.S. Et comment la dévoiler quand on veut lutter, en même temps, contre les injustices sociales ici et contre l'impérialisme ?

L'opposition de Camus et de Sartre dont nous avons déjà parlé illustre la difficulté à intervenir tous azimuts : la lucidité de l'un face au socialisme va de pair avec un refus de protester contre la guerre d'Indochine.

Le débat déjà développé qui eut lieu lors de la parution de *L'Homme révolté* doit être apprécié à la fois selon la différence d'orientation pendant la guerre d'Algérie et selon le dévoilement de la répression en U.R.S.S.

Pouvait-on, d'autre part, si justes soient les positions théoriques, être écouté lorsqu'on voulait mener les deux luttes de front (comme Claude Lefort et le groupe « Socialisme et barbarie ») Qu'est-ce que des « idées justes » si elles n'ont pas d'écho ? Et que vaut le marxisme sur lequel ceux-ci s'appuyaient dans leur critique ?

Cependant, les documents sur les pays de l'Est sont de plus en plus indiscutables ; le récit de Mme Bebbur Newmann emporte la conviction par sa logique et sa précision : l'existence de camps de travail forcé, où beaucoup mouraient, en U.R.S.S., est incontournable. Les « aveux » du cardinal Mindzenty, le limogeage du héros révolutionnaire, Dimitrov, en Bulgarie, rendent inquiétante cette réalité : « Nous commençâmes à nous demander si l'U.R.S.S. et les démocraties populaires devaient être appelées des pays socialistes », dit Simone de Beauvoir. Il faut cependant près d'un an encore, pour que *Les Temps modernes* dénoncent les camps en se fondant sur le *Code soviétique du travail correctif.* Cet éditorial, écrit par Merleau-Ponty et cosigné par Sartre, cherche à se démarquer de ceux qui utilisent ce scandale pour leurs fins préalables anticommunistes ; il exprime une contradiction accablante entre l'ampleur des faits, la nécessité de les dévoiler et leur confiance dans le socialisme... Dans *La Cuisinière et le Mangeur d'hommes*, André Glucksmann analyse cet éditorial :

> Ces évidences sont douloureuses, et le ton en est tendu : il s'agit de sauver ce qui peut l'être encore de l'esprit de Résistance antinazie, d'éviter que les antifascistes ne se laissent déborder par la guerre froide, et, choisissant leur camp, en justifient les crimes : qui, ceux de l'impérialisme occidental, qui, ceux du travail forcé socialiste. *Wanted :* « Une politique qui ne les oblige pas à choisir leurs déportés. » L'échec viendra, signalé par les querelles qui séparent alors Camus, Merleau-Ponty et Sartre. Échec qui dépasse de beaucoup ces individualités : l'élan de la résistance s'éteint dans les contradictions de l'après-guerre.
>
> 104/ A. GLUCKSMANN, *La Cuisinière et le Mangeur d'hommes*, Le Seuil, 1975, p. 35.

Nous ne devons donc pas, trente ans après, sous-estimer la difficulté de ce dévoilement, ses contradictions, son enjeu. Le texte débute par la reconnaissance des faits : « Il est donc établi que des citoyens soviétiques peuvent être déportés en cours d'enquête, sans jugement et sans limite de temps. » [...]

Merleau-Ponty montre ensuite comment l'appareil répressif est organisé par l'État selon les plans de production économique et comment « la bonne marche du travail correctif est assurée par une délégation de pouvoir aux détenus de droit commun » à qui le Pouvoir fait confiance.

> Puisque des publications officielles font état de cent vingt-sept mille détenus libérés par décision du gouvernement après l'achèvement du canal de la Baltique à la mer Blanche, et du canal de Moscou à la Volga, il est probable, compte tenu du

volume de ces chantiers dans l'ensemble de l'appareil, que le nombre total des détenus se chiffre par millions : les uns disent dix millions, d'autres quinze.

Si les concentrationnaires sont dix millions — pendant que, à l'autre extrémité de la hiérarchie soviétique, salaires et niveau de vie sont quinze à vingt fois plus élevés que ceux des travailleurs libres — alors la quantité se change en qualité, c'est tout le système qui vire et change de sens, et malgré la nationalisation des moyens de production, bien que l'exploitation privée de l'homme par l'homme et le chômage soient impossibles en U.R.S.S., on se demande quelles raisons nous avons encore de parler de socialisme à propos d'elle.

[...]

Il n'y a pas de socialisme quand un citoyen sur vingt est au camp. Rien ne sert de répondre ici que toute révolution a ses traîtres, ou que la lutte des classes n'est pas finie avec l'insurrection, ou que l'U.R.S.S. ne pouvait se défendre contre l'ennemi du dehors en ménageant l'ennemi du dedans, ou que la Russie ne pouvait se mettre à la grande industrie sans violence... Ces réponses ne sont pas valables s'il s'agit du vingtième de la population — du dixième de la population mâle — après un tiers de siècle. S'il y a en U.R.S.S. un saboteur, un espion ou un paresseux pour vingt habitants, alors que plus d'une épuration a déjà « assaini » le pays, s'il faut aujourd'hui « rééduquer » dix millions de citoyens soviétiques, alors que les nourrissons d'Octobre 1917 ont passé trente-deux ans, c'est que le système recrée lui-même et sans cesse son opposition. S'il y a répression permanente, et si, loin de se résorber, l'appareil répressif s'autonomise au contraire, c'est que le régime s'installe dans le déséquilibre, c'est que des forces productives sont étouffées par les formes de production. Si les détenus de droit commun sont, pour le régime, des hommes plus sûrs que les détenus politiques, c'est qu'il s'accommode mieux du « prolétariat de la canaille » que des « prolétaires conscients ».

Si l'on est sérieux, on n'a plus alors qu'à regarder en face cette crise permanente du régime russe : tient-elle au principe même de la production collective, ou bien à la propriété d'État et au type de planification pratiqué en Russie ? Vient-elle de la structure politique de l'U.R.S.S., et, dans cette hypothèse, ne concerne-t-elle que la phase stalinienne, ou bien était-elle préformée dans l'organisation bolchevique du Parti, et, si on le croit, quelle autre formation politique peut-on concevoir, quelles garanties inventer contre cette décadence ?

105/ M. MERLEAU-PONTY et J.-P. SARTRE, dans *Les Temps modernes*, janvier 1950.

Une telle dégradation ne leur fait cependant pas perdre tout espoir en d'autres formes possibles.

Oui, la question est toujours plus impérieuse : comment Octobre 1917 a-t-il pu aboutir à la société cruellement hiérarchisée dont les traits peu à peu se précisent sous nos yeux ? Dans Lénine, dans Trotsky, et à plus forte raison dans Marx, pas un mot qui ne soit sain, qui ne parle aujourd'hui encore aux hommes de tous les pays, qui ne nous serve à comprendre ce qui se passe chez nous. Et, après tant de lucidité, de sacrifice,

> d'intelligence — les dix millions de déportés soviétiques, la bêtise de la censure, la panique des justifications...
>
> 106/ M. MERLEAU-PONTY et J.-P. SARTRE, *ibid.*

L'éditorial évoque alors la formule de Lénine : « Le communisme suppose l'électrification des campagnes et les soviets » ; les auteurs commentent : « Le progrès technique cacherait les hommes... et ils n'entendent plus que le premier terme... Or, pour Marx, l'infrastructure ce sont les forces productives, en d'autres termes, non pas l'outillage seulement et les richesses produites, mais les hommes au travail, des hommes encore. [...] Mais tout cela est si loin. [...] Voilà sans doute comment les meilleurs des communistes sont sans oreilles pour dix millions de détenus. »

C'est qu'un communiste n'est pas un fasciste !

Ses illusions ont un sens et répondent à des valeurs de justice et de liberté auxquelles il se donne dans sa vie quotidienne :

> Quand l'un de nous parle à un communiste martiniquais des affaires de la Martinique, il se trouve sans cesse d'accord avec lui.
>
> [...]
>
> Jamais nazi ne s'est encombré d'idées telles que : reconnaissance de l'homme par l'homme, internationalisme, société sans classes. Il est vrai que ces idées ne trouvent dans le communisme d'aujourd'hui qu'un porteur infidèle, et qu'elles lui servent de décor plutôt que de moteur. Toujours est-il qu'elles y restent. Voilà ce qu'on enseigne à un jeune communiste russe ou français. Au lieu de quoi, la propagande nazie enseignait à

> ses auditeurs l'orgueil du peuple allemand, l'orgueil des aryens et le Fuhrerprinzip.
>
> *Cela signifie que nous n'avons rien de commun avec un nazi et que nous avons les mêmes valeurs qu'un communiste.* Un communiste, dira-t-on, n'a pas de valeurs. Il n'a que des fidélités. Nous répondons qu'il fait bien ce qu'il peut pour y parvenir, mais que, grâce à Dieu, personne ne peut vivre sans respirer. Il a des valeurs malgré lui. Nous pouvons penser qu'il les compromet en les incarnant dans le communisme d'aujourd'hui. Encore est-il qu'elles sont nôtres, et qu'au contraire nous n'avons rien de commun avec bon nombre d'adversaires du communisme.
>
> [...] *La décadence du communisme russe ne fait pas que la lutte des classes soit un mythe.* [...] D'où nous ne concluons pas qu'il faut montrer de l'indulgence au communisme, mais qu'*on ne peut en aucun cas pactiser avec ses adversaires.* La seule critique saine est donc celle qui vise, dans l'U.R.S.S., et hors de l'U.R.S.S., l'exploitation et l'oppression, et toute politique qui se définit contre la Russie et localise sur elle la critique est une absolution donnée au monde capitaliste.
>
> 107/ M. MERLEAU-PONTY et J.-P. SARTRE, *ibid.*

Au contraire, « si l'on fait de l'U.R.S.S. « l'ennemi public numéro un »..., la critique sociale doit se taire jusqu'à la disparition du système soviétique, et quand, enfin, les camps s'ouvriront en Sibérie, nous aurons ici une génération sans formation politique, hallucinée par le patriotisme occidental et par des années de propagande anticommuniste » (*idem*). Sartre et Merleau-Ponty, condamnant les camps en U.R.S.S., ne veulent pas renoncer à discuter le monde non soviétique.

Cette position est intenable. C'est pourquoi, de leur part, l'analyse est sans lendemains : l'un se taira, l'autre luttera contre les autres types d'oppression.

Les raisons sont aussi idéologiques : la condamnation de l'U.R.S.S. ne saurait, pour Sartre, être celle du socialisme. Il va chercher ailleurs (à Cuba, par exemple) si on ne peut pas faire mieux la prochaine fois, avant de se décider à voir que le marxisme lui-même, philosophie du pouvoir, produit ces systèmes ; avant d'évaluer d'autre part, autrement qu'il ne le fait en 1950, le rôle de ces illusions, plus pernicieuses que positives, selon le double langage de la *Chose totalitaire*.

De cette évaluation dépend notre réaction et nos résistances à voir le cynisme du socialisme.

> Pareilles évidences, inutile d'être philosophe pour les avoir en tête ; nombre d'enfants de notre pays, intellectuels ou non, les ont méditées pour leur propre compte. Il leur a suffi de contrôler un minimum d'informations. Étonnant, par contre : ces vérités, l'érudition politique eut tôt fait de les « oublier ». Critiquée, corrigée, glorifiée ou rejetée, l'U.R.S.S. n'en passe pas moins pour un État révolutionnaire, ouvrier, socialiste, dans la plupart dcs discussions qui ont dominé ce dernier quart de siècle. Ceux qui réclament un « socialisme à visage humain » ne mettent pas en doute qu'un visage inhumain — ô combien ! — puisse demeurer socialiste, chair de leur chair... Et dans un tout autre sens : sang de leur sang. Cette complicité intellectuelle est quasi générale ; les autoproclamations des gens en place à Moscou sont prises au sérieux non par le seul crétinisme de

gauche, mais également par une droite moins crétine, quoique tout aussi bornée, qui ne perd pas l'occasion d'affirmer l'étroite parenté qui unirait Moscou, la révolution, le prolétariat et le socialisme. Tiens donc !

108/ A. GLUCKSMANN, *La Cuisinière et le Mangeur d'hommes*, Le Seuil, p. 36.

Il oppose ensuite deux interprétations de ces valeurs illusoires : les valeurs dont fait état l'éditorial des *Temps modernes* sont-elles une excuse ou aggravent-elles les choses ?

Lorsque Beria fait clouer à l'entrée des camps l'inscription fameuse : « Le travail est affaire d'honneur, affaire de gloire, affaire de courage et d'héroïsme », il s'agit — première évidence — du « comble de la tartufferie et de la ruse ». Chalamov parle de « cynisme ». Merleau-Ponty, comme lui, souligne ici la différence entre camp nazi et camp russe : « En regardant vers l'origine du système concentrationnaire, nous mesurons l'illusion des communistes d'aujourd'hui. Mais c'est aussi cette illusion qui interdit de confondre le communisme et le fascisme *(Les Temps modernes).* » Partant de prémisses semblables, le raisonnement chemine cependant vers deux conclusions diamétralement opposées. Pour Chalamov, « Beria, qui imitait Hitler, dépassait son modèle en cynisme ». Pour *Les Temps modernes*, la tartufferie du « communisme » russe le protège d'un nazisme moins rusé. Le cynisme le sauve, « il a ses valeurs (révolutionnaires et humanistes) malgré lui ». Le texte des *Temps modernes* ne parvient pas à trancher nettement entre ces conclusions contradictoires, il sera rapidement oublié. Avec sa rare lucidité.

Ou bien nous en restons aux premières évidences : russe ou nazi, un camp est un camp. Dans ce cas, le marxisme du dirigeant russe offre un supplément de cynisme ou de tartufferie. Et du coup tombent nos autres évidences. Est-ce au nom des « mêmes valeurs » que le paysan chinois se libère, que l'ouvrier français espère la révolution et qu'on enferme l'ouvrier et le paysan russes ? Les antifascistes qui refusent les camps ont-ils les mêmes valeurs, quoi qu'il y paraisse, que les communistes qui les approuvent ? Et ces valeurs mêmes, affichées aux portes des camps, ne deviennent-elles pas intrinsèquement douteuses ?

109/ A. GLUCKSMANN, *ibid.*, p. 37.

Sartre accepte difficilement une remise en cause fondamentale du marxisme et du socialisme même s'il prend clairement parti contre chaque intervention en Europe centrale.

Lorsque, en 1957, il introduit par ce texte, « Le fantôme de Staline » *(Situations, VII)* le numéro spécial que *Les Temps modernes* consacrent aux événements de Hongrie en donnant la parole aux réfugiés, c'est encore au nom du socialisme qu'il condamne l'entrée des chars russes à Budapest : le titre dit bien l'espoir qu'il a à interpréter ce massacre comme une survivance du stalinisme. Il parle cependant déjà de la « chose totalitaire », espère que les documents « aideront à la déstalinisation du parti français » avec lequel il rompt tout en maintenant des liens avec l'U.R.S.S.

C'est seulement dans « Le socialisme qui venait du froid », préface au livre d'Antonin Liehm : *Trois générations* (1969), après l'invasion de la Tchécoslovaquie, en 1968, qu'il montre la perversion due à ces valeurs qui masquent, donc aggravent la réalité oppressive.

S Certes, le système bureaucratique avait engendré depuis longtemps sa propre idéologie. Mais celle-ci n'était jamais explicite ; partout présente dans les actes, on ne faisait que la deviner au détour d'une phrase, forme fugace, dans les discours officiels : on la masquait par l'autre, par l'idéologie proclamée *ad usum populi*, un vague humanisme marxien : c'est ce qui perdit les jeunes Slovaques et les jeunes Tchèques. En 45, ils tombèrent dans le panneau, galvanisés par des mots. [...] C'est par cette raison que Kundera, sans prétendre comparer la société allemande à la société soviétique, déclare que l'hitlérisme était, sur un point, beaucoup moins dangereux que ce qu'il appelle le stalinisme. Avec le premier, du moins, on savait à quoi s'en tenir : il parlait haut et clair ; rarement la vision manichéiste du monde a été plus justifiée. Mais le « stalinisme », c'était bien autre chose, on s'y perdait : il y avait en lui deux axes de référence, deux visions du monde, deux idéologies, deux raisons, l'une dialectique, l'autre mécaniste ; on vous répétait cette formule agaçante de Gorki : « L'homme, ça sonne fier ! » pendant que des fonctionnaires décidaient d'envoyer des hommes — faibles et peccamineux par nature — en détention administrative. Comment s'y reconnaître ? L'idée socialiste semblait devenue folle. Il n'en était rien mais les servants de la Chose, sans aucun cynisme, croyons-le bien, exigeaient de leurs concitoyens et d'eux-mêmes qu'ils acceptent le système au nom de l'humanisme socialiste ; ils présentaient — de bonne foi, peut-être — l'homme de l'avenir comme le terme ultime d'une entreprise audacieuse et sublime au nom de laquelle son ancêtre, l'homme du présent, était sommé de se laisser traiter et de se traiter lui-même comme une chose et comme un coupable.

110/ *Situations, IX*, « Le socialisme qui venait du froid », 1972, pp. 244-245. (Préface à *Trois générations*, Antonin Liehm, 1970.)

Nous reviendrons à plusieurs reprises sur ce texte fondamental. Reste cependant l'espoir dans un socialisme... puisque cette préface s'achève ainsi : « comment s'unir, liquider les vieilles structures ossifiées, dans quel sens produire les nouvelles pour éviter à la révolution prochaine d'accoucher de ce *socialisme-là* ? »

Il lui faudra encore perdre cette illusion, substituer au socialisme, un « projet démocratique », revenir à la recherche en morale en dissociant pouvoir et liberté pour abandonner toute attente : les entretiens de 1980 dans *Le Nouvel Observateur* évoquent cette dernière étape en ce long apprentissage inachevé à se défaire de l'illusion révolutionnaire et à agir en se dépouillant de toute idéologie : Kouchner nous a dit sa sensibilité aux détresses des Biafrais, même s'ils s'étaient « trompés de camp »... Son intervention pour le petit peuple vietnamien, aux côtés de Raymond Aron, d'Yves Montand, de Simone Signoret, d'André Glucksmann, de Michel Foucault... et de l'équipe de « Médecins du Monde », pour sauver ces gens fuyant le Vietnam au prix de leurs vies en est le plus bel exemple, dans la mesure où Sartre et tant d'autres s'étaient battus pour soutenir ce peuple contre les guerres successives française et américaine en croyant à sa libération. Or voilà que les gens fuient massivement le nouveau régime : repêchons-les s'ils se noient... on verra après qui avait raison.

L'éditorial des *Temps modernes* de 1950 évoque la nécessité de former, tous azimuts, les « îlots de liberté »... Cette formule est complétée par ce que dit Sartre dans les derniers entretiens, parlant d'« îlots de fraternité »... ici ou là pour lutter contre les oppressions d'où qu'elles viennent[1] !

Les espoirs libertaires de Mai 68

Avec Mai 68, tous les espoirs sont permis !

Sartre n'y est pas « maître à penser », mais il y trouve sa place et se met dans le coup : c'est lui qui interroge Cohn-Bendit pour *Le Nouvel Observateur* et non l'inverse puisque c'est Cohn-Bendit qui est sur le terrain. Il aime la dimension ludique des luttes (même si les militants se prennent au sérieux) malgré la répression ; il aime la dimension morale de cette explosion où la liberté jaillit sans souci de pouvoir.

S — *Qu'est-ce qui fait pour vous l'originalité profonde de Mai 68 ?*

— Selon moi, le mouvement de Mai est le premier mouvement social d'envergure qui ait réalisé, momentanément, quelque chose de voisin de la liberté et qui, à partir de là, ait essayé de concevoir ce que c'est que la liberté en acte. Et ce mouvement a donné des gens — dont je suis — qui ont décidé qu'il fallait maintenant essayer de décrire positivement ce qu'est la liberté lors-

1. Voir tome II, 5e partie, « Une morale en suspens. »

> qu'elle est conçue comme but politique. Car, en définitive, que demandaient ceux qui ont fait Mai 68 sur les barricades ? Rien, du moins rien de précis que le pouvoir aurait pu leur céder. C'est-à-dire qu'ils demandaient tout : la liberté. Ils ne demandaient pas le pouvoir et ils n'ont pas cherché à le prendre car, pour eux, pour nous aujourd'hui, c'est la structure sociale même permettant l'exercice du pouvoir qu'il s'agit de supprimer. C'est ce que je voudrais montrer dans un livre que j'essaierai bientôt d'écrire et qui s'appellera *Pouvoir et Liberté.*
>
> 111/ *Situations, X*, « Autoportrait à soixante-dix ans », 1976, p. 184.

Sartre aime les années d'après 68 où, malgré la croyance dans la révolution — qu'il partage d'ailleurs — selon de vieux schémas, naissent, au présent, tant d'idées et de sensibilités nouvelles. Il aime les rapports avec des jeunes qui le prennent pour un des leurs comme ses camarades de jeu, place du Panthéon.

Il se sent à l'aise dans les groupes gauchistes, parce que ce sont des groupes, non des institutions, qu'il croit spontanés, non hiérarchisés et dont il aime la moralité devant l'injustice. Il y plonge entièrement sans en être le chef[1]...

Il cst dc toutcs lcs batailles : cellcs-ci nc sc limitent pas à l'exploitation, mais dévoilent toutes les formes d'oppression, comme Sartre le souhaitait déjà dans *Matérialisme et Révolution.* Il prend la direction du journal *La Cause du peuple*, dont les deux directeurs sont en prison, et joue de son prestige, avec risque,

1. Voir tome II, 4e partie, « Une épopée des temps modernes », « Apocalypse oui ! ».

pour que le journal paraisse et soit diffusé malgré les saisies.

Au Secours Rouge que je crée avec lui, Tillon, Fontaine, Halbwachs, July, Vercors, B. Lambert, le père Cardonnel, etc., Sartre mène la lutte contre la répression et l'oppression tous azimuts : aucun crime raciste (à la Goutte d'Or ou à Ivry) ne reste sans riposte massive où les intellectuels sont présents, avec des milliers de gens, l'exploitation des plus opprimés est dévoilée, reconnue, ce qui permet aux émigrés de prendre leurs luttes en main, malgré la bureaucratie syndicale...

Au « procès populaire », symbolique, à Lens, après une enquête menée collectivement, Sartre accuse la direction des Houillères et ses subordonnés d'avoir causé la mort de seize mineurs dans l'accident de Fouquières-les-Mines, en privilégiant le rendement à tout prix, c'est-à-dire au prix des vies : pour être symbolique, cette intervention n'en a pas moins eu des effets réels, puisqu'elle fit jurisprudence pour les accidents de travail. De même, l'image du tonneau sur lequel Sartre parle aux ouvriers à Billancourt ne doit pas faire oublier la réalité : la montée de violence qui aboutit plus tard à l'assassinat de Pierre Overney, par un vigile de Renault, aurait pu tourner au terrorisme à l'italienne ou à l'allemande si l'intervention d'intellectuels démocrates, Sartre en tête, n'avait empêché l'isolement des groupes militants. Où l'on retrouve l'effet réel d'actes symboliques.

On écoute aussi les autres, ceux qui sont voués au silence et jusqu'ici muets puisqu'on leur ôtait la parole : les femmes, les homosexuels... Sartre rencontre Foucault, Deleuze, Clavel, C. Mauriac, Glucksmann et tant d'autres lors des révoltes des détenus qui peuvent enfin, grâce au *Groupe d'information sur les prisons* (G.I.P.) fondé par Michel Foucault, faire connaître les conditions de détention : là encore, le rôle des intellectuels n'est pas de parler en leur nom, mais permet aux détenus de s'exprimer publiquement.

Bref, toutes ces marges que Sartre a comprises, écoutées, aidées depuis longtemps conquièrent leur autonomie et c'est dans la rue, contre la répression, que se rejoignent des philosophes d'horizons théoriques divers, dont la pensée ne se sépare pas du courage de la subversion. Leur présence est constante à chaque injustice dans des luttes affirmatives qui ouvrent le champ des possibles : bien des libertés actuelles que nous prenons pour acquises ont été découvertes, dévoilées et conquises dans ces années d'après Mai où tout semblait possible, et où les idées lancées se déplaçaient dans les usines (Lip) et dans les champs (Larzac).

Enfin Sartre, toujours soucieux de la liberté de parole, toujours désireux d'exprimer et de dévoiler l'actualité, fonde, avec Serge July, *Libération* et mène, déjà malade, la campagne de lancement.

Le stoïcisme discret de Sartre

Pendant ce temps-là, il poursuit l'œuvre à laquelle il a pensé depuis plus de trente ans : le « roman vrai » sur Flaubert ; *L'Idiot de la famille* est à la fois un tête-à-tête avec un créateur dont il se sent proche et dont il refuse toute la conception du monde ; c'est la gageure de rendre compte, par empathie, d'un individu singulier, donc inépuisable, dans sa constitution et sa personnalisation ; c'est, enfin, à travers ce projet d'ensemble, l'occasion, pour Sartre, d'exprimer de façon renouvelée, tout ce qui lui a tenu à cœur et à pensée. *L'Idiot de la famille* est une œuvre à mille dimensions[1].

Elle est inachevée puisqu'il devient aveugle, ne peut plus écrire, se relire et dominer cette écriture à laquelle il donne tant de prix, même s'il n'en fait pas une fin.

C'est pourquoi, en 1974, dans son « Autoportrait à soixante-dix ans », il précise que, pour cette raison, il a *décidé* que son œuvre s'arrêtait là.

Cette décision, cette discrétion, n'excluent pas l'acuité du drame :

> Cette aisance, cette chaleur que même aveugle et à demi paralysé il montrait envers une femme était révélatrice. « Vous savez, quand il m'est arrivé cette cécité et que j'ai compris que je ne pourrais plus écrire (j'écrivais alors dix heures par jour depuis cinquante ans, et c'étaient les meilleurs moments de ma vie), quand j'ai compris que c'était fini pour moi, j'ai été très frappé et j'ai même pensé à me tuer. »
>
> Et comme je ne disais rien et qu'il me sentait terrifiée à l'idée de son martyre, il ajouta : « Et puis je n'ai même pas essayé. Voyez-vous, j'ai toute ma vie été si heureux, j'ai été, j'étais jusque-là un homme, un personnage tellement fait pour le bonheur ; je n'allais pas changer de rôle tout à coup. J'ai continué à être heureux, par habitude. » Et moi, quand il disait ça, j'entendais aussi ce qu'il ne disait pas : pour ne pas détruire, ne pas désoler les miens, les miennes. Et surtout ces femmes qui lui téléphonaient à minuit parfois

1. Voir tome II, 5e partie, « Création et morale » où l'on trouvera l'analyse de *L'Idiot de la famille*.

quand nous rentrions de nos dîners, ou dans l'après-midi quand nous prenions le thé et que l'on sentait si exigeantes, si possessives, si dépendantes de cet homme infirme, aveugle, et dépossédé de son métier d'écrire. Ces femmes qui, par leur démesure même, lui restituaient la vie, sa vie de jusqu'alors, sa vie d'homme à femmes, coureur, menteur, compatissant ou comédien.

112/ F. SAGAN, *Avec mon meilleur souvenir,* « Lettre d'amour à Jean-Paul Sartre », Gallimard, 1983, p. 191.

Cette difficulté n'empêche pas ses interventions.

Sa présence devant l'ambassade soviétique pour protester contre l'assassinat de cinq Arméniens, afin de rappeler, du même coup, leur génocide oublié ou cette retrouvaille avec Raymond Aron (déjà évoquée) pour demander de l'aide au gouvernement et alerter l'opinion quand le petit peuple vietnamien se noie en mer de Chine. Jusqu'au dernier moment sa disponibilité, l'écoute des autres et son goût du bonheur l'emporteront sur ses difficultés personnelles. Jusqu'au dernier moment, dans des entretiens dont il ne faut pas sous-estimer l'importance, Sartre se met en question : L'Afghanistan ? La menace d'une guerre mondiale ? Un projet démocratique ? La nécessité de « changer les têtes » ? Le souci d'une morale dont « l'autre » serait constituant ? L'exigence de fraternité malgré la terreur, le rôle de la maternité... Autant de suspens et d'interrogations sur toute son œuvre et sa pensée qu'il livre à ses contemporains dans l'extrême urgence de la mort. Car le renoncement à écrire n'empêche pas sa pensée de bouger et de s'exprimer par dialogues. Il a fait le point dans les entretiens avec Simone de Beauvoir *(La Cérémonie des adieux)* ; il a inauguré une pensée plurielle : le « tu » en philosophie avec son secrétaire et ami, l'ancien chef mao Pierre Victor, redevenu Benny Lévy. Et je peux suivre l'évolution de sa pensée dans des entretiens que j'eus avec lui chaque mois : les discussions alternaient avec le rire et les anecdotes...

C'est vrai qu'il était gai : pour lui l'intensité des instants, son attention aux autres, sa capacité d'imaginer ce qu'il ne pouvait plus voir et se faisait raconter, sa façon bourrue de dire « je le verrai bien », sa pensée incessamment en écoute et en recherche étaient telles que sa mort, si prévisible pourtant, fut dans sa vie comme dans sa philosophie « venue d'ailleurs ».

L'intellectuel en question

J'ai indiqué que, pour Sartre, le point de vue des opprimés était celui qui comportait la plus grande part de vérité et que là était la raison qu'on avait de se placer à leurs côtés et de soutenir leurs luttes pour devenir libres. Dans les conférences données au Japon en septembre et octobre 1965, Sartre précise sa conception de l'intellectuel en son existence, sa fonction et son rôle.

L'intellectuel est formé comme « technicien du savoir pratique », issu des classes moyennes, imprégné de l'idéologie dominante de sorte que, sans en avoir conscience, la science qu'il possède et qu'il utilise se mue en idéologie : ce glissement s'opère toujours. Alors apparaît l'intellectuel, conscient de cette déchirure : « Le technicien du savoir accepte l'idéologie dominante ou s'en arrange... Il se démet de son pouvoir contestataire... On dit dans ce cas avec satisfaction que ce n'est pas un intellectuel. » Celui-ci met en question l'idéologie qui l'a formé, devient un

« monstre » c'est-à-dire « un intellectuel *qui s'occupe de ce qui le regarde* (en extériorité : principes qui guident sa vie, et intériorité : sa place vécue dans la société) et dont les autres disent qu'*il s'occupe de ce qui ne le regarde pas ».* Tout technicien du savoir pratique est un intellectuel en puissance, mais ne le devient réellement que si les circonstances provoquent cette interrogation personnelle : un médecin peut devenir intellectuel s'il conteste sa propre pratique, oriente son utilisation et témoigne des maux cachés qu'il soigne. Les thèses de « Médecins du monde » sont — de fait — une illustration de ce texte sur les intellectuels[1].

Sa déchirure ne vient pas d'une conscience malheureuse qui ferait son mérite mais de ce qu'il appartient à une société déchirée. L'accord est l'exception comme pour les philosophes du XVIIIe siècle (pris déjà comme exemples dans *Qu'est-ce que la littérature ?*). « En ce sens aucune société ne peut se plaindre de ses intellectuels sans s'accuser elle-même car elle n'a que ceux qu'elle fait » (*Situations, IX*, p. 400).

Pourtant, l'intellectuel n'est mandaté par personne : aussi est-il seul, même s'il sait, en même temps, qu'il ne peut se libérer qu'avec les autres, c'est-à-dire avec les plus défavorisés. Il n'est pas de ceux-ci mais « à leurs côtés », dans un double rapport de confiance et de méfiance, dans un double rapport de singularité irréductible et d'universalité à faire et à chercher sans jamais la trouver : c'est cet écartèlement vécu que Sartre appelle ici « l'universel-singulier ». Puisqu'il est « à côté », il n'est pas à l'origine et prend l'action en marche, partant de l'événement pour en faire émerger de la généralité :

1. Voir tome II, 3e partie, « Une éthique de l'engagement ».

S J'appelle événement un fait porteur d'une idée, c'est-à-dire un universel-singulier car il limite l'idée portée, dans son universalité, par sa singularité de fait daté et localisé qui a eu lieu à un certain moment d'une histoire nationale et qui la résume et la totalise dans la mesure où il en est le produit totalisé.

113/ *Situations, VIII*, « Les Intellectuels », p. 406. (Conférences au Japon, 1965.)

Cet intellectuel n'a pas pire ennemi que « le faux intellectuel », fonctionnaire de l'« universel » qui ne commence pas par enquêter sur lui et se place d'emblée, en survol, dans une pseudo-universalité rassurante (celle des « Droits de l'Homme », dit-il). Ainsi en est-il de celui qui veut la paix, en général, sans partir de l'événement.

Son rôle suppose au contraire une autocritique perpétuelle qui fait de lui « un homme de trop ». Ce qui, en langage sartrien, veut dire un existant par excellence (rappelez-vous *La Nausée* !) et le type même de la contingence... : « c'est en tant que conscience déchirée, impossible à recoudre, que le spécialiste de l'universel servira le mouvement de l'universalisation populaire » : ni tout à fait dedans, ni indifférent... Aussi aura-t-il tendance à radicaliser l'action qu'il soutient et à se méfier de tout pouvoir. Encore sont-ce là des contradictions qu'il est seul à pouvoir résoudre dans un tâtonnement incessant, suffisamment lucide pour sortir d'un parti s'il y est entré ou pour critiquer la gestion d'une « gauche respectueuse qui fait la politique de la droite »...

Personne n'est parfait... et surtout pas cet intellectuel qui n'est plus « l'intellectuel classique » que Sartre conteste ici, trois ans avant Mai 68, sans être cependant le militant modèle renonçant à son « intérêt idéologique », c'est-à-dire à une création qui n'est pas directement liée au sort des opprimés : *L'Idiot de la famille* tient au cœur de Sartre si impératives que soient les urgences sociales !

Cependant, quelles que soient les concessions et les résistances de Sartre à Pierre Victor (ou dans l'interview de *L'Idiot international*) concernant l'intellectuel classique ou nouveau, on peut, avec Blanchot, « produire quelques remarques ». J'achèverai l'analyse par la première remarque : échapper à l'universalité abstraite en partant de l'événement, en exprimant alors l'événement majeur, celui que formule Adorno en cette maxime que reprend Blanchot : « pense et agis de telle manière qu'Auschwitz ne se répète jamais » ; je veux clore sa conduite « du côté des opprimés » en montrant combien l'holocauste en fut la source.

Restent les deux autres difficultés.

« Les intellectuels, attachés en général à l'exigence de liberté, n'ont pas pris garde que le bien (la libération des peuples) allait s'altérer d'une manière grave s'ils demandaient ou seulement acceptaient que le mal (la guerre) hâte ou assure sa venue. » Cela ne date pas d'aujourd'hui, ajoute Blanchot qui, citant Robespierre, évoque la Terreur : « C'est ce problème de la guerre et de ses rapports avec la libération sociale que les intellectuels n'ont peut-être jamais réussi à élucider. » Or Sartre, nous l'avons vu, non seulement accepte la violence mais montre sa nécessité et sa fonction salvatrice : c'est que la radicalisation ne consiste pas seulement à partir du pire mais à supposer que, selon la formule de Ponge, « l'homme est l'avenir de l'homme » et que les plus défavorisés seront les hommes les plus nobles. Ceux qui ne sont rien seront tout ! suppose-t-il trop souvent... comme s'il fallait un *happy end* et comme si l'oppression rendait vertueux.

Cet « optimisme impénitent » qu'il avoue parfois l'amène à croire que « ceux qui subissent les plus grands dommages émanciperont l'humanité » (Marx). Raisonnement pseudo-dialectique qui, d'ailleurs, ne brise pas le lien libération-prise de pouvoir.

> La troisième difficulté à laquelle l'intellectuel ne peut se soustraire n'a pas changé depuis l'affaire Dreyfus, même si alors la justice de la cause permettait de ne pas s'y attarder : c'est que l'écrivain, l'artiste, le savant détournent l'influence qu'ils ont acquise, l'autorité qu'ils doivent à leur activité propre pour les faire servir à des choix politiques, à des options morales. Ce fut le cas de Zola. Ce fut le cas de Sartre. Ce fut plus récemment, le cas d'un artiste réputé. [...] Ce fut constamment l'embarras de Sartre. Prématurément célèbre, et quelle que fût sa modestie naturelle, il se sentit investi d'une responsabilité qui l'obligeait à prendre parti bien au-delà de ce qu'il était en droit d'affirmer, parlant et écrivant en accord avec ses rêves ou ses espoirs, jusqu'au moment où l'évidence le contraignit à les démentir. Alors, il se retourna contre son statut d'écrivain qui lui avait donné tant d'importance et apporté une gloire qu'il avait voulu mettre au service des autres : il ne serait plus un écrivain, il ne serait plus un intellectuel classique, mais un « nouvel intellectuel » (avec des obligations généreuses mais confuses), auquel il ne put cependant interdire tout à fait d'écrire, jusqu'au jour où l'épreuve de la cécité le rendit à un silence qu'il supporta vaillamment.
>
> Il n'y a probablement pas de remède à cette difficulté. Mais celle-ci peut s'atténuer si l'intellec-

> tuel réussit à faire comprendre qu'il ne l'est que momentanément, et pour une cause déterminée, et que, pour soutenir cette cause, il n'est qu'un parmi d'autres, ayant l'espoir (celui-ci fût-il vain) de se perdre dans l'obscurité de tous et de rejoindre un anonymat qui est même, en tant qu'écrivain ou artiste, son aspiration profonde et toujours démentie.
>
> 114/ M. BLANCHOT, « Les intellectuels en question », dans *Le Débat*, novembre 1984, pp. 27-28.

Elle peut aussi s'atténuer si l'on se méfie du rôle traditionnel de l'intellectuel « un peu conscience de tous » et si l'on tente de déjouer le piège en formant un groupe afin de n'être pas pris comme otage prestigieux : ce fut ce que tenta Foucault en créant le G.I.P. (Groupe d'Information sur les Prisons[1]).

Mais ces conduites sont postérieures à Mai 68 que Blanchot évoque avec nostalgie.

> Bien sûr, cela fut une exception, elle ne fournit aucune solution, même si elle donne une idée de ce que peut être un bouleversement qui n'a pas besoin de réussir, ou de parvenir à une fin déterminée, puisque, durant ou ne durant pas, il se suffit à lui-même et puisque l'échec qui finalement le sanctionne ne le concerne pas.
>
> 115/ M. BLANCHOT, *ibid.*, p. 28.

Nous avons vu que Sartre s'y trouvait comme un poisson dans l'eau parce qu'il espérait être enfin « n'importe qui » parmi « les hommes réunis ».

1. Voir tome II, 4e partie, « Des individus et des groupes ».

Sartre et la question juive

Reprenons la première remarque de M. Blanchot car elle est, depuis la Libération jusqu'aux derniers entretiens, un souci constant de Sartre : sa pensée et sa conduite sont fondées sur la guerre et sur le génocide des Juifs.

D'où le soutien à Israël, par nécessité d'un État refuge devant l'antisémitisme mondial et incessant. Ce soutien critique, il le maintient malgré ses amis de gauche, malgré les révolutionnaires, souvent propalestiniens ; il le maintient sans illusion sur ce que représente l'*État* d'Israël et tout en sachant, en faisant connaître la légitimité des revendications du peuple palestinien vivant sur ce territoire dont il est chassé. Aussi cherche-t-il constamment une entente impossible globalement mais possible et précaire entre individus préférant la fraternité à la terreur : l'avant-propos au numéro 253bis des *Temps modernes* de juin 1967 exprime ce souci avant de faire témoigner les uns et les autres. La réunion tenue chez Michel Foucault en 1978 tentait encore un dialogue entre ceux qui cherchaient à établir ici et maintenant des « îlots de fraternité ». Il n'y a pas là-bas de bon et de mauvais camp mais un monde à feu et à sang où la terreur l'emporte sur la fraternité.

Et pourtant la fraternité...

Elle commence, dès l'après-guerre, par « la reconnaissance », c'est-à-dire par la publication explosive du portrait d'un antisémite, repris et développé dans les *Réflexions sur la question juive* (1945, 1946). On oublie, trente ans après, quand l'identité juive retrouve sa mémoire, son Histoire, dans une histoire où Israël donne fondation et recours et où, après coup, les nouvelles générations vivent l'horreur d'un massacre subi ou commis par leurs pères, ce que fut le choc de ce texte à l'époque.

Dans *Le Juif imaginaire*, Alain Finkelkraut raconte comment, grâce à Sartre, il put se sentir libre, et, dans une enfance en paix, donner à ce statut une dimension affirmative. Et si, dans *La Nouvelle Question juive*, Trigano proteste contre l'importance accordée par Sartre au juif inauthentique sous le regard de l'autre et la méconnaissance d'une authenticité qui fait du Juif l'Autre de l'autre, si Benny Lévy lui reproche d'avoir écrit ce texte sans documentation c'est qu'ils oublient qu'il fut « une émeute, une famine » à l'époque.

Écoutons Claude Lanzmann qui l'a vécue et témoigne près de quarante ans après :

> Le voyage de François Mitterrand à Jérusalem a été pour moi un *acte libérateur* de la même nature et de la même importance que la parution en 1945 des *Réflexions sur la question juive* de Sartre. La question précisément qui se posait alors à nous, juifs de France rescapés du grand massacre — et quels qu'aient pu être les avatars ou les aberrations de nos destins individuels qui nous permirent d'échapper physiquement à la destruction — était celle-ci : comment continuer à vivre en ce pays parmi ces hommes et ces femmes, nos compatriotes, dont nous savions qu'ils avaient au moins accepté, dans leur majorité immense, que pendant quatre années nous fussions devenus « autres », exclus de cette communauté nationale à laquelle — sans que rien se soit vraiment passé dans les profondeurs — on nous réintégrait soudain. Il est clair que je ne parle ici ni de ceux qui nous traquèrent ni des justes qui nous aidèrent — aurions-nous sans eux survécu ? —

mais de la grande masse des indifférents qui s'était accommodée de notre bannissement, de notre exil intérieur ou de notre disparition. J'avais vingt ans, je sortais de la Résistance et de la guerre et je me souviens qu'en dépit de cette « praxis » la même question torturante me hantait, que je formulais ainsi : « Comment *leur* sourire, comment retrouver *ma* confiance en eux, comment *leur* parler, vivre, coexister avec eux à égalité ? » Car ne mentons pas, ne projetons pas sur ce passé épouvantable la fausse lumière d'aujourd'hui : presque tous nous avions vécu la persécution et notre condition juive dans la honte et la peur ; la honte et la peur n'avaient pas disparu magiquement avec la Libération. Des mois plus tard ma mère tremblait encore et devenait blanche quand elle entendait la sirène d'une voiture de police et je ne parvenais pas à la convaincre que les temps avaient changé, qu'elle ne risquait plus rien. La vérité est que nous n'étions plus français et pas vraiment juifs. Car cela aussi s'apprend. L'État d'Israël n'existait pas encore, je n'avais quant à moi jamais entendu parler du « Foyer national », nous étions des rescapés solitaires, atomisés, en proie à un délaissement formidable.

Sartre nous réconcilia tout à la fois avec la France et avec notre situation de juifs. La parution des *Réflexions sur la question juive*, ce petit livre didactique, éducatif au sens fort du mot, étonnamment timide en certaines de ses parties si on le relit aujourd'hui (cette timidité même permet de mesurer le chemin parcouru — quel chemin en effet !) fit plus que toutes les lois, toutes les réparations et toutes les victoires pour nous libérer de la peur, de la honte, pour nous permettre de nous sentir chez nous en France tout en nous restituant l'orgueil d'être juifs. Pendant quatre ans, la société française avait vécu sans les juifs, l'antisémitisme était doctrine d'État et ce poison — là aussi ne mentons pas — infectait encore jusqu'à la moëlle la France libérée. Le portrait impitoyable de l'antisémite brossé par le plus grand écrivain français — portrait qui ne sera jamais égalé — comme la description non moins féroce qu'il faisait du « démocrate » jacobin et abstrait furent pour nous un événement fondateur.

116/ C. LANZMANN, « La reconnaissance », dans *Les Temps modernes,* avril 1982, pp. 1709-1710.

Je reprendrai, en montrant l'importance que Sartre accorde aux différences, ce portrait du démocrate qui s'oppose à l'homogénéité abstraite de l'idée d'homme :

« Il n'y a pas tant de différence entre l'antisémite et le démocrate. Celui-là veut le détruire comme homme, pour ne laisser subsister en lui que le Juif, le paria, l'intouchable ; celui-ci veut le détruire comme juif pour ne conserver en lui que l'Homme, le sujet abstrait et universel des droits de l'homme et du citoyen... » « ... La solution du problème, interrogeait Sartre pour conclure, réside-t-elle dans l'extermination de tous les Israélites ou dans leur assimilation totale ? »

Lanzmann, l'auteur de *Shoah*, ajoute :

En ce qui me concerne, je sais que j'ai marché

dans les rues et respiré autrement après avoir lu les *Réflexions sur la question juive.* Même infestée d'antisémites, je pouvais vivre dans la France de Sartre : j'ai relevé la tête à partir de ce jour et ne l'ai plus baissée depuis. Mais Sartre nous avait aussi enseigné ceci qui est capital et pour quoi nous n'aurons jamais fini de payer notre dette envers lui : sans dire lesquels, sans se mêler de nos choix, il recommandait aux juifs d'inventer eux-mêmes librement les chemins de leur authenticité. Entre toutes nos allégeances — doubles, triples ou infinies —, entre la France et Israël — car la création de l'État fut le deuxième événement fondateur (et les plus acharnés des juifs antisionistes ne mesurent pas ce qu'ils doivent à l'existence d'Israël, dans la perception qu'ils ont d'eux-mêmes, dans leur relation au monde et jusque dans cette possibilité qu'ils ont d'être antisionistes précisément), Sartre nous a permis de naviguer à l'estime, sans honte, avec les moyens du bord, et surtout sans avoir à nous justifier.

117/ C. LANZMANN, *ibid.*, p. 1711.

Deuxième partie

Les aventures du sujet

Introduction : un sujet déroutant

L'analyse que propose ici Michel Foucault des différents courants de la pensée philosophique contemporaine convient à l'orientation que je donne à la pensée de Sartre en partant de la subjectivité.

> Sans méconnaître les clivages qui ont pu, pendant ces dernières années et depuis la fin de la guerre, opposer marxistes et non-marxistes, freudiens et non-freudiens, spécialistes d'une discipline et philosophes, universitaires et non-universitaires, théoriciens et politiques, il me semble bien qu'on pourrait retrouver une autre ligne de partage qui

traverse toutes ces oppositions. C'est celle qui sépare une philosophie de l'expérience, du sens, du sujet, et une philosophie du savoir, de la rationalité et du concept. D'un côté, une filiation qui est celle de Sartre et de Merleau-Ponty ; et puis une autre, qui est celle de Cavaillès, de Bachelard, de Koyré et de Canguilhem. Sans doute, ce clivage vient de loin et on pourrait en faire remonter la trace à travers le XIXe siècle : Bergson et Poincaré, Lachelier et Couturat, Maine de Biran et Comte. Et en tous cas, il était à ce point constitué au XXe siècle que c'est à travers lui que la phénoménologie a été reçue en France. Prononcées en 1929, modifiées, traduites et publiées peu après, les *Méditations cartésiennes* ont été très tôt l'enjeu de deux lectures possibles : l'une qui, dans la direction d'une philosophie du sujet, cherchait à radicaliser Husserl et ne devait pas tarder à rencontrer les questions de *Sein und Zeit* : c'est l'article de Sartre sur *La Transcendance de l'ego*, en 1935 ; l'autre qui remontera vers les problèmes fondateurs de la pensée de Husserl, ceux du formalisme et de l'intuitionnisme ; et ce sera, en 1938, les deux thèses de Cavailhes sur la *Méthode axiomatique* et sur *La Formation de la théorie des ensembles.* Quels qu'aient pu être, par la suite, les ramifications, les interférences, les rapprochements mêmes, ces deux formes de pensée ont constitué en France deux trames qui sont demeurées, pendant un temps au moins, assez profondément hétérogènes.

118/ M. FOUCAULT, dans *Revue de métaphysique et de morale*, numéro spécial Canguilhem, 1985, p. 4.

Suivons maintenant les aventures d'un sujet déroutant sans quoi disparaît la dimension éthique de la pensée, des actions, de la vie. Question actuelle : l'irréductibilité de l'individu qui vit, qui parle, qui travaille, réapparaît quand les structures collectives se distendent et s'effritent : alors l'initiative personnelle est sollicitée et on assiste à un retour du sujet en économie, en politique, en morale, en art, et même dans les sciences humaines qui l'avaient rejeté.

Encore faut-il préciser ce que l'on entend par « sujet ». La question « Qui suis-je ? » s'oppose d'abord à une tradition philosophique où le sujet qui pense, donc qui est, se trouve affirmé dans son identité préalable aux aléas de son parcours.

Sartre ne se démarque pas seulement du « cogito » classique (Descartes), mais rejette tout sujet fondateur (Kant et Husserl) et revendique l'éclatement du sujet et son appartenance au monde. Pas d'identité sous les différences que Descartes exprimait, dans l'évidence du « cogito » en en faisant une « chose pensante », une substance dont l'identité fondait les modalités.

Pas d'unité formelle d'un sujet transcendantal supposée nécessaire à tout contenu empirique.

Pas d'identification de la conscience à la connaissance ni de réduction du champ de conscience à la conscience réflexive.

C'est cette subversion où le sujet naît de la totalisation de multiples états et actes de conscience qui provoquera la première bataille à la suite du succès de *L'Être et le Néant*, et c'est cette subversion qu'il faudra rappeler lors de la critique du sujet par le structuralisme. En regard de cette belle symétrie de systèmes, Sartre n'apparaît pas comme « le dernier des métaphysiciens » (ce que dira P. Trottignon vingt ans après, *Arc*, 1966), mais comme un *dérangeur inclassable* dont la pensée issue de la phénoménologie y est en même temps rebelle. Sartre en retient essentiellement l'idée *d'intentionnalité* qui jette la conscience hors d'elle dans le monde ; elle permet d'éliminer le dualisme de l'être et de l'apparence : les apparitions ne renvoient à rien d'autre et sont des phénomènes auxquels nous donnons du sens ; mais, selon Sartre, ces découvertes rendent inutile tout recours au sujet transcendantal.

De même, si séduit soit-il par le « pathétique » de Heidegger, et par son souci de la réalité humaine dans *L'Être et le Temps*, si éveillé soit-il par *Qu'est-ce que la métaphysique ?*, Sartre n'est jamais un disciple, mais un novateur qui utilise des idées choc et use des philosophies comme de « boîtes à outils » pour sa propre pensée. Aussi suivra-t-il sa propre voie et, s'éloignant de Heidegger poursuivant l'interrogation sur l'Être, cherchera-t-il à cerner cette réalité humaine dans le monde.

Nous n'avons donc pas à nous poser la question d'une filiation à laquelle il ne prétend pas.

Voici ce qu'il dit, parlant de l'influence de Husserl, dans le film *Sartre* :

S Gorz — D'où vous est venue l'idée d'aller à Berlin pour étudier Husserl ?

Sartre — Parce qu'Aron m'avait facilité les choses. Il m'avait présenté la théorie de Husserl, en gros d'ailleurs. [...] Alors, j'étais là, à Berlin, et je lisais Husserl en prenant des notes. [...] Les *Ideen*, rien que les *Ideen*, vous savez, pour moi qui suis lent, une année ça a été suffisant pour lire les *Ideen* : *La Transcendance de l'ego*, je l'ai écrite en Allemagne quand j'étais à la Maison française, et je l'ai écrite en somme directement sous l'influence de Husserl ; encore que je sois contre Husserl là-dedans, mais parce que je n'ai jamais rien accepté sans contester, d'une certaine façon. C'est-à-dire que je ne suis pas intelligent, alors le résultat, c'est qu'il faut trop longtemps pour que je comprenne les choses, il faut que ce soit complètement à l'intérieur de moi et désossé. Il me faut plus de temps par exemple que pour le Castor. Le Castor va beaucoup plus vite. Mais moi, il faut longtemps. Quand ça y est, c'est toujours avec des contestations puisque ça a été démembré, désossé, etc. Et alors, comme ça j'étais absolument pour Husserl sur certains plans, c'est-à-dire sur le plan de la conscience intentionnelle, là il m'avait découvert quelque chose, ça a été le moment de la découverte...

119/ M. CONTAT et A. ASTRUC, film *Sartre*, Gallimard, 1977, p. 52.

Et voici ce qu'il dit à propos de Heidegger, dans les *Carnets* :

S Le « pathétique » de Heidegger, bien qu'incompréhensible au plus grand nombre, frappe avec ces mots de Mort, Destin, Néant, jetés çà et là. Mais surtout il venait *à point.* J'ai dit que je l'attendais obscurément, je souhaitais qu'on me procurât des outils pour comprendre l'Histoire et mon destin. Mais justement nous étions nombreux à avoir ces désirs. A les avoir *à ce moment-là.* C'est nous qui avons dicté ce choix.

En d'autres termes, c'est mon époque, ma situation et ma liberté qui ont décidé de ma rencontre avec Heidegger. [...] Car la philosophie de Heidegger, c'est une assomption libre de son époque. Et son époque c'était précisément une époque tragique d'« Untergang » et de désespoir pour l'Allemagne. C'était l'après-guerre, l'époque où pour une foule de gens qui avaient trouvé jusque-là tout à fait *naturel* d'être Allemands, la misère et la guerre faisaient apparaître l'Allemagne comme une réalité contingente avec un destin. Comme l'écrivait Rauschning dans un passage que j'ai cité : « C'est là que se révéla... le caractère unique et la solitude de cette nation, sa mission et sa damnation. » Et l'attitude de Heidegger est évidemment un dépassement libre vers la philosophie de ce profil pathétique de l'Histoire. Je ne veux pas prétendre que les circonstances soient les mêmes pour nous en ce moment. Mais il est vrai qu'il y a un rapport de convenance historique entre notre situation et la sienne. Et l'une et l'autre sont le développement de la guerre de 14, elles se tiennent. Ainsi puis-je retrouver cette assomption de son destin d'Allemand dans l'Allemagne misérable d'après-guerre pour m'aider à assumer mon destin de Français dans la France de 40.

120/ *Les Carnets de la drôle de guerre* (novembre 1939-mars 1940), Gallimard, 1983, pp. 229-230.

Hélène Védrine, après avoir évoqué l'ampleur des réminiscences heideggeriennes dans *L'Être et le Néant*, indique qu'elles s'opèrent toujours sur un fond critique. Sartre se donne libre cours lorsqu'il est sur son propre terrain : la question du néant est, selon lui, mal posée dans le « Dasein », celle d'autrui, insuffisante dans le « Mitsein », et il s'en écarte sans même y penser dans l'échappée de liberté :

Le couple indissoluble de l'Être et du Néant ne vit qu'une seule aventure : l'appréhension de la liberté dans la facticité. La responsabilité du Pour Soi est accablante, dit Sartre quelque part et ce serait une belle formule pour résumer sa pensée.

> Jamais la destruction de l'onto-théologie ne semble l'intéresser. Il abandonne à son triste sort la philosophie classique et rien n'est plus éloigné de ses préoccupations que les subtils commentaires du dernier Heidegger sur les Présocratiques. C'est dans le présent que se joue l'avenir.
>
> 121/ H. VÉDRINE, *Brèves remarques sur Heidegger et Sartre* (communication, non publiée à ce jour, au Centre d'études sartriennes, 1982).

Cet avenir n'est d'ailleurs pas, pour Sartre, « barré par la mort » : les projets se succèdent qui n'en finissent pas : finitude ouverte, non tragique, où la mort vient toujours d'ailleurs et nous surprend en pleine vie, c'est-à-dire en plein projet.

Hélène Védrine ajoute :

> Inutile donc de chercher une lecture pieuse assortie des subtils commentaires dont les universitaires ont le secret. Dès les *Carnets*, Sartre prend ses distances, alors qu'il esquisse les grands thèmes de *L'Être et le Néant*. Un point retient avant tout son attention : la méthode de Heidegger telle qu'elle est mise en œuvre dans *Sein und Zeit*, lu et étudié lors du séjour à Berlin, « ... interroger la nature humaine avec des méthodes propres à la nature humaine ; savoir que la nature humaine se définit déjà par l'interrogation qu'elle formule sur elle-même ». Contre l'idéalisme et le matérialisme : « ... établir la réalité humaine, la condition humaine, l'être-dans-le-monde de l'homme et son être en situation ».
>
> [...] En somme, Sartre ne retient de Heidegger que ce qui deviendra plus tard l'existentialisme, c'est-à-dire une méthode qui part du *Dasein* et

essaie de dégager les structures de l'interrogation de l'homme en situation. Toute la problématique de l'être est déjà complètement subvertie et déviée vers la liberté à travers une interprétation originale du néant.

122/ H. Védrine, *ibid.*

Aussi peut-on dire de cette rencontre qu'elle fut « un contresens génial » (Hyppolite) ou reprendre la formule de Heidegger « je n'ai pas voulu cela » (dite à Dominique Desanti), lui qui écrivait à Jean Wahl en 1937 : « La question qui me préoccupe n'est pas celle de l'existence de l'homme, mais la question de l'Être *im ganzen und als solches...*, cette question qui est la seule posée par *Sein und Zeit*. Kierkegaard ne la traite pas plus que Nietzsche et Jaspers passe tout à fait à côté » (cité par J. Beauffret, *in Heidegger et la question de Dieu*, Paris, 1980, p. 20).

Donc sans traiter Sartre en disciple, ce qu'il n'a jamais voulu être, de Husserl ou de Heidegger, rappelons cependant le sous-titre de *L'Être et le Néant* : *Essai d'ontologie phénoménologique.*

Sartre pose, à la façon de Heidegger, le problème ontologique, concernant l'être : il ne se contente pas de décrire des états de conscience, des états d'âme, mais cherche à dégager la structure fondamentale, existentiale, qui fait que l'on dispose des choses, de leur appareil, de leur mode de donation.

Ainsi, même s'il n'emploie pas le discours de Heidegger (et la distinction ontique/ontologique), l'enjeu est bien semblable à celui de *L'Être et le Temps (Sein und Zeit)* et le problème est celui de la réalité humaine (Dasein).

D'autre part, Sartre qui rejette toute « l'egologie » de Husserl et radicalise la notion d'intentionnalité procède selon la méthode de réduction phénoménologique. Dans *L'Imaginaire*, la distinction entre la première partie, concernant *le probable*, et la seconde partie, intitulée *le certain*, éclaire cette ascèse. Le probable, qui peut être mis en doute, relève des sciences et de tout savoir qui manque de fondement ; le certain suppose une rigueur incessante éliminant tout « habitus » : ainsi se met-on à la recherche du certain en annulant tout ce dont on croit pouvoir disposer : c'est cela la réduction phénoménologique qui permet le retour à la chose même.

Sartre, qui n'emploie pas ce discours, pratique la méthode dans toutes les descriptions des premiers textes, de *L'Être et le Néant*, et dans les analyses concrètes de la *Critique de la raison dialectique* : il s'agit de dévoiler ce qui se montre, ce qui apparaît grâce à une auto-éducation du regard, de la sensibilité, de l'imagination et de la conceptualisation.

123/ J.-T. DESANTI, « Entretien sur l'île avec l'auteur » (inédit).

Ce double départ ne suppose pas de fidélité aux doctrines et aux auteurs mais constitue le moteur de l'ensemble de sa philosophie.

Dans ce livre, partant de Sartre pour exposer les débats que sa pensée a provoqués, je me contente de rappeler ces sources et j'insisterai sur l'originalité de Sartre hors de toute fermeture : Sartre accepte et conteste toujours à la fois les auteurs dont il part.

Que ce soit à propos de Descartes ou de Husserl dans le cadre d'une philosophie de la conscience, de Hegel ou de Marx, dans la réflexion que Sartre entreprend sur l'histoire, la morale et la politique, la démarche est la même : accepter et contester, non pas en deux temps ni en trois mouvements, mais à la fois, du même coup, parce qu'il n'y a pas de principe d'autorité, même au moment où on a l'air le plus déférent et le plus appliqué. [...]

Le « oui, mais » par lequel je propose de définir la démarche de Sartre, s'oppose à la fois à celui qui prétend renverser les anciennes tables (faire table rase) dans l'annonce d'un neuf inséparable du nihilisme et à la formule de Hegel « penser c'est dominer » qui exprime une relation fondamentale du savoir au pouvoir. [...]

L'irrespect, le lien du subjectif à l'objectif, la liberté du lecteur, le renouvellement de sens, tout chez Sartre exclut une fonction dogmatique ou oppressive du savoir. Celui-ci n'en a pas moins un rôle à jouer nécessaire à la pensée car c'est toujours à partir d'un certain savoir que se fait la contestation, si fondamentale soit-elle. De sorte qu'alors, le « mais » du « oui, mais » suspend l'acceptation, que tout se met à basculer, que ce qu'on tenait pour essentiel chavire et que rien n'est justifié... La source de ce renversement qui place en fait l'acceptation sur fond de contestation, vient de ce que Sartre refuse le primat de la connaissance et affirme (dès l'introduction de *L'Être et le Néant*) l'irréductibilité de l'existence au connaître.

Tout le reste en dépend :

— la contestation du cogito cartésien et husserlien dont pourtant il part,

— la critique de la solution hégélienne de l'existence d'autrui qui pourtant lui permet d'éviter l'écueil solipsiste,

— la résistance aux philosophies de l'histoire qu'il semble cependant d'abord accepter. [...]

124/ J. COLOMBEL, *Sartre ou le Parti de vivre*, Grasset, 1981, p. 118.

Nous n'en sommes pas là mais seulement à préciser que Sartre, en cette première bataille philosophique de l'après-guerre, est d'autant plus attaqué qu'il n'est pas classable ; tout au plus « existentialiste », dans la lignée « luciférienne » (G. Marcel) : Nietzsche, Heidegger, Sartre, mais pas phénoménologue comme Merleau-Ponty.

Un témoignage indirect de cette autonomie est le peu de place (une page) que François Lyotard accorde à Sartre dans son livre : *La Phénoménologie* (P.U.F., 1959) alors que Merleau-Ponty en est le continuateur. Voici donc quelques passages de l'exposé que celui-ci en fait dans *Phénoménologie de la perception.*

C'est une philosophie transcendantale qui met en suspens, pour les comprendre, les affirmations de l'attitude naturelle, mais c'est aussi une philosophie pour laquelle le monde est toujours « déjà là » avant la réflexion, comme une présence inaliénable, et dont tout l'effort est de retrouver ce contact naïf avec le monde pour lui donner enfin un statut philosophique. C'est l'ambition d'une philosophie qui soit une « science exacte », mais c'est aussi un compte rendu de l'espace, du temps, du monde « vécus ».

[...]

Il s'agit de décrire et non pas d'expliquer, ni d'analyser. Cette première consigne, que Husserl donnait à la phénoménologie commençante, d'être une « psychologie descriptive » ou de revenir « aux choses mêmes », c'est d'abord le désaveu de la science. Je ne suis pas le résultat ou l'entrecroisement des multiples causalités qui déterminent mon corps ou mon « psychisme », je ne puis pas me penser comme une partie du monde, comme le simple objet de la biologie, de la psychologie et de la sociologie, ni fermer sur moi l'univers de la science. Tout ce que je sais du monde, même par science, je le sais à partir d'une vue mienne ou d'une expérience du monde, sans laquelle les symboles de la science ne voudraient rien dire.

125/ M. MERLEAU-PONTY, *Phénoménologie de la perception*, Gallimard, 1945, « Avant-propos », pp. I-II.

Cependant l'objectif de Sartre est bien de fonder les sciences humaines — contre le psychologisme — grâce à la *méthode* phénoménologique mais en expulsant l'ego transcendantal et en poussant au plus loin la notion d'intentionnalité.

Ce que Husserl disait pour les sciences vaut pour les sciences de l'homme aussi bien : elles sont devenues incapables de rendre compte d'elles-mêmes. Elles utilisent des concepts opératoires souvent efficaces, mais sont incapables d'en fonder la vérité et la signification. La démarche vivante qui a institué ces concepts s'est souvent perdue de vue ; les instruments qu'elle s'est forgés, en vue de fins historiquement déterminées, lui survivent, utiles, mais opaques, pétrifiés.

La phénoménologie moderne est née à partir de cette crise de la pensée scientifique, devenue incapable de se comprendre elle-même. Elle est née en réaction contre l'objectivisme et le dogmatisme d'une pensée qui, en sciences, fait comme si elle n'intervenait pas dans la réalité par l'activité de connaître, et comme si, d'autre part, la réalité humaine pouvait être, au même titre que celle des choses, un objet pour la science.

Pour rétablir la pensée dans sa vérité et la remettre à l'endroit, la phénoménologie a entrepris d'en retrouver la source ; de retrouver l'homme en tant qu'*il produit* la science avant d'en être l'objet ; de retrouver cette production en tant qu'elle se donne nécessairement à elle-même ses propres lumières, fins et critères de validité ; de retrouver le jaillissement originaire de la conscience dans sa transparence à elle-même : « Le retour à la naïveté du vécu est la seule voie possible pour surmonter la naïveté philosophique que contient la prétention scientifique de la philosophie objectiviste traditionnelle » (Husserl).

Au lieu de mettre la conscience, l'expérience vécue entre parenthèses, il s'agit pour la phénoménologie de l'assumer, puisqu'elle est « le sol de toutes nos évidences, la source de toutes nos élaborations, celles de l'expérience scientifique y compris ».

Ce que Husserl entendait faire pour les sciences de la nature et la logique, Sartre s'est proposé de le faire pour les sciences de l'homme : il s'agit de *les fonder*, et de fonder, pour commencer, la psychologie. C'est là le propos de la première partie de l'œuvre philosophique de Sartre, qui va de l'*Esquisse d'une théorie des émotions* à *L'Être et le Néant,* en passant par *La Transcendance de l'ego* et *L'Imaginaire.*

126/ A. GORZ, *Le Socialisme difficile*, Le Seuil, 1981, pp. 205-206.

La subversion de Sartre vient, en réalité, de ce qu'il

démarre par l'éclatement de la conscience dans le monde et refuse tout sujet fondateur, c'est aussi parce que la conscience crée du néant dans l'être que Sartre surgit comme un diable dans un bénitier et se heurtera à tous les bien-pensants.

Voilà donc le premier débat : *L'Être et le Néant* est une « ligne de fuite » qui inaugure une conception moderne du sujet et se heurtera pour cela à toutes les formes traditionnelles en philosophie.

Vingt ans après

« Il ne faut pas oublier que, si, durant les quelques années qui suivirent la Libération, le devant de la scène philosophique fut occupé par un débat public dans les universités mais aussi dans la presse, les revues et même au cours de grands meetings intellectuels où s'affrontaient trois courants antagonistes : la pensée chrétienne traditionnelle, le marxisme et l'existentialisme (pour l'essentiel sartrien), un autre débat s'amorçait qui portait en germe ce que, plus tard, on appellera structuralisme. Ce débat qui posait aussi la question de l'interprétation de la phénoménologie (d'abord science rigoureuse ? d'abord pensée du sujet ?) peut probablement être compris schématiquement en France comme étant celui qui oppose une philosophie de la conscience (Maine de Biran) et une philosophie du concept qui, certes, se nourrit d'une réflexion sur la science, mais récuse toute interprétation positiviste de celle-ci. C'est ce courant, illustré par les travaux de Bachelard, Koyré, Cavailhes qui conduira à poser autrement la question des sciences humaines » (François Chatelet, *inédit*).

Ce second débat se situera vingt ans après, quand

les sciences humaines, issues de l'inconscient, établissent le caractère illusoire d'un sujet qui n'est qu'effet de structures : on le définit selon sa *position* dans un *système* dont il est un *élément* : la recherche de sens ne renvoie plus au sujet qui le méconnaît toujours ; il dépend de l'analyse des structures : cela vaut en linguistique, en ethnologie, en psychanalyse. Face à cela, Sartre est le principal adversaire et tient bon pour l'irréductibilité du sujet en histoire.

Qu'en est-il aujourd'hui ?

Nous n'en resterons pas là, mais, devant l'évolution de ces sciences elles-mêmes et devant l'ébranlement de la théorie marxiste, nous proposerons de « redécouvrir Sartre » vingt ans après la querelle du structuralisme, en rappelant comment, dès ses premiers textes qui rompent avec la tradition, Sartre dévoile une conception moderne du sujet : il se fait à partir d'actes de conscience multiples, discontinus, dont l'unité précaire suppose la temporalité ; cette présentation privilégie délibérément le *neuf* en Sartre et en fait un commencement ; elle explique donc le scandale produit à l'époque ; elle correspond aux axes que Michel Foucault propose pour définir la modernité dans *Les Mots et les Choses* : elle nous questionne sur l'actualité de Sartre. Ce thème central dans la pensée de Sartre comporte plusieurs niveaux.

— Sartre cherche les structures ontologiques de ce sujet, du pour-soi face à l'en-soi dès les premiers textes philosophiques, puis dans *L'Être et le Néant* : il s'inscrit là dans la lignée de Descartes même s'il déplace la fonction et le sens du cogito qui est, pour lui, questionnement et déséquilibre, car le « je suis » déborde le « je pense ».

— Cette exigence est éthique, car il faut parvenir à pouvoir dire « je », à être responsable, à titre personnel, de ce que l'on pense et fait, quelles que soient les conditions dans lesquelles on est placé, quelles que soient les sédimentations d'où sort ce « je » qui les subit, les assume et rompt, les conteste ou les prend à son compte... Elle suppose la liberté : aucun sujet n'est acquis d'avance, mais conquis dans un monde aliéné et sa réalisation se formule en cette question : comment ne pas être seulement le produit de ce qu'on a fait de nous ?

— Cette exigence est politique : jamais ne disparaît, dans la pensée de Sartre, l'irréductibilité de l'individu à l'histoire par quoi il définit souvent l'existentialisme ; mais l'histoire nous fait et nous use, même si nous contribuons à la faire : les situations ne sont pas toutes équivalentes ; aussi devons-nous tenter de les changer pour « élargir le champ des possibles ».

— Cette exigence est celle d'un créateur qui, par son œuvre, peut dire « je », même s'il risque de s'y perdre.

A ces quatre niveaux, la formation du sujet est analogue : elle se constitue dans un rapport initial au monde, elle se livre aux autres dont elle dépend, elle se fait, se défait et se refait sans aucune garantie.

1. La bataille de 45 : querelle de l'existentialisme

Dans un article des *Temps modernes*, Merleau-Ponty évoquant d'abord le silence qui suivit la parution de cet événement : *L'Être et le Néant* ajoute que, puisque le silence est maintenant rompu, on peut constater la pauvreté philosophique et le seul point de vue moraliste des commentateurs, catholiques et marxistes : « les critiques prennent la forme d'avertissement aux fidèles, l'ouvrage de Sartre est désigné comme un poison dont il faut se garder plutôt que comme une philosophie à discuter. »

En réalité, ce qui fait peur de part et d'autre, c'est le lien d'origine de l'homme-dans-le-monde :

> Cette question est celle du rapport entre l'homme et son entourage naturel ou social. Il y a là-dessus deux vues classiques. L'une consiste à traiter l'homme comme le résultat des influences physiques, physiologiques et sociologiques qui le détermineraient du dehors et feraient de lui une chose entre les choses. L'autre consiste à reconnaître dans l'homme, en tant qu'il est esprit et construit la représentation des causes mêmes qui sont censées agir sur lui, une liberté acosmique. D'un côté, l'homme est une partie du monde, de l'autre il est conscience constituante du monde. Aucune de ces deux vues n'est satisfaisante. A la pre-

mière, on opposera toujours, après Descartes, que, si l'homme était une chose entre les choses, il ne saurait en connaître aucune, puisqu'il serait, comme cette chaise ou comme cette table, enfermé dans ses limites, présent en un certain lieu de l'espace et donc incapable de se les représenter tous. Il faut lui reconnaître une manière d'être très particulière, l'être intentionnel, qui consiste à viser toutes choses et à ne demeurer en aucune. Mais si l'on voulait conclure de là que, par notre fond, nous sommes esprit absolu, on rendrait incompréhensibles nos attaches corporelles et sociales, notre insertion dans le monde, on renoncerait à penser la condition humaine. Le mérite de la philosophie nouvelle est justement de chercher dans la notion d'existence le moyen de la penser. L'existence au sens moderne, c'est le mouvement par lequel l'homme est au monde, s'engage dans une situation physique et sociale qui devient son point de vue sur le monde.

[...]

Le rapport du sujet et de l'objet n'est plus ce rapport de connaissance dont parlait l'idéalisme classique et dans lequel l'objet apparaît toujours comme construit par le sujet, mais un rapport d'être selon lequel paradoxalement le sujet est son corps, son monde et sa situation, et, en quelque sorte, s'échange.

127/ M. Merleau-Ponty, « La Querelle de l'existentialisme », dans *Les Temps modernes*, nº 2, novembre 1945.

« Claire comme un grand vent... »

Il n'est pas indifférent que ce soit cet « échange » que Sartre revendique avant toute chose dans l'apport de Husserl : la découverte de l'intentionnalité, « idée directrice de la phénoménologie de Husserl », est le titre donné à un court article antérieur à *L'Être et le Néant* pour annoncer la couleur.

Il faut rappeler que le XIXe siècle français a déposé dans l'enseignement une conception philosophique, prétendument tirée de Descartes et qui enferme dans la plus plate relation sujet/conscience et dans une conception empirique illustrée par l'introspection ; Sartre les fait exploser.

Il y ridiculise d'abord cette philosophie de « chiens de garde », déjà dénoncée par Nizan, où l'ordre et l'harmonie sont destinés à masquer une réalité conflictuelle !

S « Il la mangeait des yeux. » Cette phrase et beaucoup d'autres signes marquent assez l'illusion commune au réalisme et à l'idéalisme, selon laquelle connaître, c'est manger. La philosophie française, après cent ans d'académisme, en est encore là. [...] Ô philosophie alimentaire ! [...] Assimilation [...] des choses aux idées, des idées entre elles et des esprits entre eux. Les puissantes arêtes du monde étaient rongées par ces diligentes diastases : assimilation, unification, identification. En vain, les plus simples et les plus rudes parmi nous cherchaient-ils quelque chose de solide, quelque chose, enfin, qui ne fût pas l'esprit ; ils ne rencontraient partout qu'un brouillard mou et si distingué : eux-mêmes.

128/ *Situations, I,* « Une idée fondamentale de la Phénoménologie de Husserl : l'intentionnalité », 1947. Édit. 1984, p. 29.

Sartre reviendra souvent, notamment dans l'introduction de la *Critique de la raison dialectique*, sur la duperie d'une philosophie lénifiante, semblable au « cercle des grandes personnes », et sur l'exigence d'une pensée concrète. Nous avons vu à quelle attente correspondait celle de Heidegger ; le livre *Vers le Concret* de Jean Wahl y répondit aussi, mais il fallait aller plus loin et, dans ce monde plein de violence, nous délivrer de « la vie intérieure ».

S [...] en vain chercherions-nous, comme Amiel, comme une enfant qui s'embrasse l'épaule, les caresses, les dorlotements de notre intimité, puisque finalement tout est dehors, tout jusqu'à nous-mêmes : dehors, dans le monde, parmi les autres. Ce n'est pas dans je ne sais quelle retraite que nous nous découvrirons : c'est sur la route, dans la ville, au milieu de la foule, chose parmi les choses, homme parmi les hommes.

129/ *Ibid.*, p. 32.

Il n'y a de vie de la conscience que dans un mouvement hors d'elle ; la communication avec le monde est originelle :

S La conscience et le monde sont donnés d'un même coup : extérieur par essence à la conscience, le monde est, par essence, relatif à elle.

C'est que Husserl voit dans la conscience un fait irréductible qu'aucune image physique ne peut rendre. Sauf, peut-être, l'image rapide et obscure de l'éclatement. Connaître, c'est « s'éclater vers », s'arracher à la moite intimité gastrique pour filer, là-bas, par-delà soi, vers ce qui n'est pas soi, là-bas, près de l'arbre et cependant hors de lui, car il m'échappe et me repousse et je ne peux pas plus me perdre en lui qu'il ne se peut diluer en moi : hors de lui, hors de moi. Est-ce que vous ne reconnaissez pas dans cette description vos exigences et vos pressentiments ? Vous saviez bien que l'arbre n'était pas vous, que vous ne pouviez pas le faire entrer dans vos estomacs sombres et que la connaissance ne pouvait pas, sans malhonnêteté, se comparer à la possession. Du même coup, la conscience s'est purifiée, elle est claire comme un grand vent, il n'y a plus rien en elle, sauf un mouvement pour se fuir, un glissement hors de soi ; si, par impossible, vous entriez « dans » une conscience, vous seriez saisi par un tourbillon et rejeté au-dehors, près de l'arbre, en pleine poussière, car la conscience n'a pas de « dedans » ; elle n'est rien que le dehors d'elle-même et c'est cette fuite absolue, ce refus d'être substance qui la constituent comme une conscience. Imaginez à présent une suite liée d'éclatements qui nous arrachent à nous-mêmes, qui ne laissent même pas à un « nous-mêmes » le loisir de se former derrière eux, mais qui nous jettent au contraire au-delà d'eux, dans la poussière sèche du monde, sur la terre rude, parmi les choses ; imaginez que nous sommes ainsi rejetés, délaissés par notre nature même dans un monde indifférent, hostile et rétif ; vous aurez saisi le sens profond de la découverte que Husserl

> exprime dans cette fameuse phrase : « Toute conscience est conscience de quelque chose. » Il n'en faut pas plus pour mettre un terme à la philosophie douillette de l'immanence, où tout se fait par compromis, échanges protoplasmiques, par une tiède chimie cellulaire. La philosophie de la transcendance nous jette sur la grand-route, au milieu des menaces, sous une aveuglante lumière. Être, dit Heidegger, c'est être-dans-le-monde. Comprenez cet « être-dans » au sens de mouvement. Être, c'est éclater dans le monde, c'est partir d'un néant de monde et de conscience pour soudain s'éclater-conscience-dans-le-monde. Que la conscience essaie de se reprendre, de coïncider enfin avec elle-même, tout au chaud, volets clos, elle s'anéantit. Cette nécessité pour la conscience d'exister comme conscience d'autre chose que soi, Husserl la nomme « intentionnalité ».
>
> 130/ *Ibid.*, pp. 30-31.

La poésie de ce texte ne doit pas nous faire oublier qu'il dit l'essentiel en philosophie : l'opposition de la phénoménologie au psychologisme, la conscience, fuite et ek-stase, contre tout substantialisme, et la non-coïncidence par laquelle Sartre définit ce qu'il nomme transcendance : elle naît dès l'acte de conscience qui porte sur ce qui n'est pas elle : ainsi Sartre nous fait aller du mouvement de conscience hors d'elle à son « être-dans-le-monde » (notez les traits d'union qui constituent un monème : rapport inédit et indissociable). On ne peut séparer l'intérieur et l'extérieur dans ce mouvement par lequel une conscience donne sens au monde : les choses sont posées « au milieu du monde », seule, une conscience est « dans le monde » qui n'a d'unité (ou n'est disloqué) que par ses visées.

Les chasseurs de sens

Sartre a déjà montré, dans l'*Esquisse d'une théorie des émotions*, la valeur de la réduction phénoménologique et la nécessité de ne pas s'en tenir aux faits psychologiques, juxtaposés comme des choses (positivisme ou introspection) pour comprendre la réalité humaine.

S Une description phénoménologique de l'émotion mettra au jour les structures essentielles de la conscience, puisqu'une émotion est précisément une conscience. Et réciproquement un problème se posera que le psychologue ne soupçonne même pas : peut-on concevoir des consciences qui ne comporteraient pas l'émotion dans leurs possibilités, ou bien faut-il voir en elle une structure indispensable de la conscience ? Ainsi le phénoménologue interrogera l'émotion sur la conscience ou sur l'homme, il lui demandera non seulement ce qu'elle est mais ce qu'elle a à nous apprendre sur un être dont un des caractères est justement qu'il est capable d'être ému. Et, inversement, il interrogera la conscience, la réalité humaine sur l'émotion : qu'est-ce donc que doit être une conscience pour que l'émotion soit possible ; peut-être même pour qu'elle soit nécessaire ?

131/ *Esquisse d'une théorie des émotions*, Hermann, 1938. Édit. 1965, p. 15.

Cette éventuelle nécessité vient de sa signification : « pour le phénoménologue, tout fait humain est, par essence, significatif. » Il répond toujours à une situation ; l'émotion surgit dans une situation sans issue.

S Dès lors, il est impossible de considérer l'émotion comme un désordre psycho-physiologique. Elle a son essence, ses structures particulières, ses lois d'apparition, sa signification. Elle ne saurait venir du dehors à la réalité humaine. C'est l'homme, au contraire qui assume son émotion et, par conséquent, l'émotion est une forme organisée de l'existence humaine dans un monde difficile [...]. Cette notion de difficulté n'est pas une notion réflexive qui impliquerait un rapport à moi. Elle est là, sur le monde, c'est une qualité du monde qui se donne dans la perception (exactement comme les chemins vers les potentialités et les potentialités elles-mêmes et les exigences des objets : livres devant être lus, souliers devant être ressemelés, etc.), c'est le corrélatif noématique de notre activité entreprise ou seulement conçue.

A présent, nous pouvons concevoir ce qu'est une émotion. C'est une transformation du monde. Lorsque les chemins tracés deviennent trop difficiles ou lorsque nous ne voyons pas de chemin, nous ne pouvons plus demeurer dans un monde si urgent et si difficile. Toutes les voies sont barrées, il faut pourtant agir. Alors, nous essayons de changer le monde, c'est-à-dire de le vivre comme si les rapports des choses à leurs potentialités n'étaient pas réglés par des processus déterministes, mais par la magie. Entendons bien qu'il ne s'agit pas d'un jeu : nous y sommes acculés et nous nous jetons dans cette nouvelle attitude avec toute la force dont nous disposons. Entendons aussi que cet essai n'est pas conscient en tant que tel, car il serait alors l'objet d'une réflexion. Il est avant tout la saisie de rapports nouveaux et d'exigences nouvelles. Simplement la saisie d'un objet étant impossible ou engendrant une tension insoutenable, la conscience le saisit ou tente de le saisir autrement, c'est-à-dire qu'elle se transforme précisément pour transformer l'objet.

132/ *Ibid.*, p. 43.

Voilà ce que l'émotion *signifie* ; voilà ce qu'elle *indique* ; c'est parce qu'elle a du sens qu'elle ne peut être traitée comme un simple fait. Cette hypothèse de la phénoménologie contre le psychologisme converge avec celle de Freud qui, lui, a recours à l'inconscient en supposant un sens aux faits qui, consciemment, semblent n'en point avoir (lapsus ou rêve). Dans les deux cas, quelle que soit la divergence, la vie psychique se définit par l'émergence de sens qu'il faut explorer[1]. Ici, la riposte de la conscience à la situation est magique ; ailleurs, dans *L'Imaginaire*, elle fuit dans l'irréel : Sartre commence par en montrer la spécificité en la distinguant principalement de la conscience perceptive : « Toute conscience pose son objet, mais

1. Ce rapprochement de la phénoménologie et de la psychanalyse ne doit pas faire oublier le déplacement conscient/inconscient, mais éclaire l'opposition de Sartre à l'inconscient dans *L'Être et le Néant* (rôle de la mauvaise foi, choix originel de la psychanalyse existentielle). La divergence ne doit pas estomper la critique commune du psychologisme. Nous verrons ensuite l'évolution de Sartre, de la conscience au vécu, et l'utilisation de la psychanalyse à propos des enfances. Voir « Positions et situations », « Sartre et la psychanalyse », p. 397.

chacune à sa manière » : la perception pose son objet comme existant... tandis que « dire : "j'ai une image de Pierre" équivaut à dire non seulement "je ne vois pas Pierre", mais encore "je ne vois rien du tout". » L'objet intentionnel de la conscience imageante est posé comme inexistant. En ce sens l'image enveloppe un certain néant : « Si vive, si touchante, si forte que soit une image, elle donne son objet comme n'étant pas. » Aussi n'est-elle pas inépuisable comme la perception. Sa « pauvreté » ne rend pas moins nécessaire cette « grande fonction irréalisante ». Sartre pose la question de méthode : Peut-on concevoir une conscience qui n'imaginerait jamais et qui serait tout entière absorbée dans ses intuitions de réel ? En ce cas la possibilité d'imaginer qui apparaît comme une qualité, entre autres, de nos consciences, serait un enrichissement contingent. — Ou bien, dès qu'on pose une conscience, doit-on la poser comme pouvant toujours l'imaginer ? « Il est aussi absurde de concevoir une conscience qui n'imaginerait pas que de concevoir une conscience qui ne pourrait effectuer le *cogito.* »

Nous n'évoquons ici l'imagination que parce qu'elle est un champ privilégié où Sartre applique la méthode phénoménologique, cherchant, à travers les descriptions différenciées, à spécifier sa fonction (en la distinguant de la conscience perceptive comme du formalisme du signe) pour parvenir aux structures mêmes de cette conscience.

Mais ce n'est pas un hasard si cette étude annonce les grands axes de sa pensée future :

— Elle est une conscience « sui generis » qui ne peut faire partie d'une conscience plus vaste ; activité d'ensemble, elle donne son objet comme un *néant* d'être.

C'est donc par l'imagination que Sartre, pour la première fois, introduit le néant dans l'être.

— C'est aussi la première fois que Sartre définit la notion de *situation*, car la conscience qui produit de l'irréel est, comme toute autre, « conscience-dans-le-monde ».

— C'est la première fois qu'à partir des descriptions de cette conscience néantisante, Sartre dévoile la liberté. D'où sa nécessité[1].

Ainsi Sartre privilégie deux « consciences dans le monde » qui échappent au réel : l'émotion, de façon magique, l'imagination par la liberté : le paradoxe n'est qu'apparent, car le monde n'est pas le réel, et met en évidence la percée du néant dans l'être ; le lien premier de la conscience au monde, s'il nous délivre de la prétendue « vie intérieure » et manifeste son vide, est, en même temps, danger d'engluement, de viscosité que toute conscience doit briser : c'est dans la fuite que se trouve le salut : dans un « grand mouvement pour se fuir », un « glissement hors de soi », « un refus d'être substance, un tourbillon qui projette la conscience hors d'elle-même, — claire comme un grand vent, fuites, ruptures, éclatements forment les structures de sa pensée, quelles qu'en soient les variations, et décident de choix qu'on peut dire « existentiels ». »

Là encore, une comparaison avec Merleau-Ponty le fait mieux sentir : celui-ci étudie la conscience perspective où le lien au monde, au plus près de l'immanence, porte sur le réel, et sa recherche se poursuivra vers « le visible et l'invisible » qui interrogent l'être. Du coup, pour ce *« lieur »*, la conscience dans le monde n'est pas rupture, mais pénétration vers des

1. Voir tome II, 5e partie, « Création et morale », « La magie de l'imaginaire » et « Le retour de l'imaginaire ».

régions à explorer qui le rapprochent tardivement du cheminement de Heidegger.

L'absolu de l'apparence

Pour les phénoménologues, la vie psychique n'a de réalité que comme manifestation, c'est-à-dire comme *phénomène* « et par phénomène il faut entendre ce qui se dénonce soi-même, ce dont la réalité est précisément l'apparence » : l'apparence est l'absolu, c'est donc cette apparence que Sartre interroge, dès le début de *L'Être et le Néant.*

S La pensée moderne a réalisé un progrès considérable en réduisant l'existant à la série des apparitions qui le manifestent. On visait par là à supprimer un certain nombre de dualismes qui embarrassaient la philosophie et à les remplacer par le monisme du phénomène. Y a-t-on réussi ?

Il est certain qu'on s'est débarrassé en premier lieu de ce dualisme qui oppose, dans l'existant, l'intérieur à l'extérieur. Il n'y a plus d'extérieur de l'existant, si l'on entend par là une peau superficielle qui dissimulerait aux regards la véritable nature de l'objet. Et cette véritable nature, à son tour, si elle doit être la réalité secrète de la chose, qu'on peut pressentir ou supposer, mais jamais atteindre, parce qu'elle est « intérieure » à l'objet considéré, n'existe pas non plus. Les apparitions qui manifestent l'existant ne sont ni intérieures ni extérieures : elles se valent toutes, elles renvoient toutes à d'autres apparitions et aucune d'elles n'est privilégiée. [...]

Tant qu'on a pu croire aux réalités nouménales, on a présenté l'apparence comme un négatif pur. C'était ce qui n'est pas l'être ; elle n'avait d'autre être que celui de l'illusion et de l'erreur. Mais cet être même était emprunté, il était lui-même un faux-semblant et la difficulté la plus grande qu'on pouvait rencontrer, c'était de maintenir assez de cohésion et d'existence à l'apparence pour qu'elle ne se résorbe pas d'elle-même au sein de l'être non phénoménal. Mais si nous nous sommes une fois dépris de ce que Nietzsche appelait « l'illusion des arrière-mondes » et si nous ne croyons plus à l'être-de-derrière-l'apparition, celle-ci devient, au contraire, pleine positivité, son essence est un « paraître » qui ne s'oppose plus à l'être, mais qui en est la mesure, au contraire. Car l'être d'un existant, c'est précisément ce qu'il *paraît*. Ainsi parvenons-nous à l'idée de *phénomène*, telle qu'on peut la rencontrer, par exemple, dans la « Phénoménologie » de Husserl ou de Heidegger, le phénomène ou le relatif-absolu. Relatif, le phénomène le demeure, car le paraître suppose par essence quelqu'un à qui paraître. Mais il n'a pas la double relativité de l'*Erscheinung* kantienne. Il n'indique pas, par-dessus son épaule, un être véritable qui serait, lui, l'absolu. Ce qu'il est, il l'est absolument, car il se dévoile, *comme il est*. Le phénomène peut être étudié et décrit en tant que tel, car il est *absolument indicatif de lui-même.*

133/ *L'Être et le Néant*, Introduction, 1943. Édit. 1947, pp. 11-12.

Dès lors, l'apparence est l'absolu, plus d'arrière-monde, plus de rapport modèle/copie, plus de valeurs à chercher au « ciel intelligible » pour se conduire ici-bas, plus de « dualité » entre la puissance et l'acte. Tout est acte. Derrière l'acte, il n'y a ni puissance, ni « exis » ni « vertu »... Mais cela ne veut pas dire que l'on doive se contenter d'apparitions finies : « l'existant ne saurait se réduire à une série finie de manifestations, puisque chacune d'elle est rapport à un sujet en perpétuel changement. » Ainsi se multiplient les points de vue, ainsi les choses se donnent-elles par profils, ainsi chaque apparition renvoie-t-elle à d'autres apparitions de façon inépuisable, ainsi l'apparition s'indique-t-elle dans sa finitude, mais exige en même temps pour être saisie comme apparition-de-ce-qui-apparaît (encore les traits d'union), d'être dépassée vers l'infini : « Cette opposition nouvelle « le fini et l'infini », ou mieux, « l'infini dans le fini », remplace le dualisme de l'être et de l'apparaître. »

Cette dimension « vers l'infini » constitue l'être propre de l'apparition qui ne renvoie à rien d'autre, mais est condition de tout dévoilement : c'est donc en les dévoilant qu'on forgerait le sujet.

La question « Qui suis-je ? » suppose ce jeu à l'infini des apparitions. On joue toujours à être ce qu'on est, et l'acteur fait mieux, puisqu'il joue à être ce qu'il n'est pas.

Une transcendance diabolique

La conscience qui opère ce dévoilement est toujours *transcendance.* Cette transcendance ne saurait naître de l'immanence, ce qui veut dire, tout simplement, que jamais la conscience ne coïncide avec elle-même, que jamais elle ne se suffit à elle-même en ce repli douillet par lequel Sartre définit de façon bien réductrice l'immanence. On pourrait y opposer une conception conquérante de l'immanence comme « plus-être », selon la plénitude d'être de Spinoza, qui ne la réduit pas au seul constat... Mais ce serait une autre histoire et comprenons d'abord ce que Sartre entend par transcendance : elle est le décalage qui porte toute conscience au-delà de ce qui est, en ce qui n'est pas, dans un mouvement vers... sans référence à aucune autre *réalité transcendante.* Levons toute équivoque provoquée par le substantif puisque c'est justement du refus d'être substance que naît la transcendance ; elle est ce « quelque chose en plus » tel qu'aucune décision ne peut être déterminée par le conditionnement, elle est ce *rien*, elle est ce *projet vers...* qui ne peut être envisagé que dans la temporalité ; elle est ce rapport initial dont nous avons déjà parlé qui la projette hors d'elle dans le monde et commence avec cette formule de Husserl : « toute conscience est conscience de quelque chose » qu'on ne saurait réduire à la relation sujet/objet :

S [...] car pour les phénoménologues, la conscience que nous prenons des choses ne se limite point à leur connaissance. La connaissance ou pure « représentation » n'est qu'une des formes possibles de ma conscience « de » cet arbre ; je puis aussi l'aimer, le craindre, le haïr, et ce dépassement de la conscience par elle-même, qu'on nomme « intentionnalité » se retrouve dans la crainte, la haine et l'amour.

134/ *Situations, I.* Édit. 1984, p. 31.

Au-delà d'une querelle de mots, l'appropriation de

la transcendance dans une perspective athée, hors de toute garantie, arrache la morale à la religion. Le matérialisme classique n'était pas gênant s'il soumettait les individus aux lois de la nature et de l'histoire ; la morale n'était qu'une faribole et les hommes, des agents historiques. Dans le meilleur des cas, grâce à la dialectique, l'idéal était à construire selon les prévisions d'une science de l'histoire. Sans doute, y avait-il des incohérences et l'image d'une morale laïque que les libres penseurs, prêtres ascétiques, concevaient sur le modèle de la religion... mais sa symétrie même la rendait inoffensive.

Sartre vient troubler le partage des tâches et cette complémentarité que Mounier évoque à plusieurs reprises dans son *Introduction aux existentialismes.* Il ose dévoiler que le néant lui-même : « ce que je ne suis pas », est, au cœur de la finitude, source de transcendance : la finitude n'est plus bornée, la nécessité de fait ne se limite pas au constat ; on ne choisit pas son sort mais on en fait ce qu'on peut, voire ce qu'on veut : le couple facticité/transcendance annonce déjà pour le sujet la possibilité de créer des valeurs suscitées par un manque qui n'est jamais comblé : la transcendance est fuite sans appel, dans un imparfait incessant qui ne suppose pas l'idée (ni l'être) du parfait.

Les existentialistes chrétiens voient la marque du diable dans cette course en avant vers le vide, et Gabriel Marcel, qui en est le représentant le plus autorisé, conclut sa conférence sur *L'Être et le Néant* ainsi :

> La seule et authentique transcendance (mieux vaudrait sans doute dire : le seul et authentique transcender) n'est-il pas l'acte par lequel, nous

dégageant de ces données et de ces conditions, nous leurs substituons des données et des conditions renouvelées ? Encore faudra-t-il reconnaître, selon toute apparence, que cet acte ne peut être accompli avec les seules ressources de notre être propre abandonné à lui-même, mais qu'il requiert une assistance ou un influx qui n'est autre que la grâce. De ce point de vue, l'un des mérites de l'ouvrage de M. Sartre, et non le moindre, consiste sans doute à montrer clairement qu'une métaphysique qui nie ou refuse la grâce aboutit inévitablement à dresser devant nous l'image d'un monde atrophié et contradictoire dans lequel le meilleur de nous-mêmes est, en fin de compte, incapable de se reconnaître. Il ne suffit pas de dire en effet que le monde de M. Sartre ne paraît se prêter à aucune greffe surnaturelle, parce que l'être pour soi s'y établit dans la conscience de son incomplétitude au point d'en venir à la revendiquer comme un privilège dont elle s'enorgueillit : peut-être faut-il ajouter que l'acte par lequel le philosophe, qu'il s'appelle Nietzsche, Jaspers ou Sartre, niant tout au-delà, tout arrière-monde, s'enferme dans le cercle étroit de l'immanence, se présente en dernière analyse beaucoup moins comme l'expression d'une raison assagie et docile aux leçons de l'expérience, que comme le rcfus luciférien qu'oppose une individualité rebelle et ivre d'elle-même aux signes, aux appels auxquels seul l'Amour aurait le pouvoir de la rendre sensible — à condition que cet Amour parvienne à se dégager des phantasmes auxquels il se réduit lorsqu'il se réfléchit au lieu de s'accomplir.

135/ G. MARCEL, *Homo viator*, Aubier, 1944, p. 245.

Sans reprendre l'ensemble des critiques catholiques, trop nombreux, montrons-en l'esprit par cette mise au point d'Emmanuel Mounier, chef de file du personnalisme et directeur de la revue *Esprit* : j'ai indiqué la substitution de l'injure à la critique dans le climat de l'après-guerre ; on trouve ici le mouvement symétrique où se mêlent les critiques de mœurs et de fond :

> La détresse du monde enfermée entre les limites d'un café où l'on cause, et voilà leurs chers cœurs apaisés. Tel est le premier malheur de l'existentialisme. Mais ce malheur grotesque éveille déjà l'intérêt : la dérision en général, fréquente les parvis des dieux.
>
> Un malheur ne vient jamais seul. S'il est un mot qui semblait s'annoncer par lui-même sans erreur possible, c'est bien celui d'existentialisme. Mais quand il quitte la société des philosophes pour se lancer dans le monde, il va justement désigner une vogue qui fait du néant l'étoffe de l'existence.
>
> [...]
>
> Il n'est pas question d'user de représailles et d'exclure Jean-Paul Sartre de l'existentialisme, parce que l'aile mondaine de son influence se livre à une escroquerie d'étiquette. Mais il n'en est pas moins temps de rendre à chacun son dû et, écartant le tumulte de la mode, de ramener ce mélange d'existentialisme et d'inexistentialisme, qui constitue le sartrisme, à sa situation propre : le dernier surgeon d'une des traditions existentialistes, tradition qui, issue de Heidegger, s'est elle-même constituée en opposition radicale avec les fondateurs de la philosophie moderne de

l'existence. Notre dessein est de rétablir ici cette tradition dans son ampleur oubliée. Aucune n'a plus à dire, en effet, au désespoir de l'homme contemporain. Mais son message n'est pas un message de désespoir. Aucune ne l'arme mieux contre ses folies. Mais elle propose mieux, contre les folies aveugles, qu'une folie lucide.

136/ E. MOUNIER, *Introduction aux existentialismes*, Denoël, 1947, pp. 7-8.

Comme on voit, le partage est fait entre le bon et le mauvais existentialisme, selon qu'il sera athée ou pas.

L'image d'un arbre clarifie leurs rapports : les racines sont lointaines : (Socrate, les Stoïciens, saint Augustin, saint Bernard) ; le tronc est composé de Pascal, Kierkegaard et la phénoménologie ; tandis que les branches se développent à droite (de Jaspers à Blondel, en passant par le personnalisme et en annexant Bergson), une excroissance pousse à gauche (Nietzsche, Heidegger, Sartre).

Filiation intéressante qui nous rappelle la proximité ressentie par les contemporains entre Sartre et Nietzsche, oubliée trop souvent depuis au profit de la dialectique.

Or, c'est à partir de la transcendance que Mounier va, tout au long des thèmes parcourus, opposer le bien et le mal :

Les uns présentent l'homme comme un fait nu, aveugle, là, comme ça, sans raison, si injustifiable qu'il est de trop, en état de déréliction, décompression d'être face à une plénitude morte si bien que « c'est par un singulier paradoxe que cette doctrine a lancé le mot d'existentialisme : il conviendrait plutôt d'y parler *d'inexistentialisme* » (p. 49). Le bondissement, dont parle Heidegger, ne vaut pas mieux puisqu'il ne mène nulle part !

Mais, pour Jaspers, « qui tend vers un au-delà de l'être », pour Blondel qui atteint une « surabondance d'être » la transcendance est positive. Elle permet à Gabriel Marcel d'établir une ontologie de l'espérance (p. 75). Par contre « dans l'axe Heidegger-Sartre » la transcendance, puisqu'il faut l'appeler par ce nom, mène au pire sans qu'on sache bien d'ailleurs si c'est la faute au dolorisme, au ressentiment, à cette rage contre l'être que Sartre a d'avoir manqué ce que Gabriel Marcel appelle « le lien nuptial de l'homme avec la vie » ou si ce n'est pas la faute du néant qui vicie tout à la base...

> Nous avons déjà souligné le paradoxe qui répand aujourd'hui sous le nom d'existentialisme une philosophie qui fait précisément du néant la principale trame de l'existence. L'être de la réalité humaine, chez Sartre, ne se détermine pas comme un surcroît ontologique, mais comme défaut d'être, fissure dans le plein de l'être, « distance nulle », et cependant infranchissable que l'être porte en son être, manière de ne pas être sa propre coïncidence. Cette fissure n'est pas une positivité nouvelle : elle (n')est rien. C'est par la réalité humaine, ainsi, que le manque apparaît au monde, elle est elle-même un manque, l'existence du désir suffit à la montrer. Elle est en même temps effort perpétuel vers une plénitude, vers une coïncidence avec soi. Mais cet élan est à jamais déçu, il aspire à une fusion impossible de l'être et de la conscience, de la plénitude et de l'élan, de l'en-soi et du pour-soi.
>
> Nous voudrions être en-soi, plénitude achevée,

> mais nous voudrions l'être à la manière d'un pour-soi, dans le surgissement et le progrès. Nous voudrions être dieux. « L'homme est l'être qui projette d'être Dieu » ; « l'homme est fondamentalement désir d'être Dieu ». Mais aussi : « tout se passe comme si le monde, l'homme et l'homme dans le monde n'arrivaient à réaliser qu'un Dieu manqué ».
>
> Aussi l'existence humaine est-elle par nature une existence vaine, nourrissant une conscience malheureuse. Aucune fin n'aspire ce mouvement sans fin qui n'est que l'indéfini renvoi du reflété au reflétant et du reflétant au reflété, sorte de vaste narcissisme cosmique.
>
> 137/ E. MOUNIER, *ibid.*, pp. 66-67.

C'est donc ce néant qui fait peur d'autant qu'il n'est pas « substantialisme noir » mais refus de substance.

> Le néant n'est pas, il se fait dans une défection, il pousse interminablement devant son absence la fuite d'une détotalisation qui n'a jamais été totalisée ; qu'il « se néantise » est une expression encore trop solide ; il faudrait recourir à ces neutres honteux dont la psychanalyse a usé avec profit pour désigner un monde dont toute assise personnelle est exclue : « Ça néantise de partout ». Ça néantise beaucoup plus que ne l'avoue même le vocabulaire de Sartre, car, en aucune façon, nous allons le voir, il ne garde le droit de parler de l'être.
>
> 138/ E. MOUNIER, *ibid.*, p. 172.

Une totalité manquée ne peut être considérée que

comme échec ; donc (selon Mounier) comme chute : toute force projective issue du néant s'effondre, « elle ne peut donc être qu'une chute ou, si l'on préfère, éliminer un terme qui peut sembler trop lourd de résonances morales, une fuite du pour-soi devant l'en-soi, devant, dit Sartre, l'engluement ». La substitution de fuite à « chute » (fuite avec horreur, ajoute Mounier) révèle le fond des choses : comment envisager une transcendance qui, d'une façon ou de l'autre, ne renverrait pas à l'être, « au royaume de l'être parmi nous » (c'est le titre de ce dernier chapitre) ? Dans ce cas, l'errance est possible, elle peut même être salutaire... mais une fuite hors de l'être, hors de cet engluement obsédant où Sartre se complaît et se débat dans un monde menaçant et paranoïaque (on verra ce qu'il fait de l'autre !) est perdition.

« Ce n'est pas qu'une ontologie de la plénitude soit exclusive du néant. L'ontologie chrétienne en est la preuve... » Mais l'homme est « devant Dieu » (le péché prend sens). Pour Sartre, il n'est devant rien... Bref, si le néant, ou la négation, ne sont que de mauvais moments à passer vers une réalité supérieure, la transcendance est féconde, sinon elle est absurde et dégradation. On voit l'argument philosophique qui rapproche cet optimisme chrétien de la pensée dialectique où le dépassement des contradictions est nécessairement assuré. C'est pourquoi, à plusieurs reprises, Mounier marque cette unité : « seule une pensée dialectique peut exprimer ce mélange d'être et de néant, de savoir et de non-savoir qu'est le monde de l'être transcendant » : aussi « rejoint-il partiellement la critique marxiste » qui montre que le « narcissisme morose » de Sartre ne permet pas de parler d'engagement : l'allégresse de la liberté d'où il part n'est que du vent... l'engagement s'envole en fumée et laisse dans la déréliction. Par contre, les marxistes, comme les chrétiens, connaissent la ferveur : c'est qu'ils se tournent vers une totalité à venir : il y a moins de différences entre un communiste qui va vers la plénitude d'une réalité sans classes et un chrétien qui l'espère à travers la transcendance : « seule l'expérience consécutive de la plénitude donne un sens à l'expérience introductive de néant... »

Car cette plénitude est « ininventoriable » (G. Marcel), elle est énigme, mystère au-delà du problème, limite de la raison, passion de la nuit qui détruit l'habitude ou l'évidence, recherche silencieuse de la vérité des chiffres : cette expérience nocturne est le signe de la transcendance, « l'être ne peut produire une vérité claire, épuisable et parfaitement communicable ». Mais cette transcendance a un sens et sera récompensée !

> L'opposition entre les deux existentialismes apparaît maintenant en toute clarté. L'existentialisme existentialiste, si l'on peut dire, celui de Kierkegaard, de Jaspers et de Gabriel Marcel, place l'action en tension entre une surabondance créatrice et un recueillement purificateur. L'existentialisme inexistentialiste la met en dispute entre une éthique de l'action pour l'action, indéterminée, passionnée, celle qui tente parfois les héros de Malraux ou d'Hemingway, et un consentement inavoué, presque contraint, à la nécessité du monde, entendons à la nécessité pour le monde de n'être pas nécessaire, à la nécessité de l'absurde, du saugrenu. L'homme, passion inutile, nourrit une action vaine.
>
> 139/ E. MOUNIER, *ibid.*, pp. 154-155.

Un matérialisme sérieux

Nous avons placé sous le signe d'une transcendance perverse les blocages des idéalistes ; nous regrouperons, d'autre part, les accusations des matérialistes (en particulier des marxistes) autour d'un prétendu subjectivisme, d'autant plus pernicieux chez Sartre qu'il affirme le lien immédiat de la conscience au monde et prétend rompre avec l'idéalisme.

Partant des apparitions (l'« apparition n'est soutenue par aucun existant différent d'elle : elle a son être propre »), Sartre évoque, dans l'introduction de *L'Être et le Néant*, la description de phénomènes d'être comme l'ennui, la nausée, qui se donnent immédiatement : « l'ontologie sera la description du phénomène d'être tel qu'il se manifeste, c'est-à-dire sans intermédiaire » (p. 14) ; cette expérience est celle d'une conscience préréflexive et non rapport de connaissance : « toute conscience n'est pas connaissance », dit Sartre qui ajoute : « la réduction de la conscience à la connaissance implique qu'on introduit dans la conscience la dualité sujet-objet qui est typique de la connaissance » ; il rejette donc « le primat de la connaissance » ; « le plaisir ne doit pas s'évanouir derrière la conscience qu'il a de lui-même : ce n'est pas une représentation, c'est un événement concret, plein et absolu » (p. 21). Ainsi Sartre, là comme ailleurs, s'oppose à la pensée classique qui réduit tout au système de représentations ; il ne montre pas les limites concernant la connaissance (Kant), mais ouvre le champ de conscience hors de toute connaissance : c'est dans ce sens qu'il précise le rapport noème/noèse et la formule de Husserl, déjà citée, « toute conscience est conscience de quelque chose » :

« La conscience est conscience de quelque chose :

cela signifie que la transcendance est structure constitutive de la conscience ; c'est-à-dire que la conscience naît, *portée* sur un être qui n'est pas elle... ; c'est ce que nous appelons la preuve ontologique. »

On retrouve les méfaits de cette transcendance exigeant cette fois l'être d'où surgit la conscience :

S Ainsi nous étions partis de la pure apparence et nous sommes arrivés en plein être. La conscience est un être dont l'existence pose l'essence, et, inversement, elle est conscience d'un être dont l'essence implique l'existence... [...] L'être est partout. Certes, nous pourrions appliquer à la conscience la définition que Heidegger réserve au « Dasein » et dire qu'elle est un être pour lequel il est dans son être question de son être, mais il faudrait la compléter et la formuler à peu près ainsi : *la conscience est un être pour lequel il est dans son être question de son être en tant que cet être implique un être autre que lui.*

140/ *L'Être et le Néant*, 1943. Édit. 1947, p. 29.

Nous reviendrons sur la non-coïncidence que revendique cette définition de la conscience : l'ajout de Sartre *(« en tant que cet être implique un être autre que lui »)* pose « l'en-soi » et mécontente tout le monde :

S Nous avons établi, en effet, par l'examen de la conscience non positionnelle (de) soi, que l'être du phénomène ne pouvait en aucun cas *agir* sur le conscience. Par là, nous avons écarté une conception *réaliste* des rapports du phénomène avec la conscience. Mais nous avons montré aussi, par l'examen de la spontanéité du cogito non réflexif, que la conscience ne pouvait sortir de sa subjectivité, si celle-ci lui était donnée d'abord et qu'elle ne pouvait agir sur l'être transcendant, ni comporter sans contradiction les éléments de passivité nécessaires pour pouvoir constituer à partir d'eux un être transcendant ; nous avons écarté ainsi la *solution idéaliste du problème.*

141/ *Ibid.*, p. 31.

Cette connaissance d'un « en-soi » étranger à toute création divine et à tout substantialisme ne peut satisfaire l'idéalisme qui voit là un nouvel effet suspect de la transcendance. Nous comprenons, d'autre part, ce que cette démarche a d'insupportable pour les matérialistes qui font de la conscience un épiphénomène ou une superstructure et décrivent cet en-soi comme si on y était (tout en n'y étant pas), puisque la nature doit être comprise « sans addition étrangère » (Marx).

Cette formule est liée à la conception d'une conscience et d'une connaissance *reflets* d'une réalité matérielle objective que développe Roger Garaudy dans sa thèse *La Théorie de la connaissance* :

— La théorie du reflet ;

— La liaison de la théorie et de la pratique ;

— Le mouvement dialectique qui s'oppose à tout dogmatisme.

Examinons les conséquences pratiques de ces trois aspects fondamentaux de la théorie matérialiste de la connaissance.

La théorie du reflet établit, nous l'avons vu, que *la réalité objective est première et la pensée seconde.* Elle assigne à la connaissance, à la

> science, la mission de découvrir les lois du monde objectif.
>
> Elle est la seule théorie de la connaissance montrant combien est fondé le « matérialisme spontané des savants ».
>
> 142/ R. GARAUDY, *La Théorie de la connaissance*, P.U.F., p. 360.

S'appuyant alors sur l'interprétation du physicien Paul Langevin et sur une conférence de Louis de Broglie, semblant revenir de ses « égarements indéterministes » en critiquant tout subjectivisme incompatible avec le « réalisme spontané du savant », R. Garaudy poursuit :

> La théorie matérialiste de la connaissance rend compte de cette certitude fondamentale de la science : l'existence des lois objectives du monde. Au moment même où était prononcée la conférence de Louis de Broglie, était publié le livre de Staline : *Les problèmes économiques du socialisme*, qui exprime la même confiance dans l'objectivité des lois : « Les lois du développement économique existent-elles objectivement, en dehors de nous, indépendamment de la volonté et de la conscience des hommes ? Le marxisme répond affirmativement à cette question. Le marxisme estime que les lois de l'économie politique sont le reflet, dans le cerveau des hommes, des lois objectives existant hors de nous. »
>
> 143/ R. GARAUDY, *ibid.*, p. 360.

Suivent les amalgames : positivisme, sémantique, philosophie cosmopolite... tout y passe en direction de la théorie phénoménologique qu'il a prise à partie dans les pages précédentes. S'il prend pour cible Merleau-Ponty, c'est, a fortiori, de Sartre qu'il s'agit : il critique leur prétention à « dépasser l'antithèse du matérialisme et de l'idéalisme » et à établir un lien originel entre l'intérieur et l'extérieur : « demandons-nous si ce dépassement n'est pas purement verbal » et si les principes de la phénoménologie ne sont pas le déguisement décadent d'un idéalisme honteux : « Nous pouvons comprendre pourquoi Merleau-Ponty a développé toute sa théorie de la connaissance : pour faire place à une conception de l'homme et de son histoire qui permette d'échapper à la conception scientifique et révolutionnaire, à la conception marxiste-léniniste de l'histoire. »

Voici les conséquences pratiques de cette doctrine dont on voit la malignité :

> Elles peuvent se résumer dans les cinq thèses suivantes :
>
> 1°/ Le réel est à décrire et non à transformer ;
>
> 2°/ Il n'y a d'histoire que pour le sujet qui la vit ;
>
> 3°/ Les notions de classe et de nation n'ont pas de signification objective ;
>
> 4°/ Le travail révolutionnaire ne saurait donc prendre appui sur une causalité objective. Il s'apparente au travail de l'artiste ;
>
> 5°/ La liberté est un pouvoir d'évasion, une transcendance.
>
> 144/ R. GARAUDY, *ibid.*, p. 350.

Ainsi, « la méthode existentielle » de Merleau-Ponty est « l'une des mille et une manières de changer le monde et de nous désarmer pour tenter de retarder ces changements. [...] Il veut à tout prix nier l'objectivité du mouvement historique [...] et nie même la réalité de la délibération qui conduit un homme à engager sa vie dans la voie qu'il a choisie. » On voit comme le matérialisme et le rationalisme classique font bon ménage contre cette philosophie de l'impuissance où tout est illusion, le réel comme la pensée.

Encore Merleau-Ponty est-il digne qu'on le réfute ! La pensée de Sartre ne mérite qu'une allusion :

> Sartre a côtoyé, comme les autres, le gouffre solipsiste : après avoir, en 1937, (*Recherches philosophiques*, t. VI)[1] proclamé « le moi contemporain du monde », il expliquait : « Le monde n'a pas créé le moi, le moi n'a pas créé le monde. Ce sont deux objets pour la conscience absolue, impersonnelle, et c'est par elle qu'ils se trouvent reliés. Cette conscience absolue... est tout simplement une condition première et une source absolue d'existence. » Dans *L'Être et le Néant*, Sartre est obligé d'avouer qu'il lui est impossible, dans cette perspective, de sauver l'idéalisme du solipsisme.
>
> [...] Le sujet est donc nécessaire à l'objectivité du phénomène. Nous voici revenus au thème central de l'idéalisme, et au piège du solipsisme.
>
> Et l'on n'échappe au solipsisme qu'en se réfugiant dans la théologie.
>
> 145/ R. GARAUDY, *ibid.*, p. 4.

Sartre-Berkeley, même combat !

Cette alliance du subjectivisme radical et d'une vision théologique constitue la thèse d'Henri Mougin dans son livre *La Sainte Famille existentialiste*, paru dès 1945, inachevé et posthume. Pour être beaucoup

1. *La Transcendance de l'ego.*

plus nuancées, les critiques sont les mêmes : il s'agit de débusquer au nom du matérialisme un double idéalisme qui témoigne de la décadence dont le marxisme doit sauver.

> Le point de vue du pour-soi sera celui de l'idéalisme subjectiviste, le point de vue de l'en-soi affirmera l'existence des essences. La jonction sera assurée par *l'angoisse.* Mais chez Heidegger ou chez Jaspers, cette angoisse naît du blocage du sujet existentiel sur ses limites. Et, par-là, ils restent prisonniers du subjectivisme et perdent la conscience absolue.
>
> L'angoisse chez Sartre naît, au contraire, comme nous l'avons vu, du fait que le sujet existentiel se sent continuellement débordé par cette source absolue d'existence qu'est la conscience absolue et impersonnelle. C'est donc l'angoisse qui fera la jonction entre les deux plans ; ce qui se présentait tout à l'heure comme paradoxe ou paralogisme devient solution. L'angoisse, c'est la présence du sujet existentiel à la conscience absolue et impersonnelle. *L'opération de Sartre se présente donc comme la conclusion de toute l'histoire de l'idéalisme.* Cinquante années de réflexions idéalistes ont révélé l'insuffisance intrinsèque d'un idéalisme objectif qui perd la subjectivité, et l'insuffisance intrinsèque d'un idéalisme subjectif qui perd la conscience absolue. L'opération de Sartre consiste à plaquer l'une sur l'autre les deux formes possibles d'idéalisme, tout en maintenant les deux plans : celui de l'idéalisme subjectiviste et celui de l'idéalisme objectif, le passage de l'un à l'autre étant assuré par l'angoisse, qui n'est pas autre chose que

l'angoisse religieuse, révélatrice, au sujet existentiel, de l'existence d'une conscience absolue, conscience des essences et par là, source d'existence absolue.

[...] Le prestige de Sartre, c'est d'avoir exploité techniquement ce double idéalisme, en face de gens qui n'auraient jamais conçu comme possible de soutenir à la fois, et l'un par l'autre, l'idéalisme subjectiviste et l'idéalisme objectif ; c'est d'avoir poussé la confusion à un point tel que le commentateur, incapable de songer à cette coopération frauduleuse des deux idéalismes, essaie d'interpréter l'opposition de l'être en-soi à travers la répartition normale des positions philosophiques, c'est-à-dire du point de vue de l'opposition de l'idéalisme et du matérialisme. Comme il n'aboutit à rien à travers cette opposition, il est amené à conclure de son incapacité à définir normalement la position de Sartre, à l'affirmation que Sartre a introduit des positions nouvelles et inédites en philosophie, et a créé une nouvelle ontologie.

146/ H. MOUGIN, *La Sainte Famille existentialiste*, Éditions Sociales, 1945, pp. 120-121.

Seul Sartre a pu oser pareille entreprise qui prouve son absence de sérieux, son mépris de la rigueur philosophique réduite à des jeux de mots pour donner le change : c'est à les débusquer que Mougin s'emploie.

Il montre notamment l'habileté de Sartre à ne présenter dans l'introduction de *L'Être et le Néant* qu'un en-soi énigmatique qui a pu donner lieu, pour les idéalistes, à une interprétation matérialiste de sa pensée..., mais à réserver pour la conclusion la signification théologique de cet en-soi, ou plutôt de la synthèse pour-soi/en-soi. Citant Sartre : « L'homme est l'être qui projette d'être Dieu... » (p. 653 de *L'Être et le Néant*), Mougin déduit :

> On le voit, sous la forme d'une description de ce qui est, nous débouchons en pleine religiosité. Le sens même du projet ultime et fondamental de l'homme, c'est Dieu ; Dieu, de l'être duquel l'homme a une compréhension immédiate, Dieu, valeur et but suprême de la transcendance. Dieu qui est la limite et le moyen permanent à partir de qui l'homme se fait annoncer ce qu'il est.
>
> 147/ H. MOUGIN, *ibid.*, p. 351.

Sans doute ajoute-t-il, dans la phrase suivante : « ce projet ultime n'aboutira pas »... Ce qui, en réalité, change tout ! Car ce projet impossible exprime l'entière liberté, l'absolu créateur et le pari sur l'homme déjà évoqué : projet manqué, il n'est nullement nostalgique, mais orgueil individuel et insolent. Ce que Mougin ressent d'ailleurs, en indiquant peu après « Sartre fait de nouveau son modeste [...] : la totalité n'est pas du domaine de l'ontologie... mais de la métaphysique qui ne nous concerne pas. C'est pourquoi « l'homme est une passion inutile ». » Ces mots par quoi s'achève *L'Être et le Néant* ont fait couler bien de l'encre : scandale pour les catholiques par rapport au mystère de l'incarnation, ils ne sont pas plus acceptables pour ceux qui font de l'homme un agent historique.

Cette réduction rationnelle de l'existence rejoint les critiques des cartésiens. C'est selon cette orientation qu'Alquié intervient dans la querelle de l'existentialisme. Il en condamne le subjectivisme et l'irrationalisme :

> On voit bien par le seul examen de leurs postulats que les existentialistes disent ce qu'ils ne « savent » pas, et ne « savent » pas ce qu'ils disent... La formule « être dans le monde » a donc ceci de particulier qu'en elle, *être* ne signifie pas *être*, *dans* ne signifie pas *dans*, et *monde* ne signifie pas *monde*... Elle désigne une réalité existentielle, elle est moins une conquête de notre savoir qu'un arrêt de notre savoir devant ce qu'il ne saurait pénétrer ou réduire.
>
> 148/ F. ALQUIÉ, dans *Revue internationale*, mars 1945.

Il décèle, quoi qu'ils en disent, une filiation chrétienne chez Heidegger ou Sartre, et, pour ces raisons-là, refuse de considérer l'existentialisme comme une philosophie : la philosophie se meut dans l'universel, l'existentialisme dans le singulier.

> Sans doute, tout philosophe admettrait-il que l'homme est au monde, qu'il ressent de ce fait une essentielle préoccupation, qu'il éprouve une véritable déréliction ? Mais le but de la philosophie est, précisément, de nous permettre d'échapper à de tels sentiments, en les explicitant, en les expliquant, en découvrant leurs sources. L'homme peut alors se penser comme partie d'un monde objectif, comprendre son appartenance à une nature, dont l'idée engendre toujours, comme on le voit dans le spinozisme ou le stoïcisme, quelque amour et quelque paix. Il peut, s'il est idéaliste, estimer que le malheur de sa conscience

vient de ce qu'elle s'est détachée pour se particulariser de l'esprit universel qui constitue son fond.

149/ F. ALQUIÉ, *ibid.*

Cependant Alquié s'interroge : l'existentialisme ne répond-il pas au vécu du cogito qui n'atteint pas encore l'universalité ? Ne mettrait-il pas l'accent sur une conscience malheureuse, privée du dépassement dialectique ? N'aurait-il pas la vérité d'un moment à réintégrer ?

On pourrait ici penser à un Descartes qui, ne parvenant pas à dépasser le cogito, demeurerait toujours dans la méditation seconde, ou à un Hegel qui, sans le secours de la dialectique, ne pourrait détacher sa conscience de l'objet... Pourquoi nous prive-t-il à la fois de l'ordre objectif cher à Platon et à la science, et de l'universalité de l'esprit connaissant, cher à l'idéalisme moderne, pour nous réduire à un sujet purement individuel qui, mesure de toutes choses, n'aperçoit en dehors de soi qu'un monde sans structure, dont la charge l'écrase et l'effraie, au-dedans de soi que finitude ?

150/ F. ALQUIÉ, *ibid.*

Remarquons que le lien de la philosophie à l'universel pose un problème pour qui veut tenir le rapport de l'homme au monde par les deux bouts : la notion sartrienne d'*universel-singulier* témoigne de cette exigence[1]. Mais on part du singulier : la finitude suppose l'irréductibilité de l'individu, la singularité de la situa-

1. Voir 1re partie, « L'intellectuel en question », p. 195.

tion, ouvre sur un jeu de possibles et de différences qui peut, sans garantie, déboucher sur l'universel auquel Sartre ne prétend d'emblée que lorsque, fatigué comme Zarathoustra, il cède au schématisme et devient conciliant : alors *l'existentialisme est un humanisme* ! Sinon il y résiste en vertu de la contingence : « La première contingence est qu'il y a des hommes », dit-il dans les *Cahiers pour une morale* : cette pluralité n'est pas universalité. C'est sans la gommer qu'il faut entreprendre de philosopher.

Sartre, quel que soit, plus tard, son rapprochement du marxisme, n'a jamais accepté le matérialisme métaphysique ; et l'abus qu'il y a à étendre l'intelligibilité du devenir, que prétend permettre la dialectique en histoire, à une dialectique de la nature dont Engels s'est fait le champion : la relativité de notre connaissance nous interdit toute hypothèse de ce genre. D'autre part, l'extension du matérialisme à l'histoire est contradictoire avec un projet révolutionnaire : celui-ci suppose, selon le « jeune Marx », que l'histoire est faite par les hommes ; or ceux-ci ne sont pas seulement des agents historiques soumis aux lois de l'histoire comme à celles de la nature : il faut de la « transcendance » pour être révolutionnaire, même si la facticité rend inacceptable la réalité : quand peut-on dire, en effet, qu'une réalité est *insupportable* ? Comment mesurer le *« coefficient d'adversité »* qui suscitera ou barrera l'action ? N'est-on pas alors renvoyé à l'intentionnalité de cette conscience-dans-le-monde qui donne un sens au projet ? Le sujet n'est donc pas seulement agent d'une histoire prévisible dont il serait exécutant. Pourquoi, dès lors, la propagande, le sacrifice et l'entreprise ? Ces contradictions entre le matérialisme qui rassure ceux-là même qui le démentent par un projet révolutionnaire dont ils sont acteurs, sont un des thèmes de ce texte essentiel :

Matérialisme et Révolution qui suit de près *L'Être et le Néant*. Entre les deux textes, il y a cependant des déplacements.

Dans *L'Être et le Néant*, Sartre affirme : le révolutionnaire est *sérieux* (opposé au jeu et à l'ironie kierkegaardienne qui délivrent la subjectivité).

S Il y a sérieux quand on part du monde et qu'on attribue plus de réalité au monde qu'à soi-même, à tout le moins quand on se confère une réalité dans la mesure où on appartient au monde. Ce n'est pas par hasard que le matérialisme est sérieux, ce n'est pas par hasard non plus qu'il se retrouve toujours et partout comme la doctrine d'élection du révolutionnaire. C'est que les révolutionnaires sont sérieux. Ils se connaissent d'abord à partir du monde qui les écrase et ils veulent changer ce monde qui les écrase. En cela, ils se retrouvent d'accord avec leurs vieux adversaires, les possédants, qui se connaissent eux aussi et s'apprécient à partir de leur position dans le monde. Ainsi toute pensée sérieuse est épaissie par le monde, elle coagule ; elle est une démission de la réalité humaine en faveur du monde. L'homme sérieux est « du monde » et n'a plus aucun recours en soi ; il n'envisage même plus la possibilité de *sortir* du monde, car il s'est donné à lui-même le type d'existence du rocher, la consistance, l'inertie, l'opacité de l'être-au-milieu-du-monde. Il va de soi que l'homme sérieux enfouit au fond de lui-même la conscience de sa liberté, il est de *mauvaise foi* et sa mauvaise foi vise à le présenter à ses propres yeux comme une conséquence : tout est conséquence, pour lui, et jamais il n'y a de principe : c'est pourquoi il est si attentif aux conséquences de ses actes. Marx a posé le dogme premier du sérieux lorsqu'il a affirmé la priorité de l'objet sur le sujet et l'homme est sérieux quand il se prend pour un objet.

151/ *L'Être et le Néant*, 1943. Édit. 1947, p. 669.

Dans *Matérialisme et Révolution*, Sartre dévoile la contradiction entre le matérialisme (sérieux) et le projet révolutionnaire qui décolle du réel et suppose la liberté... Mais peut-on, d'autre part, « jouer » à être révolutionnaire ? Peut-on choisir de l'être sans se perdre en cet objectif et s'y donner plus qu'à soi-même ? Et n'est-on pas suspect, quel que soit l'héroïsme ou le dévouement, si, en même temps, on maintient une distance telle que le sujet n'est pas englouti par la fin commune[1] ?

L'en-soi et la confiture

Ainsi les critiques religieuses et idéalistes servent les critiques marxistes qui portent sur le subjectivisme de Sartre.

Il est vrai que Sartre ne parle d'*en-soi* que pour dire qu'il est atteint à travers les visées du pour-soi : on ne peut rien en dire d'autre : l'Être est ce qu'il est.

Mais déjà Sartre en dit plus : dans l'indistinction de l'en-soi, point de dedans qui s'opposerait à un dehors et qui serait analogue à un jugement, à une loi, à une conscience de soi ; l'en-soi est massif, sans secret, ni

1. Voir tome II, 3e partie, « Une éthique de l'engagement ».

passif ni actif, opaque à lui-même. En a-t-il trop dit ou juste ce qui convient à la fonction relative au pour-soi qui en décolle, le fissure, donne de l'air ?

A ces indications de l'introduction répondent les assertions de la conclusion :

S Le pour-soi et l'en-soi sont réunis par une liaison synthétique qui n'est autre que le pour-soi lui-même. Le pour-soi, en effet, n'est pas autre chose que la pure néantisation de l'en-soi ; il est comme un trou d'être au sein de l'Être. On connaît cette plaisante fiction par quoi certains vulgarisateurs ont coutume d'illustrer le principe de conservation de l'énergie : s'il arrivait, disent-ils, qu'un seul des atomes qui constituent l'univers fût anéanti, il en résulterait une catastrophe qui s'étendrait à l'univers entier et ce serait, en particulier, la fin de la Terre et du système stellaire. Cette image peut nous servir ici : le pour-soi apparaît comme une menue néantisation qui prend son origine au sein de l'Être ; et il suffit de cette néantisation pour qu'un bouleversement total *arrive* à l'en-soi. Ce bouleversement, c'est le monde. Le pour-soi n'a d'autre réalité que d'être la néantisation de l'être. Sa seule qualification lui vient de ce qu'il est néantisation de l'en-soi individuel et singulier et non d'un être en général. Le pour-soi n'est pas le néant en général mais une privation singulière ; il se constitue en privation de *cet être-ci.* Nous n'avons donc pas lieu de nous interroger sur la manière dont le pour-soi peut s'unir à l'en-soi puisque le pour-soi n'est aucunement une substance autonome. En tant que néantisation, *il est été* par l'en-soi ; en tant que négation interne, il se fait annoncer par l'en-soi ce qu'il n'est pas, et conséquemment, ce qu'il a à être.

152/ *L'Être et le Néant*, 1943. Édit. 1947, pp. 711-712.

Drôle de synthèse où Sartre évoque intuitivement les aventures d'une thermodynamique qui fonderait une physique contemporaine aléatoire...

Drôle de synthèse qui est rupture radicale, altérité singulière où le « pour-soi » se constitue comme privation de cet être-ci et jamais selon l'universalité, où le cogito bascule hors de soi dans l'insuffisance de sa subjectivité et renvoie d'abord à la chose.

Drôle de synthèse impossible qui tourne dans l'altérité interminable : « elle est négation interne propre à la conscience mais ne saurait être autre sans émaner de l'être : le pour-soi est en cela relatif à l'en-soi mais ne saurait être autre sans se faire autre, en quoi il est un absolu.

Drôle de synthèse qui ne peut, en aucun cas, être fondée : le pour-soi a une réalité purement interrogative et est porté par l'être qui est sans raison, sans cause, sans nécessité : « il y a de l'être parce que le pour-soi est tel qu'il y ait de l'être et toute prétention à le fonder ou à ce qu'il soit sa propre cause (« causa sui ») est vouée à l'échec » :

S Tout se passe donc comme si l'en-soi et le pour-soi se présentaient en état de *désintégration* par rapport à une synthèse idéale. Non que l'intégration ait jamais eu lieu, mais précisément au contraire parce qu'elle est toujours indiquée et toujours impossible. C'est le perpétuel échec qui explique à la fois l'indissolubilité de l'en-

soi et du pour-soi et leur relative indépendance.
153/ *Ibid.*, p. 717.

Nous allons voir le renouvellement de sens que Sartre donne aux mots d'échec, de manque et le rôle métaphysique de la contingence : « l'essentiel c'est la contingence », avait-il affirmé dès *La Nausée* ; j'en reparlerai comme source de la liberté et je montrerai comment Sartre transpose de l'être à l'histoire la nécessité de fait : que notre histoire soit celle de la rareté n'est pas plus justifiable que notre existence. Ainsi, porté par l'en-soi, le pour-soi dont la réalité est interrogative, s'en arrache et le disloque : c'est pourquoi il fallait bien le supposer massif, opaque, plein comme un œuf... c'est aussi pourquoi la viscosité est une qualité inhérente à toute émergence du pour-soi englué dans l'en-soi : elle est donc symbole d'une fusion et il n'est pas aisé de s'en dégager...

Sartre rejette toute interprétation psychologique ou psychanalytique qui réduirait cette dimension ontologique à la sexualité et critique Bachelard, dont il reconnaît la beauté des descriptions, pour avoir usé d'une correspondance sexuelle entre les éléments et les individualités. Mais quoi de plus difficile que de réaliser le projet d'appropriation étant englué dans l'être ? La chanson des Frères Jacques : « La Confiture » raconte quelle peine on a pour s'en dépêtrer.

S Le visqueux paraît comme déjà l'ébauche d'une fusion du monde avec moi ; et ce qu'il m'apprend de lui, son caractère de *ventouse qui m'aspire,* c'est déjà une réplique à une interrogation concrète ; il répond avec son être même, avec sa manière d'être, avec toute sa matière. Et la réponse qu'il donne est à la fois pleinement adaptée à la question et à la fois opaque et indéchiffrable, car elle est riche de toute son indicible matérialité. Elle est claire en tant qu'elle s'adapte exactement à la réponse : le visqueux se laisse saisir comme ce dont je manque, il se laisse palper par une enquête appropriative ; c'est à cette ébauche d'appropriation qu'il laisse découvrir sa viscosité. Elle est opaque parce que, précisément, si la forme signifiante est éveillée dans le visqueux par le pour-soi, c'est avec toute sa viscosité qu'il vient la remplir. Il nous renvoie donc une signification pleine et dense et cette signification nous livre l'être-en-soi, en tant que le visqueux est présentement ce qui manifeste le monde, et l'ébauche de nous-même, en tant que l'appropriation esquisse quelque chose comme un acte fondant du visqueux.

154/ *Ibid.*, pp. 697-698.

C'est que le visqueux est proche de la liquidité.

S Une substance visqueuse comme la poix, est un fluide aberrant. Elle nous paraît d'abord manifester l'être partout fuyant et partout semblable à lui-même, qui s'échappe de toute part et sur lequel, cependant, on peut flotter, l'être sans danger et sans mémoire qui se change éternellement en lui-même, sur lequel on ne marque et qui ne saurait marquer sur nous, qui glisse et sur lequel on glisse, qui peut se posséder par le glissement (canot, canot automobile, ski nautique, etc.[1]) et qui ne possède jamais, parce qu'il roule sur vous, l'être qui est éternité et temporalité infinie, parce qu'il est changement perpétuel sans rien qui

1. Ces exemples datent de 1943...

change et qui symbolise le mieux, par cette synthèse d'éternité et de temporalité, une fusion possible du pour-soi comme pure temporalité, et de l'en-soi comme éternité pure. Mais aussitôt le visqueux se révèle essentiellement comme louche, parce que la fluidité existe chez lui au ralenti ; il est empâtement de la liquidité, c'est-à-dire il représente en lui-même un triomphe naissant du solide sur le liquide, c'est-à-dire une tendance de l'en-soi d'indifférence que représente le pur solide, à figer la liquidité, c'est-à-dire à absorber le pour-soi qui devrait le fonder. Le visqueux est l'agonie de l'eau ; il se donne lui-même comme un phénomène en devenir, il n'a pas la permanence dans le changement de l'eau, mais au contraire, il représente comme une coupe opérée dans un changement d'état. Cette instabilité figée du visqueux décourage la possession. L'eau est plus fuyante, mais on peut la posséder dans sa fuite même, en tant que fuyante. Le visqueux fuit d'une fuite épaisse qui ressemble à celle de l'eau comme le vol lourd et à ras de terre de la poule ressemble à celui de l'épervier. Et cette fuite même ne peut être possédée, car elle se nie en tant que fuite.

155/ *Ibid.*, p. 698.

Fluidité, instabilité à la limite cependant de la permanence, échappement, coulage, « substance entre deux états », immanence collante d'un en-soi dont cependant on se détache pour tenter de se l'approprier... piège, compromis : « fluidité qui me retient et qui me compromet ; je ne puis glisser sur ce visqueux, toutes ses ventouses me retiennent ; il ne peut glisser sur moi, il s'accroche comme une sangsue... » La viscosité n'est pas la solidité qui empêche toute glisse, mais elle n'est pas non plus la fluidité ; le glissement y est dégradé, sucé par la substance glissante, il laisse sur moi des traces...

Ce n'est pas que Sartre ne préfère la neige où les traces sont celles du pour-soi (muni de skis) sur l'en-soi ; ni qu'il ne préfère à cette neige qui garde des traces, le glissement sur l'eau qui s'efface et se joue dans l'éphémère... Mais les rapports de l'en-soi et du pour-soi, si tranchés qu'ils soient au départ, n'ont pas cette légèreté : l'engluement nous guette sans cesse et pèse sur ce pour-soi interrogateur.

On peut lire toute l'œuvre de Sartre selon ce jeu de rapports entre la glisse et la glu, entière liberté et aliénation : Oreste ou Frantz ? vol lourd des mouches qui bourdonnent...

Essai de danse avortée de ce peuple d'Argos tout englué de remords sans qu'Électre puisse l'entraîner, car elle est, elle-même, engluée dans Argos...

La problématique de Sartre est ici géographique et horizontale : c'est en surface que s'exerce une transcendance par laquelle le pour-soi tente de s'arracher aux ventouses de l'en-soi. Si la viscosité fait peur, c'est qu'elle menace perpétuellement toute échappée : « l'horreur du visqueux, c'est l'horreur que le temps ne devienne visqueux, que la facticité ne progresse continûment et insensiblement et n'aspire le pour-soi qui "l'existe". [...] C'est la peur d'une métamorphose : aussi est-elle anti-valeur, comme obstacle à la rupture. Pas de trous dans le visqueux ! »

La viscosité n'a pas la noblesse du fleuve qui coule et fait image pour la durée (d'Héraclite à Bergson). L'en-soi colle à la peau, tandis que le pour-soi veut s'en échapper.

La viscosité se distingue aussi du solide : la confiture ou le miel ne sont pas cette cire dont Descartes évoquait bien l'éventuelle viscosité, mais ce n'était qu'une apparence momentanée, une modalité parmi d'autres : la substance de la cire était la matière étendue, identique sous les différences, dans une physique des solides.

Cette tentation du visqueux fait rêver Bachelard à partir des images de *La Nausée* : « ambivalence de l'attrait et du dégoût » lorsque Roquentin ramasse les ordures, les marrons, les vieilles loques, « les papiers lourds et somptueux »... « Et cependant, ajoute Bachelard, le voici qui répugne à toucher un galet ramassé sur la plage, un galet lavé par la mer... »

> La nausée dans la main ! Texte capital pour une psychologie de la pâte malheureuse, pour une doctrine de l'imagination manuelle de la main affaiblie...
>
> Le monde est ma nausée, dirait un Schopenhauer sartrien. Le monde est une colle, une poix, une pâte jamais trop molle, une pâte que pétrit mollement le pétrisseur et qui suggère à la main — absurdité matérielle — de desserrer son étreinte, de renier son travail.
>
> 156/ G. BACHELARD, *La Terre et les Rêveries de la volonté*, Corti, 1948, p. 115.

Puis, passant à *L'Être et le Néant*, Bachelard prend les choses au sérieux : il ne s'agit plus d'un individu, d'un personnage de roman : « l'auteur, travaillant en quelque sorte sur le motif, voit bien que la matière est révélatrice d'être, c'est-à-dire révélatrice de l'être humain. »

Cependant, Bachelard ne donne pas au visqueux le même sens que Sartre : « l'imagination matérielle de la pâte est essentiellement travailleuse. Le visqueux n'est alors qu'une offense passagère, une escarmouche du réel contre le travailleur et le travailleur est assez dynamique pour être sûr de sa victoire» (p. 116).

Qui pis est, la racine elle-même est molle, visqueuse, privée paradoxalement de puissance ascensionnelle à laquelle Sartre se refuse. Bachelard oppose alors à cette description phénoménologique sa dynamique des images :

> La dynamologie imaginaire est toute positive, entièrement contemporaine des forces qui naissent et qui croissent. Une image dynamique s'arrête, elle fait place à une autre, elle ne *diminue pas.* C'est une application du principe déjà rencontré, continuité de la réalité et du rêve, discontinuité du rêve à la réalité. Mais nous ne voulons ici qu'indiquer le pouvoir diagnostique des images pour le devenir psychique. La nausée se caractérisera donc à la fois par sa substance, sa glu, sa colle, sa pâte et par son mouvement alenti, aux articulations synoviées. Elle sera ce qu'aucun laboureur n'a jamais vu — ou n'a jamais *voulu* voir — une grosse racine molle.
>
> 157/ G. Bachelard, *La Terre et les Rêveries du repos*, Corti, 1948, p. 303.

Dès lors, il n'y a plus, pour tirer Roquentin de cette vision troublante et inversée, qu'à l'envoyer travailler sur du dur.

Courage, fuyons !

Ce qui ressort de cet ensemble peut être lu aujourd'hui comme une bataille que Sartre mène contre «tout arrière-monde». Nous n'avons pas à supposer la plénitude, ou la totalité pour tenter l'absolu au cœur même des apparitions : nous ne sommes plus dans ce rapport modèle-copies dont la pensée traditionnelle n'arrive pas à sortir.

Sartre y étouffe et ouvre un champ de manifestations à travers lesquelles se fait un sujet qui erre sans garantie, mais librement. Sans doute a-t-il parfois la nostalgie d'une synthèse qu'il accomplirait et qui ferait de lui un Dieu accordant l'inaccordable : l'en-soi et le pour-soi, d'abord séparés... Mais les mots ont changé de sens et de valeur : d'abord cet emploi du mot « transcendance » dont Jean Wahl dit lui-même que son ambiguïté est « si importante et si dangereuse dans la terminologie de Sartre comme dans celle de Heidegger », en ajoutant qu'elle est double « puisqu'elle est ce vers quoi on transcende et ce qui transcende ». Or ce n'est vrai que si on garde un reste de substantialisme... Les mots échec, manque, fuite, changent de sens aussi : ils donnent de la légèreté, de l'imprévisibilité et de l'air dans un jeu de différences et de flux qui annoncerait toute une pensée moderne : Sartre ne la maîtrise pas toujours, parce qu'il essuie les plâtres et, chassant l'ombre de Dieu, brise des idoles qui tiennent encore bon.

Le meilleur commentaire de cette attitude porte sur Nietzsche, pas sur Sartre : dans son texte « Simulacre et Philosophie antique », Gilles Deleuze montre bien que l'opposition principale n'est pas entre les bonnes et les mauvaises icônes mais entre le rapport modèle-copies (bonnes ou mauvaises, mais inséparables du modèle) et le jeu de simulacres dont l'évaluation et la dissemblance ne renvoient à aucun modèle.

> Que signifie « renversement du platonisme » ? Nietzsche définit ainsi la tâche de sa philosophie,

ou plus généralement la tâche de la philosophie de l'avenir. Il semble que la formule veuille dire : l'abolition du monde des essences et du monde des apparences.

[...] Nous partions d'une première détermination du motif platonicien : distinguer l'essence et l'apparence, l'intelligible et le sensible, l'Idée et l'image, l'original et la copie, le modèle et le simulacre. Mais nous voyons déjà que ces expressions ne se valent pas.

La distinction se déplace entre deux sortes d'images. Les copies sont possesseurs en second, prétendants bien fondés, garantis par la ressemblance ; les simulacres sont comme les faux prétendants, construits sur une dissimilitude, impliquant une perversion, un détournement essentiels. C'est en ce sens que Platon divise en deux le domaine des images-idoles : d'une part les copies-icônes, d'autre part les simulacres-phantasmes. Nous pouvons alors mieux définir l'ensemble de la motivation platonicienne : il s'agit de sélectionner les prétendants, en distinguant les bonnes et les mauvaises copies, ou plutôt les copies toujours bien fondées, et les simulacres, toujours abîmés dans la dissemblance. Il s'agit d'assurer le triomphe des copies sur les simulacres, de refouler les simulacres, de les maintenir enchaînés tout au fond, de les empêcher de monter à la surface et de « s'insinuer » partout.

[...]

Si nous disons du simulacre qu'il est une copie de copie, une icône infiniment dégradée, une ressemblance infiniment relâchée, nous passons à côté de l'essentiel : la différence de nature entre simulacre et copie, l'aspect par lequel ils forment les deux moitiés d'une division. La copie est une image douée de ressemblance, le simulacre une image sans ressemblance. [...]

Renverser le platonisme signifie dès lors : faire monter les simulacres, affirmer leurs droits entre les icônes ou les copies. Le problème ne concerne plus la distinction Essence-Apparence, ou Modèle-Copie. Cette distinction tout entière opère dans le monde de la représentation ; il s'agit de mettre la subversion dans ce monde, « crépuscule des idoles ». Le simulacre n'est pas une copie dégradée, il recèle une puissance positive qui nie et l'original et la copie, et le modèle et la reproduction.

[...]

En montant à la surface, le simulacre fait tomber sous la puissance du faux (phantasme) le Même et le Semblable, le modèle et la copie. Il rend impossible et l'ordre des participations, et la fixité de la distribution, et la détermination de la hiérarchie. Il instaure le monde des distributions nomades et des anarchies couronnées. Loin d'être un nouveau fondement, il engloutit tout fondement, il assure un universel effondrement, mais comme événement positif et joyeux, comme effondement.

158/ G. DELEUZE, *La Logique du sens*, « Simulacre et Philosophie antique », Éditions de Minuit, 1969, pp. 292, 295, 297, 302, 303.

Certes, nous ne pouvons faire de Sartre le précurseur de Deleuze, et passer sous silence, malgré son goût des simulacres et des différences, le souci qu'a Sartre d'un mouvement totalisateur (toujours raté et toujours recommencé).

Cependant, la volonté de Sartre se référant à Nietzsche, dès la première page de *L'Être et le Néant*, de se débarrasser de « l'illusion des arrière-mondes » est d'autant plus subversive qu'il le tente par un néant qui n'est rien d'autre qu'absence d'être. Nous avons déjà évoqué la divergence entre Sartre qui parle de « trous dans l'être » et Merleau-Ponty qui parle de « pli » ; toute la différence est là : un pli, ça se déplie, et l'on retrouve alors la continuité ; des trous, c'est irréparable et cela disloque toute illusion de plénitude. Grâce aux trous, on *fuit*. Et ce mot aussi change de sens et de valeur : le titre du film d'Yves Robert : *« Courage, fuyons ! »*, exprime cette nouvelle évaluation où la fuite n'est plus synonyme de peur ou lâcheté : le héros fuit la routine, part sans savoir où, à l'aventure, non qu'il se trouvât mal dans sa réalité, mais la rupture l'emporte sur la sécurité, la différence sur la répétition, l'inattendu sur l'habitude.

Là encore, nous rencontrons dans la pensée de Gilles Deleuze une évaluation affirmative de la fuite :

> Partir, s'évader, c'est tracer une ligne. L'objet le plus haut de la littérature, suivant Lawrence : « Partir, partir, s'évader... traverser l'horizon, pénétrer dans une autre vie... C'est ainsi que Melville se retrouve au milieu du Pacifique, il a vraiment passé la ligne d'horizon. » La ligne de fuite est une *déterritorialisation*. Les Français ne savent pas bien ce que c'est. Évidemment, ils fuient comme tout le monde, mais ils pensent que fuir, c'est sortir du monde, mystique ou art, ou bien que c'est quelque chose de lâche, parce qu'on échappe aux engagements et aux responsabilités. Fuir, ce n'est pas du tout renoncer aux actions, rien de plus actif qu'une fuite. C'est le contraire de l'imaginaire. C'est aussi bien faire fuir, pas forcément les autres, mais faire fuir quelque

chose, faire fuir un système comme on crève un tuyau. Georges Jackson écrit de sa prison : « Il se peut que je fuie, mais tout au long de ma fuite je cherche une arme. » Et Lawrence encore : « Je dis que les vieilles armes pourrissent, faites-en de nouvelles et tirez juste. » Fuir, c'est tracer une ligne, des lignes, toute une cartographie. On ne découvre des mondes que par une longue fuite brisée.

159/ G. DELEUZE et C. PARNET, *Dialogues*, Flammarion, p. 47.

Pour l'un et l'autre, la fuite est liée au sens du devenir : lignes de fuite, non-structures, littérature américaine : fuite de Fitzgerald ou Kérouac, randonnée de Kleist, infidélité (« comment briser notre amour pour devenir enfin capable d'aimer ? »), faire du traître un héros (« Il y a toujours de la trahison dans une ligne de fuite »)... « La grande erreur, la seule erreur serait de croire qu'une ligne de fuite consiste à fuir la vie : la vie dans l'imaginaire ou dans l'art. Mais fuir au contraire, c'est produire du réel, créer de la vie, trouver une arme. »

La meilleure réponse aux détracteurs moralisants et figés de Sartre, est de montrer son avance en ce renversement de sens dont il fut l'annonciateur insupportable : « Je suis né traître et le suis resté... J'ai la mission d'être infidèle à tout » *(Les Mots).*

2. Ontologie de crise

Voilà donc l'en-soi dont nous venons de voir qu'on n'en peut rien dire si ce n'est qu'il *est*. Alors, occupons-nous plutôt du pour-soi qui, au cœur de l'en-soi, le mine et le perce à coups de visées et de consciences ! Celles-ci dans leur multiplicité et leur diversité tentent de construire un sujet.

Le jeu des multiplicités

C'est ce renversement, de façon moderne, où l'unité du sujet est réalisée à partir de la multiplicité d'états et d'actes de conscience que développe le premier texte philosophique de Sartre : *La Transcendance de l'ego*[1]. Sartre, selon l'expression de Sylvie Lebon, y « inaugure le travail d'exploration qui aboutira à *L'Être et le Néant* ». Sartre s'y réfère d'autre part pour répondre, trente ans plus tard, aux accusations des structuralistes. Il nous dit pourquoi l'*ego*, le moi, ne peut être que « transcendant », à l'horizon, douteux, opaque ; on en réalise l'unité précaire provisoire à partir de la multiplicité des intentionnalités. Cette unité, jamais garantie, s'oppose aussi bien à la pensée

1. Ce texte est d'abord publié comme article dans *Recherches philosophiques*, n° 6, janvier 1937. Il paraît en livre, chez Vrin, en 1965 avec une introduction et des notes de Sylvie Lebon qui éclairent sa portée pour la suite de l'œuvre de Sartre.

substance de Descartes qu'à la nécessité d'un « je transcendantal » dont l'unité serait le fondement nécessaire à la diversité empirique.

S Si l'on accorde à Kant la question de *droit*, la question de fait n'est pas tranchée pour autant. Il convient donc de la poser ici nettement : le « Je pense » doit pouvoir accompagner toutes mes représentations, mais les accompagne-t-il en fait ?

160/ *La Transcendance de l'ego*, Vrin, 1965, p. 15.

La notion d'intentionnalité aurait dû permettre à Husserl d'échapper au piège du sujet transcendantal en faisant du monde et du moi des contemporains, mais il n'a pas osé en tirer toutes les conséquences, se passer de fondement et cheminer dans ce suspens où l'unité du « je », n'étant pas préétablie, risque de ne jamais se constituer.

S La conception phénoménologique de la conscience rend le rôle unifiant et individualisant du *Je* totalement inutile. C'est la conscience au contraire qui rend possible l'unité et la personnalité de mon *Je*. Le *Je transcendantal* n'a donc pas de raison d'être.

Mais, en outre, ce *Je* superflu est nuisible. S'il existait, il arracherait la conscience à elle-même, il la diviserait, il se glisserait dans chaque conscience comme une lame opaque. Le *Je transcendantal* c'est la mort de la conscience.

161/ *Ibid.*, pp. 23-24.

« Tant que le *Je* restera une structure de la conscience absolue, on pourra encore reprocher à la phénoménologie d'être une doctrine-refuge », ajoute-t-il plus loin. Or Sartre rejette tout refuge hors du monde, toute garantie. « Ni Dieu, ni moi, je suis gai ! », proclame-t-il dans les *Cahiers pour une morale*... « Le Moi n'est pas un petit Dieu », dit-il dans *L'Être et le Néant*.

Les actes et les états de conscience se situent à deux niveaux : celui de la spontanéité et celui de la réflexion : toute conscience n'est pas conscience de soi et c'est à l'exploration de ce champ ouvert et nouveau que nous allons d'abord nous attacher. En effet, quelle que soit l'importance que Sartre donne à l'acte réflexif et à la réflexion, son originalité vient de l'autonomie qu'il accorde à la spontanéité. Elle est à la fois source, renouvellement de l'activité réflexive, et menace que nous devons affronter : « la conscience s'effraie de sa propre spontanéité. » En effet :

> La liberté, ici, se comprend par analogie avec la responsabilité et la volonté, auxquelles il a été fait allusion, c'est-à-dire qu'elle est restreinte à la sphère transcendante de l'éthique. Par conséquent, Sartre peut y voir, selon son expression dans cet essai, un « cas spécial » à l'intérieur du champ transcendantal que constituent les spontanéités immédiates. La liberté est à la spontanéité ce que l'Ego et le psychique en général sont à la conscience transcendantale impersonnelle.
>
> Dans *L'Être et le Néant*, liberté et spontanéité se sont rejointes. La liberté est devenue coextensive à toute la conscience. Bien sûr, la liberté est aussi un concept éthique — c'est même le concept fondateur de l'éthique — en tant que mon acte en est l'expression. Mais l'acte libre se fonde sur une liberté plus sauvage, qui n'est autre

que la structure même de la conscience dans sa pure translucidité. Plus qu'un concept, la liberté est « l'étoffe de mon être », elle me traverse de part en part.

162/ *Ibid.*, p. 80. (Note 77 de S. Lebon.)

Ce champ de la spontanéité, de l'irréfléchi, est d'autant plus important à dévoiler qu'alors la conscience ne peut dire *je* : elle est projetée sur l'objet de l'action, sur la source de la peur, sur la fin à réaliser sans qu'apparaisse ce *je* qui n'existe que dans le retour sur soi. « Si j'aime une femme, c'est qu'elle est aimable... » Et Sartre, Aristote à l'appui, nous montre dans ce texte d'envoi que le *je* n'existe pas avant le mouvement de la conscience hors d'elle :

S Il n'y a pas de *Je* sur le plan irréfléchi. Quand je cours après un tramway, quand je regarde l'heure, quand je m'absorbe dans la contemplation d'un portrait, il n'y a pas de *Je*. Il y a conscience du tramway-devant-être-rejoint, etc., et conscience non-positionnelle de la conscience. En fait, je suis alors plongé dans le monde des objets, ce sont eux qui constituent l'unité de mes consciences, qui se présentent avec des valeurs, des qualités attractives et répulsives, mais moi, j'ai disparu, je me suis anéanti. Il n'y a pas de place pour moi à ce niveau, et ceci ne provient pas d'un hasard, d'un défaut momentané d'attention, mais de la structure même de la conscience.

163/ *Ibid.*, p. 32.

Ce qui vaut pour l'action dans cet exemple, vaut aussi pour le désir. La plupart des états et des actes de conscience ne permettent pas de dire *je* pense, même si on les pense : le terme *ego* et le verbe *cogito* ne sont pas sur le même plan... Les structures de la conscience irréfléchie doivent être considérées comme autonomes, « et quand on suppose sous ces élans centrifuges une réflexion masquée, celle-ci empoisonne les désirs [1] ».

S La psychologie de La Rochefoucauld se retrouve à sa place. Et pourtant elle n'est pas vraie : ce n'est pas ma faute si ma vie réflexive empoisonne « par essence » ma vie spontanée, et d'ailleurs la vie réflexive suppose en général la vie spontanée. Avant d'être « empoisonnés » mes désirs ont été purs ; c'est le point de vue que j'ai pris sur eux qui les a empoisonnés. La psychologie de La Rochefoucauld n'est vraie que pour les sentiments particuliers qui tirent leur origine de la vie réflexive, c'est-à-dire qui se donnent d'abord comme mes sentiments, au lieu de se transcender d'abord vers un objet.

164/ *Ibid.*, p. 30.

Du magique et du désir

Dans l'*Esquisse d'une théorie des émotions*, pour mieux faire comprendre combien « l'émotion revient à chaque instant sur l'objet et s'y alimente » et comment le sujet ému et l'objet émouvant sont unis dans cette conduite irréfléchie, Sartre montre à nouveau l'extension et l'autonomie des conduites irréfléchies

1. Voir « La conscience et le vécu », p. 385 et tome II, 5e partie, « La magie de l'imaginaire ».

qui valent aussi bien pour les opérations sur l'univers que pour la réaction magique dans l'émotion.

S Il est certain que nous pouvons réfléchir sur notre action. Mais une opération *sur* l'univers s'exécute le plus souvent sans que le sujet quitte le plan irréfléchi. Par exemple, en ce moment, j'écris, mais je n'ai pas conscience d'écrire. Dira-t-on que l'habitude m'a rendu inconscient des mouvements que fait ma main en traçant les lettres ? Ce serait absurde. J'ai peut-être l'habitude d'écrire, mais non point celle d'écrire *tels* mots dans *tel* ordre. D'une manière générale, il faut se méfier des explications par l'habitude. En réalité, l'acte d'écrire n'est nullement inconscient, c'est une structure actuelle de ma conscience. Seulement il n'est pas conscient de lui-même. Écrire, c'est prendre une conscience active des mots en tant qu'ils naissent sous ma plume. Non pas *des mots* en tant qu'ils sont écrits par moi.

[...]

Les mots que j'écris sont des *exigences*. C'est la façon même dont je les saisis à travers mon activité créatrice qui les constitue comme tels : ils apparaissent comme des potentialités *devant être réalisées*. Non pas devant être réalisées par moi. [...] Le moi n'apparaît point ici. [...]

Ce qui importe ici, c'est seulement de montrer que l'action comme conscience spontanée irréfléchie constitue une certaine couche existentielle dans le monde, et qu'il n'est pas besoin d'être conscient de soi comme agissant pour agir — bien au contraire. En un mot, une conduite irréfléchie n'est pas une conduite inconsciente, elle est consciente d'elle-même non-thétiquement, et

> sa façon d'être téthiquement consciente d'elle-même c'est de se transcender et de saisir sur le monde comme une qualité de choses. Ainsi peut-on comprendre toutes ces exigences et ces tensions du monde qui nous entoure, ainsi peut-on dresser une carte « hodologique » de notre *Umwelt*, carte qui varie en fonction de nos actes et de nos besoins.
>
> 165/ *Esquisse d'une théorie des émotions,* Hermann, 1965, pp. 41-42.

L'acte créateur est d'abord irréfléchi, porté dans ce cas, non vers le réel, mais vers un irréel à réaliser : il se fait à travers l'incertitude du mouvement lui-même, sans que le sujet soit cet auteur qui dirait *« je »* d'emblée. La spontanéité d'une conscience non positionnelle est le départ d'une création si maîtrisée soit-elle. Cette insistance est nécessaire contre l'intellectualisme traditionnel qui prend comme évident « le primat de la connaissance », confond conscience et conscience de soi, met sur le même plan *ego* et *cogito*.

Cette critique est d'ailleurs à nouveau développée dans *L'Être et le Néant*.

Cette bataille n'est pas seulement philosophique, mais esthétique et éthique : elle suppose le risque de la spontanéité, dont le caractère intempestif déborde à chaquc instant une unité chèrement acquise. Elle brise toute autocensure : pas de service d'ordre de la conscience, même au risque du désordre !

L'émotion plonge dans *cette* conscience, non seulement irréfléchie et spontanée mais impersonnelle et individualisée, et se différencie du jeu parce qu'« on y croit ».

S La conduite émotive n'est pas sur le même plan que les autres conduites, elle n'est pas effective. Elle n'a pas pour fin d'agir réellement sur l'objet en tant que tel par l'entremise de moyens particuliers. Elle cherche à conférer à l'objet par elle-même et sans le modifier dans sa structure réelle, une autre qualité, une moindre existence, ou une moindre présence (ou une plus grande existence, etc.). En un mot, dans l'émotion, c'est le corps qui, dirigé par la conscience, change ses rapports au monde pour que le monde change ses qualités. Si l'émotion est un jeu, c'est un jeu auquel nous croyons.

166/ *Ibid.*, p. 44.

Parlant de la peur devant une situation insupportable, de deux choses l'une : ou tout est gommé par l'évanouissement, ou, à défaut, on s'enfuit :

S Nous ne fuyons pas pour nous mettre à l'abri ; nous fuyons faute de pouvoir nous annihiler dans l'évanouissement. La fuite est un évanouissement joué, c'est une conduite magique qui consiste à nier l'objet dangereux avec tout notre corps, en renversant la structure vectorielle de l'espace où nous vivons en créant brusquement une direction potentielle, de l'autre côté. C'est une façon de l'oublier, de le nier. C'est de la même façon que les boxeurs novices se jettent sur l'adversaire en fermant les yeux : ils veulent supprimer l'existence de ses poings, ils refusent de les percevoir et par là suppriment symboliquement leur efficacité. Ainsi le véritable sens de la peur nous apparaît : c'est une conscience qui vise à nier, à travers une conduite magique, un objet du monde extérieur et qui ira jusqu'à s'anéantir, pour anéantir l'objet avec elle.

167/ *Ibid.*, p. 46.

Ce premier exemple est suivi d'autres analyses : celle de la tristesse « qui fait du monde une réalité affectivement neutre », et transforme le monde en une « immensité morne »... Celle de la joie, « conduite magique qui tend à réaliser par incantation la possession de l'objet désiré comme totalité instantanée » : aussi danse-t-on, chante-t-on de joie !

Sartre distingue alors l'émotion de la petite comédie que se joue celui qui, ne pouvant attraper la grappe de raisins, se dit : « Ils sont trop verts » ; la conduite de dégoût permet de renoncer à un geste impossible. « Mais que la situation soit plus urgente, que la conduite incantatoire soit accomplie avec sérieux : voilà l'émotion. » Car « l'émotion est toute autre, elle s'accompagne de croyance », et, « pour croire aux conduites magiques, il faut être bouleversé ». On ne peut pas feindre, et, si l'on parle de « fausses peurs », c'est l'objet qui est faux, non le bouleversement... C'est pourquoi l'acteur « qui joue à être ce qu'il n'est pas » et se situe dans l'irréel, mime la joie ou la tristesse mais n'est ni joyeux ni triste. Au mieux faut-il qu'il transpose et trouve un substitut émotionnel pour jouer l'émotion à laquelle il ne croit pas.

Je reparlerai, à propos de la création, du jeu de l'acteur, de son expression corporelle, de la transposition émotionnelle qu'il pratique pour réaliser ses rôles : Sartre, dans l'analyse qu'il en fait dans *L'Idiot de la famille* (et dans la pièce *Kean*), montre qu'il est, en effet, celui des créateurs qui risque le plus, puisqu'il est sa propre matière et qu'il se risque corps et âme. C'est parce qu'il est créateur qu'il ne se perd pas en la multiplicité des personnages qu'il incarne et qu'il est révélateur de la question : *Qui suis-je*[1] ?

Ce lien de l'imaginaire, de la croyance et du jeu — si essentiels dans la vie et la philosophie de Sartre — dépend du corps que Sartre lie de façon intime et indissociable à la spontanéité : « La conscience, plongée dans ce monde magique, y entraîne le corps en tant que le corps est croyance. »

Il nous montre une « conscience captive » qui ne peut, en tant qu'émotion, dépasser l'immersion dans la spontanéité ; toute prise de conscience brise l'émotion. Or l'émotion n'est pas simplement un état : elle comporte, « en cette qualité écrasante et définitive de la chose qui nous apparaît », un passage à l'infini : « Nous vivons émotivement une qualité qui nous pénètre, que nous souffrons et qui nous dépasse de toute part. Du coup, l'émotion est arrachée à elle-même, elle se transcende, elle n'est pas un banal épisode de notre vie quotidienne, elle est l'intuition de l'absolu. » Intuition de l'absolu où la conscience spontanée et le corps ont partie liée de façon magique et indissociable.

Dès que Sartre ne se laisse plus prendre au piège de la représentation, le corps — factivité — s'anime et se trouble : « *j'existe* mon corps », dans une douleur qui imprègne toutes mes visées, dans une insignifiance qui provoque la nausée, ou dans un désir qui prend, submerge, transit, car « l'homme qui désire, *existe* son corps d'une manière particulière » qui ne se compare pas aux autres appétits et qui n'est pas « néantisante de la facticité ».

S Dans le désir la conscience choisit d'*exister sa facticité* sur un autre plan. Elle ne la fuit plus, elle

1. Voir tome II, 5e partie, « A la gloire de Kean ! ».

tente de se subordonner à sa propre contingence, en tant qu'elle saisit un autre corps — c'est-à-dire une autre contingence — comme désirable. En ce sens, le désir n'est pas seulement le dévoilement du corps d'autrui, mais la révélation de mon propre corps. Et cela, non pas en tant que ce corps est instrument ou point de vue, mais en tant qu'il est pure facticité, c'est-à-dire simple forme contingente de la nécessité de ma contingence. Je sens ma peau et mes muscles et mon souffle et je les sens non pour les transcender vers quelque chose comme dans l'émotion ou l'appétit, mais comme un datum vivant et inerte, non pas simplement comme l'instrument souple et discret de mon action sur le monde, mais comme une passion par où je suis engagé dans le monde et en danger dans le monde. Le pour-soi n'est pas cette contingence, il continue à l'exister, mais il subit le vertige de son propre corps ou, si l'on préfère, ce vertige est précisément sa manière d'exister son corps. La conscience non thétique se laisse aller au corps, veut être corps et n'être qu'un corps.

168/ *L'Être et le Néant*, 1943. Édit. 1947, pp. 457-458.

La source du désir n'est pas le corps qui susciterait la conscience : Sartre parle d'incarnation, et « l'être qui désire, c'est la conscience se faisant corps », mais loin de s'en servir ou de le nier, elle se laisse envahir et s'y vautre : y naissent des flux et des intensités qui appellent le corps de l'autre, de l'autre comme chair, comme fusion, comme « tentative d'incarnation » et d'appropriation magique.

S Ainsi la caresse n'est aucunement distincte du désir : caresser des yeux ou désirer ne font qu'un ; *le désir s'exprime par la caresse comme la pensée par le langage.* Et précisément la caresse révèle la chair d'Autrui comme chair à moi-même et à *autrui.* Mais elle révèle cette chair de façon très particulière ; empoigner Autrui lui révèle bien son inertie et sa passivité de transcendance-transcendée ; mais ce n'est pas là le caresser. Dans la caresse, ce n'est pas mon corps comme forme synthétique en action qui caresse Autrui : mais c'est mon corps de chair qui fait naître la chair d'Autrui. La caresse est faite pour faire naître par le plaisir le corps d'Autrui à Autrui et à moi-même, comme passivité *touchée* dans la mesure où mon corps se fait chair pour le toucher avec sa propre passivité, c'est-à-dire en se caressant à lui plutôt qu'en le caressant.

[...]

Ainsi, dans le désir, il y a tentative d'incarnation de la conscience (c'est ce que nous appelions tout à l'heure empâtement de la conscience, conscience troublée, etc.) pour réaliser l'incarnation de l'Autre.

169/ *Ibid.*, pp. 459-460.

« Transcendance par trop d'immanence » dit Sartre dans les *Cahiers pour une morale* à propos du désir, quand, de façon magique et incantatoire, autrui n'est plus limite de ma liberté, mais communion troublante[1].

Cette intime relation de la spontanéité et du corps rejoint « l'intérêt de Sartre, maintenu tout au long de son œuvre, pour l'hystérie ». Ce que note J.-B. Pontalis en rappelant la sympathie de Sartre pour « les femmes à histoire » (dans les deux sens du mot)... S'il

1. Voir tome II, 3e partie, « Il y a les autres ».

ne les soigne pas comme « ce grand névrosé de Freud », il les écoute aussi et parfois crée pour elles des rôles au théâtre.

L'équivalence des choix n'exclut pas le « choix » de la passivité et qu'un phénoménologue est moins dépourvu qu'un autre pour aller du psychique au somatique (Pontalis).

Sartre n'hésite pas, d'ailleurs (Pontalis y fait référence) à nommer, dans *L'Idiot de la famille*, « engagement hystérique » la crise de Pont-Lévêque où Gustave (Flaubert) choit devant son frère :

S Il s'est fait masse inerte, son frère et des voisins ont dû le porter comme un sac de grains jusqu'à la maison voisine et le déposer, gisant sur une table où Achille allait le soigner. Mais cette conduite, tout entière, il la portait en soi depuis son enfance.

170/ *L'Idiot de la famille*, 1971, t. II, p. 1857.

Si Sartre nomme cette conduite passive « engagement », c'est qu'elle est irréversible : les désordres précédents, où il recourait à la passivité, n'étaient donc pas des accidents : ils vont se répéter désormais. Gustave les attend, s'y conforme, va vivre en fonction de cette entreprise passive : il y croit à présent : « en acceptant d'être la honte de la famille, il obtient d'y demeurer indéfiniment, réalisant enfin le mode de vivre auquel il aspirait vainement depuis plusieurs années : la semi-séquestration[1]. »

1. Voir « Positions et situations », p. 361, « Sartre et la psychanalyse », p. 397 et tome II, 5e partie, « Création et morale » : les premiers chapitres de *L'Idiot de la famille*.

Il y a... ça

Sans sous-estimer le fossé entre l'interprétation psychanalytique à partir de l'inconscient, et celle de Sartre, nous voyons sur cet exemple comment il approche, par un bout, du terrain psychanalytique et comment, en même temps, le champ pré-réflexif de conscience semble lui permettre de ne pas avoir recours à l'inconscient : la visée hystérique n'est pas plus connue du sujet que ne l'est la conduite de mauvaise foi, puisqu'on y croit. Son refus de l'inconscient ne vient donc pas tant d'un souci de rationalité cartésienne hérité d'Alain, mais de ce qu'il revendique, grâce à la spontanéité irréfléchie et irrationnelle, un outil encore inexploré.

D'une façon générale, nous préférons procéder au coup par coup pour indiquer les rapports conflictuels de Sartre et de la psychanalyse, afin de ne pas les figer ni les schématiser.

Des conduites spontanées ne permettent pas de dire « je » et forment un champ « impersonnel et individué ».

Dans *La Nausée*, Sartre communique cette impersonnalité par les expressions : « ça, il y a... » ; cet égarement tombe sur Roquentin sans même qu'il comprenne ce qui lui arrive et ce n'est qu'en fin de course qu'il peut dire « la nausée, c'est moi ». Encore ne dit-il pas *je*, pas un « je suis la nausée » dont il serait sujet... Encore lui a-t-il fallu la vivre comme s'il n'était rien : « Rien Existé ».

Dans les premières lignes du journal, Roquentin écrit :

S Quelque chose m'est arrivé, je ne peux plus en douter. C'est venu à la façon d'une maladie, pas comme une certitude ordinaire, pas comme une évidence. Ça s'est installé sournoisement, peu à peu ; je me suis senti un peu bizarre, un peu gêné, voilà tout. Une fois dans la place ça n'a plus bougé, c'est resté coi et j'ai pu me persuader que je n'avais rien, que c'était une fausse alerte. Et voilà qu'à présent cela s'épanouit.

171/ *La Nausée*, 1938. « Folio », 1982, p. 15.

Certes, il ajoute : « Je crois que c'est *moi* qui ai changé », mais bientôt l'intrusion du champ impersonnel ne permettra plus à notre homme errant dans Bouville sans emploi ni structures de dire *je* en son corps morcelé :

S La chose, qui attendait, s'est alertée, elle a fondu sur moi, elle se coule en moi, j'en suis plein. — Ce n'est rien : la Chose, c'est moi. L'existence, libérée, dégagée, reflue sur moi, j'existe.

J'existe. C'est doux, si doux, si lent. Et léger : on dirait que ça tient en l'air tout seul. Ça remue. Ce sont des effleurements partout qui fondent et s'évanouissent. Tout doux, tout doux. Il y a de l'eau mousseuse dans ma bouche. Je l'avale, elle glisse dans ma gorge, elle me caresse — et la voilà qui renaît dans ma bouche, j'ai dans ma bouche à perpétuité une petite mare d'eau blanchâtre — discrète — qui frôle ma langue. Et cette mare, c'est encore moi. Et la langue. Et la gorge, c'est moi.

Je vois ma main, qui s'épanouit sur la table. Elle vit — c'est moi. Elle s'ouvre, les doigts se déploient et pointent. Elle est sur le dos. Elle me montre son ventre gras. Elle a l'air d'une bête à la renverse. Les doigts, ce sont les pattes. Je m'amuse à les faire remuer, très vite, comme les pattes d'un crabe qui est tombé sur le dos. Le crabe est mort : les pattes se recroquevillent, se ramènent sur le ventre de ma main. Je vois les ongles — la seule chose de moi qui ne vit pas. Et encore. Ma main se retourne, s'étale à plat ventre, elle m'offre à présent son dos. Un dos argenté, un peu brillant — on dirait un poisson, s'il n'y avait pas les poils roux à la naissance des phalanges. Je sens ma main. C'est moi, ces deux bêtes qui s'agitent au bout de mes bras. Ma main gratte une de ses pattes qui n'est pas moi... C'est long, long, cette impression de poids, ça ne passe pas. Il n'y a pas de raison pour que ça passe. A la longue c'est intolérable...

172/ *Ibid.*, p. 141.

Les pensées qui surviennent « par-derrière » sont tout autant impersonnelles que son corps étrange et disloqué : « Si seulement je pouvais m'arrêter de penser, ça irait déjà mieux. Les pensées c'est ce qu'il y a de plus fade, plus fade encore que la chair et ça laisse un drôle de goût... je ne veux pas penser. »

Là encore, Roquentin ajoute « ma pensée, c'est moi » mais ce « moi » émerge sur fond indifférencié, innommable et c'est de l'extérieur que la Nausée m'envahit.

S La Nausée n'est pas en moi : je la ressens là-bas sur le mur, sur les bretelles, partout autour de moi. Elle ne fait qu'un avec le café, c'est moi qui suis en elle.

> [...]
>
> Ça ne va pas ! ça ne va pas du tout : je l'ai, la saleté, la Nausée. Et cette fois-ci, c'est nouveau : ça m'a pris dans un café. Les cafés étaient jusqu'ici mon seul refuge parce qu'ils sont pleins de monde et bien éclairés : il n'y aura même plus ça ; quand je serai traqué dans ma chambre, je ne saurai plus où aller.
>
> [...]
>
> Alors la Nausée m'a saisi, je me suis laissé tomber sur la banquette, je ne savais même plus où j'étais ; je voyais tourner lentement les couleurs autour de moi, j'avais envie de vomir. Et voilà : depuis, la Nausée ne m'a pas quitté, elle me tient.
>
> 173/ *Ibid.*, pp. 34-35.

On pourrait multiplier les notations, où le jeu du « ça » et du « il y a » donne une impersonnalité que traduit aussi la façon dont le temps s'effrite, et se dilue sans consistance : « ça coule en moi, plus ou moins vite, je ne fixe rien, je laisse aller » (p. 19), et plus loin : « Je ne distingue plus le présent du futur et pourtant ça dure, ça se réalise peu à peu... C'est ça le temps, le temps tout nu, ça vient lentement à l'existence, ça se fait attendre et quand ça vient on est écœuré parce qu'on s'aperçoit que c'était là depuis longtemps »... Aussi tout devient bribes : bribes d'images qui, bientôt, ne seront plus que mots... Cet effilochage fait perdre tout sentiment d'identité. N'y échappent que les « salauds » qui tiennent leur bonne conscience de leur fonction à quoi ils s'identifient : « J'ai le droit d'exister, donc j'ai le droit de penser. »

Les ancêtres dont les portraits sont au musée témoignent de la même bonne conscience inébranlable et chacun, le dimanche, se repère comme il peut grâce au code hiérarchisé des saluts et des rites.

« On perd toujours ; il n'y a que les salauds qui croient gagner. »

Encore est-ce illusoire, et ne sont-ils jamais à l'abri d'une fissure : le beau Monsieur qui passe dans la rue « moustache, légion d'honneur » est peut-être aussi ce violeur qui s'évanouit dans l'épanouissement des chairs... Désormais, tout chavire, le *je*, le *il* et le *tu* tourniquent de telle sorte qu'on ne sait même plus si c'est du salaud ou de Roquentin qu'il s'agit ni qui est violé ou violeur. Ainsi va le champ impersonnel et individué qui submerge la conscience.

Mais tout peut exister d'une autre façon que je ne peux pas décrire ; c'est comme la Nausée et pourtant c'est juste le contraire : « Enfin une aventure m'arrive et quand je m'interroge je vois que je suis moi et que je suis ici ; c'est moi qui fend la nuit, je suis heureux comme un héros de roman. »

Alors au « Rien Existé » s'oppose la nausée revendiquée comme une expérience, la nausée risquée jusqu'au bout dans la découverte de l'existence. Roquentin saute du tramway, se précipite « et tout d'un coup le voile se déchire, j'ai compris, j'ai vu ».

S Je ne peux pas dire que je me sente allégé ni content ; au contraire, ça m'écrase. Seulement, mon but est atteint : je sais ce que je voulais savoir ; tout ce qui m'est arrivé depuis le mois de janvier, je l'ai compris. La Nausée ne m'a pas quitté et je ne crois pas qu'elle me quittera de sitôt ; mais je ne la subis plus, ce n'est plus une maladie ni une quinte passagère ; c'est moi.

Donc j'étais tout à l'heure au Jardin public. La racine du marronnier s'enfonçait dans la terre, juste au-dessous de mon banc. Je ne me rappelais plus que c'était une racine. Les mots s'étaient évanouis et, avec eux, la signification des choses, leurs modes d'emploi, les faibles repères que les hommes ont tracés à leur surface. J'étais assis, un peu voûté, la tête basse, seul en face de cette masse noire et noueuse, entièrement brune et qui me faisait peur. Et puis j'ai eu cette illumination.

Ça m'a coupé le souffle. Jamais avant ces derniers jours, je n'avais pressenti ce que voulait dire « exister ». J'étais comme les autres, comme ceux qui se promènent au bord de la mer dans leurs habits de printemps. Je disais comme eux « la mer est verte ; ce point blanc, là-haut, c'est une mouette » mais je ne sentais pas que ça existait, que la mouette était une « mouette existante » ; à l'ordinaire, l'existence se cache. Elle est là, autour de nous, en nous, elle est nous, on ne peut pas dire deux mots sans parler d'elle et, finalement, on ne la touche pas. Quand je croyais y penser, il faut croire que je ne pensais rien, j'avais la tête vide, ou tout juste un mot dans la tête, le mot « être ». Ou alors, je pensais... comment dire ? Je pensais l'appartenance, je me disais que la mer appartenait à la classe des objets verts ou que le vert faisait partie des qualités de la mer. Même quand je regardais les choses, j'étais à cent lieues de songer qu'elles existaient : elles m'apparaissaient comme un décor. Je les prenais dans mes mains, elles me servaient d'outils, je prévoyais leurs résistances. Mais tout ça se passait à la surface. Si l'on m'avait demandé ce que c'était que l'existence, j'aurais répondu de bonne foi que ça n'était rien, tout juste une forme vide qui venait s'ajouter aux choses du dehors, sans rien changer à leur nature. Et puis voilà : tout d'un coup, c'était là, c'était clair comme le jour : l'existence s'était soudain dévoilée. Elle avait perdu son allure inoffensive de catégorie abstraite ; c'était la pâte même des choses, cette racine était pétrie dans de l'existence.

174/ *Ibid.*, p. 178.

Existence surabondante où tout est « de trop », existence injustifiable et contingente qui ne permet toujours pas à Roquentin de dire *je*.

S A présent, quand je dis *je*, ça me semble creux. Je n'arrive plus très bien à me sentir, tellement je suis oublié. Tout ce qui reste de réel, en moi, c'est de l'existence qui se sent exister. Je bâille doucement, longuement. Personne. Pour personne Antoine Roquentin n'existe. Ça m'amuse. Et qu'est-ce que c'est que ça, Antoine Roquentin ? C'est de l'abstrait. Un pâle souvenir de moi vacille dans ma conscience. Antoine Roquentin... Et soudain le *Je* pâlit, pâlit et c'en est fait, il s'éteint.

175/ *Ibid.*, p. 236.

A vrai dire, outre l'imposture des « salauds » malgré les codes et les petits écriteaux qui sont destinés à nous rassurer et à nous détourner de l'angoisse, la seule façon de pouvoir dire *je* c'est la création. La rigueur des notes de jazz est le seul contrepoint à l'insignifiance de l'existence.

S Le pick-up joue, existe, tout tourne, existe le pick-up, le cœur bat : tournez, tournez liqueurs de la vie, tournez gelées, sirops de ma chair, douceurs... le pick-up.

When the low moon begins to beam
Every night I dream a little dream.

La voix grave et rauque, apparaît brusquement et le monde s'évanouit, le monde des existences. Une femme de chair a eu cette voix, elle a chanté devant un disque, dans sa plus belle toilette et l'on enregistrait sa voix. La femme : bah ! elle existait comme moi, comme Rollebon. Je n'ai pas envie de la connaître. Mais il y a *ça*. On ne peut pas dire que cela existe. Le disque qui tourne existe, l'air frappé par la voix, qui vibre, existe, la voix qui impressionna le disque exista. Moi qui écoute, j'existe. Tout est plein, l'existence partout, dense et lourde et douce. Mais par-delà toute cette douceur, inaccessible, toute proche, si loin hélas, jeune, impitoyable et sereine, il y a cette... cette rigueur.

176/ *Ibid.*, pp. 146-147.

Et plus loin :

S La voix chante :

Some of these days
You'll miss me honey.

On a dû rayer le disque à cet endroit-là, parce que ça fait un drôle de bruit. Et il y a quelque chose qui serre le cœur : c'est que la mélodie n'est absolument pas touchée par ce petit toussotement de l'aiguille sur le disque. Elle est si loin — si loin derrière. Ça aussi, je le comprends : le disque se raie et s'use, la chanteuse est peut-être

> morte ; moi, je vais m'en aller, je vais prendre mon train. Mais derrière l'existant qui tombe d'un présent à l'autre, sans passé, sans avenir, derrière ces sons qui, de jour en jour, se décomposent, s'écaillent et glissent vers la mort, la mélodie reste la même, jeune et ferme, comme un témoin sans pitié.
>
> 177/ *Ibid.*, p. 244.

Peu importe alors l'existence de la négresse qui chante ou du juif qui a composé cet air (ce n'est pas par hasard si c'est du jazz) : ce qui compte c'est qu'ils ont fait *ça* ; et le « ça », ici, n'est pas flou impersonnel, mais nécessité interne et inaltérable, même si le disque est usé... « Alors on peut justifier son existence, un tout petit peu. »

On ne dira jamais assez l'importance que Sartre accorde à la création :

— En morale où sont créés les actes et les valeurs sur fond de liberté ;

— En art où la création, qui est don, ne se sépare pas de la générosité ;

— Et, dans ce cas, en ontologie : le *moi* est conquis comme une *création poétique*[1].

C'est ainsi que Sartre définit le moi dans *La Transcendance de l'ego* : il ne se laisse jamais réduire à un état ou une action ; il leur est transcendant, non de façon abstraite, mais plutôt comme le serait un monde, à l'horizon, de façon douteuse (incertaine et suspecte), opaque, trop intime pour être un objet. Nous le ressentons en le créant :

1. Voir tome II, 4e partie, « Genet, le voleur poète », et l'ensemble de la 5e partie, « Création et morale ».

S Lorsque j'unifie mes consciences sous la rubrique « Haine », je leur ajoute un certain sens, je les qualifie. Mais lorsque j'incorpore mes états à la totalité concrète Moi, je ne leur ajoute rien. C'est qu'en effet le rapport de l'Ego aux qualités, états et actions, n'est ni un rapport d'émanation (comme le rapport de la conscience au sentiment), ni un rapport d'actualisation (comme le rapport de la qualité à l'état). C'est un rapport de production poétique (au sens de ποιεῖν) ou, si l'on veut, de création.

178/ *La Transcendance de l'ego*, pp. 59-60.

Avec les différentes consciences (prélogiques, enfantines, schizophréniques, logiques) la nuance de la création varie mais elle demeure toujours « une production poétique ».

Cette création de l'ego, magique ou rationnelle, s'élabore à partir de la spontanéité mais est reprise et resserrée par le travail de la réflexion : la responsabilité est un cas spécial de production créatrice où j'assume le *je* qui n'est jamais objet de connaissance mais création poétique.

La conscience qui dit « je pense » n'est jamais celle qui pense et c'est en dénonçant cette confusion que Sartre brise l'enfermement de la conscience par l'ego.

On nc pcut pas dirc « cgo cogito » commc si dc ricn n'était. Ainsi le moi est conquis comme une *création poétique* à partir des visées multiples qui, dans leur finitude, portent en leur cœur l'infini. Aussi n'est-il ni cernable, ni stable : il échappe toujours, se perd et se renouvelle.

« *Je suis les autres* » : *la bâtardise*

Sartre évoque souvent, pour exprimer l'altérité interne au *je*, la formule de Rimbaud : « Je est un autre. » Dans *La Transcendance de l'ego* il la commente ainsi : « Le contexte prouve qu'il a simplement voulu dire que la spontanéité des consciences ne saurait émaner du *je*, elle va vers le *je*, elle le rejoint, elle le laisse entrevoir sous son épaisseur limpide, mais elle se donne avant tout comme spontanéité individuée et impersonnelle. »

Et il ajoute :

S Nous pouvons donc formuler notre thèse : la conscience transcendantale est une spontanéité impersonnelle. Elle se détermine à l'existence à chaque instant, sans qu'on puisse rien concevoir avant elle. Ainsi chaque instant de notre vie consciente nous révèle une création *ex nihilo.* Non pas un arrangement nouveau, mais une existence nouvelle. Il y a quelque chose d'angoissant, pour chacun de nous, à saisir ainsi sur le fait cette création inlassable d'existence dont nous ne sommes pas les créateurs. Sur ce plan l'homme a l'impression de s'échapper sans cesse, de se déborder, de se surprendre par une richesse toujours inattendue, et c'est encore l'inconscient qu'il charge de rendre compte de ce dépassement du Moi par la conscience. De fait le Moi ne peut rien sur cette spontanéité, car la volonté est un objet qui se constitue pour et par cette spontanéité.

179/ *La Transcendance de l'ego*, p. 79.

Nous sommes en pleine discontinuité, en plein

instantanéisme cartésien sans garantie divine de cette création continuée : le *je* est à peine né que tout est à recommencer...

Nous repérons là deux des axes que Michel Foucault propose pour définir la modernité : la discontinuité va de pair avec la multiplicité des visées. Dans la plupart des cas — pour Sartre — elles tendent vers une totalisation qui construit l'*ego* mais rien ne prouve qu'on y parvienne.

Sartre est tenté par ces cas limites et révélateurs où l'on ne peut même pas parler de « perte d'identité » puisque, justement, on ne la présupposait pas mais où l'on côtoie la schizophrénie par le morcellement des situations, la discontinuité des successions, le suspens de la contingence sans sentiment d'appartenance.

Mais Sartre n'est pas Artaud !

C'est pourquoi, dans *L'Être et le Néant*, il élabore une théorie de la temporalité, nécessaire à la formation du « pour-soi », comme « circuit de l'ipséité », tout en maintenant, au cœur de l'épaisseur temporelle, de la discontinuité

On ne doit donc pas comprendre la formule « je est un autre » comme un devenir autre dialectique, mais plutôt comme le signe d'un déséquilibre et d'un inattendu où le « cuivre s'éveille clairon » !

D'une manière ou d'une autre, tout homme souffre d'être, à l'intérieur de lui-même, autre que lui-même, dit Francis Jeanson en introduisant le terme de *bâtard* que Sartre emploie et dont Jeanson fait le symbole de tout héros sartrien comme de leur créateur :

> Car, si chacun découvre dans un contexte qui lui est propre et selon les accidents de son histoire personnelle l'insaisissable distance qu'il porte en lui, le bâtard — par la contestation qui d'emblée

pèse sur lui — est évidemment bien placé pour la découvrir.

[...]

Le propre du Bâtard est précisément d'avoir compris que la condition humaine se caractérise par cette double et radicale exclusion : aucun refuge du côté du Père, aucun alibi du côté de l'Esprit ; aucune possibilité d'évasion, ni « en arrière » (vers l'absolue consistance en soi de l'être), ni « en avant » (vers l'absolue transparence à soi d'une conscience pure). De sorte qu'il nous faut ici tenter de comprendre comment il se fait qu'une telle attitude — à la fois si orgueilleusement exigeante et si lucidement modeste — ait pu coexister chez Sartre, durant de longues années, avec cette forme de fuite qu'il a lui-même caractérisée sous le nom de « névrose ».

180/ F. JEANSON, *Sartre par lui-même*, Le Seuil, 1955. Édit. 1977, p. 125.

Il n'est pas question de contester le rôle du *bâtard* dans l'œuvre de Sartre et sa double connotation ontologique et sociale : le bâtard est un dérangeur qui trouble l'ordre établi...

Mais peut-on généraliser ?

Sous ce terme, Francis Jeanson regroupe plusieurs types et personnages : Garcin, Mathieu, Hugo, trois intellectuels auxquels s'ajoute ce dilettante d'Oreste, l'acteur Kean et Goetz, bien sûr.

Goetz est un bâtard, et ça revient au même. L'un comme l'autre, l'intellectuel et le bâtard sont en effet contraints de voir ce que les autres hommes parviennent à se dissimuler. « Comme tu voudrais faire entrer toute cette nuit dans ta tête !

> Comme je l'ai voulu ! » La bâtardise rend lucide (Goetz : « Ceux qui me voient se fient rarement à ma parole : je dois avoir l'air trop intelligent pour la tenir... ») et la lucidité rend bâtard, en mettant la conscience en porte à faux par rapport à l'action. Finalement l'intellectuel bâtard est un traître : il trahit l'action au nom de la pensée, mais en même temps il ne rêve que d'abolir en lui la pensée par le recours à quelque action sensationnelle. « Bien sûr que les bâtards trahissent, proclame Goetz : que veux-tu qu'ils fassent d'autre ? Moi, je suis agent double de naissance. »
> 181/ F. JEANSON, *ibid.*, p. 57.

Or ce personnage excessif est, paradoxalement, le plus rassurant parce qu'il agit sur fond de ressentiment et que ses réactions en deviennent prévisibles. Quand il agit au Mal et trahit son frère Conrad, il l'explique à Heinrich, comme l'analyse Francis Jeanson.

> Pour le moment nous remarquerons que chez Goetz la traîtrise se redouble : ce n'est plus seulement une traîtrise de situation, c'est le choix même de trahir. Heinrich lui demande pourquoi il a trahi son frère Conrad : « Parce que j'ai le goût du définitif... Je me suis fait moi-même : bâtard, je l'étais de naissance, mais le beau titre de fratricide, je ne le dois qu'à mes mérites. » Tel est son choix premier du Mal, comme refus de ce monde qui ne veut pas de lui. Mais il y a autre chose encore : il y a le ressentiment de celui qui a reçu, et à qui l'on a fait sentir qu'il n'avait aucun droit à recevoir. Humilié durant toute son enfance par cette générosité truquée, Goetz veil-

lera jalousement à ne plus recevoir aucun don, mais en même temps il s'emploiera à donner pour humilier à son tour :

Goetz : Je n'accepterai plus rien, pas même les faveurs d'une femme.

Catherine : Pourquoi ?

Goetz : Parce que j'ai trop reçu. Pendant vingt ans, ils m'ont tout donné gracieusement, jusqu'à l'air que je respirais : un bâtard, il faut que ça baise la main qui le nourrit. Oh ! comme je vais donner à présent ! Comme je vais donner !

Et c'est en écho à ses propres paroles que Goetz, une fois passé au Bien, et envisageant de redistribuer aux paysans qui y travaillent le domaine familial reconquis, s'écriera : « Je les donnerai ces terres : comme je vais les donner ! »

Or ce même Goetz était bien placé pour savoir que ce qu'on reçoit de la sorte est proprement inacceptable :

« Il aurait fallu me payer cher pour que j'accepte d'en hériter. Ce qui est à moi, c'est ce que je prends. »

182/ F. JEANSON, *ibid.*, p. 58.

C'est sans doute pour cette raison qu'après bien des avatars, dans la soif d'absolu dans le Mal puis dans le Bien, *Le Diable et le Bon Dieu* se termine bien : Goetz, le bâtard, a trouvé sa place, chef du camp des rebelles et prêt à une guerre juste : la liberté du bâtard suppose un retournement des choses et la reconnaissance de son identité.

Est-ce le cas de Hugo « non récupérable » ?

Est-ce le cas de Kean qui, certes, crie cette injustice : « Je suis un bâtard, comprenez-vous ? » ... et craque en pleine scène.

« Kean est mort en bas âge... C'est vous qui l'avez

tué ! C'est vous qui avez pris un enfant pour en faire un monstre ! »

> Et si l'on a fait de Kean un monstre, c'est que, tout comme Genet, il était un bâtard : en face du prince de Galles « trop bien né », il est, lui, « trop mal né ». « Je suis bâtard, comprenez-vous... » Sur l'intérêt que présentait à ses yeux l'aventure de ce comédien Sartre a fourni les précisions suivantes : « Ce qui est intéressant c'est le « vrai » Kean, bâtard — c'est-à-dire coupable dans l'Angleterre puritaine — humilié. Kean clown, saltimbanque, enfant de la balle. Il est né, comme vous savez, à Londres, en 1787. Sa mère était un peu prostituée et il en a souffert pas mal. Il était très orgueilleux. Son comportement, pendant sa vie entière, s'expliquera par cette enfance humiliée... »
>
> 183/ F. JEANSON, *ibid.*, p. 74.

Un monstre ou un roi ?

Une enfance humiliée ou le « lumpen » des Saltimbanques, restant pour lui un refuge et un rêve ?

La multiplicité des apparitions « où l'on joue parce qu'on deviendrait fou si l'on ne jouait pas »... où l'on ne sait jamais s'il s'agit d'un geste ou d'un acte, si l'on joue ou si l'on ne joue pas, s'il y a un moment où l'on cesse de jouer... tisse des lignes de fuites affirmatives : le suspens l'emporte sur le ressentiment. Peut-être y a-t-il un moment où il faut prendre garde à « ne pas jouer deux tons au-dessus... » comme le dit Kean à Helena. Mais il s'agit alors de la réalité, c'est-à-dire d'une pièce mal jouée. Le *happy end* de Kean n'est pas celui de Goetz ; il ne s'enfonce pas dans la réalité, mais fait apparaître le jeu là où on aurait pu se laisser prendre au drame : « Je souffre comme un chien ! Je souffre comme un chien ! Je souffre comme un chien ! Quelle intonation préférez-vous ? » révèle l'ambiguïté de toute situation. Le prince de Galles « trop bien né » n'est pas, face à Kean « trop mal né », un maître à évincer mais un complice rival. Et la pièce se termine dans un tournoiement pirandellien. Ainsi, tout le monde joue : Kean, Helena, le prince de Galles... Il n'y a que la petite marchande de fromages qui a les pieds sur terre. Encore est-ce façon de dire puisqu'elle entraîne Kean en son exil, et en une tournée par-delà les mers[1].

On ne souffre pas forcément d'une distance interne et la multiplicité permet parfois de dire comme Rimbaud : « Vite, ayons plusieurs vies. »

Le sentiment de contingence n'est pas non plus bâtardise : il ne comporte pas de ressentiment ni de place à conquérir. C'est lui qui provoque le flottement de Roquentin et — dans *Les Mots* — l'incertitude de ce voyageur sans billet — Sartre — que le contrôleur surprend et qui descend, sans raison, à Dijon, où personne ne l'attend. Sartre n'est pas un bâtard, même s'il est orphelin ; s'il le dit parfois de lui c'est pour être inclassable : c'est vrai qu'il risque de s'y perdre, qu'entre les aventures imaginaires, la folie des livres, le perchoir et le cercle des grandes personnes « ça ne tourne pas rond »... C'est vrai qu'à tenir plusieurs rôles, on ne sait plus qui on est :

S L'ensemble des institutions de la démocratie bourgeoise me dédouble : il y a moi et tous les Autres qu'on me dit que je suis (Français, soldat, travailleur, contribuable, citoyen, etc.).

1. Voir tome II, 5e partie, « A la gloire de Kean ! ».

> Ce dédoublement nous fait vivre dans ce que les psychiatres nomment une crise d'identité perpétuelle. En somme qui suis-je ? Un autre identique à tous les autres et habité par ces pensées d'impuissance qui naissent partout et ne sont *pensées* nulle part ou bien moi-même ? Et qui vote ? Je ne m'y reconnais plus.
>
> 184/ *Situations, X,* « Élections, piège à cons », 1976, p. 85. (Article paru dans *Les Temps modernes* de janvier 1973.)

Quant à Oreste, le héros des *Mouches*, qui se promène de ville en ville, accomplit son crime, résiste au repentir puis repart dans l'errance, il est plutôt nomade que bâtard !

Toutes ces figures montrent que la bâtardise n'est qu'un cas particulier de l'interrogation : « Qui suis-je ? » qu'on ne peut même pas toujours formuler : ce cas relève de la contradiction non de l'altérité, ni des différences ; il suppose toujours un rapport de force où la liberté reste liée au pouvoir, et une recherche d'identité conquise contre l'ordre : le bâtard est dur, c'est pourquoi il souffre et le crie ; même s'il est traître, on sait à qui on a affaire.

Mais parfois, il faudrait dire « Je est les autres », quand tout est épars et indifférencié. Quand « les autres » sont comme étrangers à ce *je* absent, comment oser l'énoncer ?

La préface au livre de Gorz : *Le Traître*, qui a, d'emblée, séduit Sartre, raconte l'aventure de ce petit marmonneur.

S « Ils ont guéri son strabisme avec des lunettes, son zozotement avec une bouche de métal, son bégaiement par des exercices mécaniques et il a parlé à la perfection ; mais d'une voix si basse et si rapide que : « Qu'est-ce que tu dis ? » disait sa mère, « Parle plus haut », « Qu'est-ce que tu marmonnes encore ? » et ils l'ont surnommé Marmonneur... »

Cette voix sourde, égale, courtoise, c'est elle que vous allez entendre et vous la reconnaîtrez entre toutes, désormais. A qui appartient-elle ? A personne. On dirait que le langage s'est mis à parler seul.

185/ *Situations, IV*, « Des rats et des hommes », 1964. Édit. 1980, p. 38. (Avant-propos au *Traître* de A. Gorz, 1958.)

« Que nous importe, direz-vous, cet anonyme chuchotement ?... Eh bien, quittez ce livre : à sa dernière page, en effet, un certain Gorz, surgi du limon, affirme ses droits rétrospectifs sur le discours qui l'a engendré. » Mais ce *je* ne pouvait naître qu'en fin de course ; jusque-là le *il* du traître est inconsistance :

S *Il* voyage sans désir de voyager ; *il* rencontre des gens, *il* va chez eux, *il* les reçoit chez lui sans aimer leur compagnie ; d'autres fois, *il* se terre, *il* se claquemure sans aucune envie d'être seul. Est-il blasé ? Mais non : pour se déprendre des biens de la terre, il faut y avoir tenu. Et ne lui reprochons surtout pas « d'être revenu de tout sans y avoir été ». Car il n'a rien d'un *revenant* : il n'est pas parti, voilà son vrai malheur. Pourquoi ? Parce qu'il ne le souhaitait pas assez.

186/ *Ibid.*, pp. 57-58.

Ni romantique, ni rebelle, mais la glisse, le vide ; l'effacement, un « homme sans qualité », ce traître dont le chuchotement trouble plus qu'un cri.

S A ce moment précis, la Voix s'est élevée. Un petit marmonnement presque inintelligible, né de l'angoisse et de la récrimination, qui ruminait cette défaite surprenante et prévue ; la Voix fait un simple constat ; c'est lui, c'est bien lui, c'est lui tout craché. Cela suffit pour que tout bascule. [...]

Le livre de Gorz nous concerne tous : s'il balbutie d'abord, s'il ne sait où il va, s'il se transforme sans cesse et si nous sentons sa fièvre glacée dans nos mains, s'il nous contamine sans nous voir et si, pour finir, il s'adresse directement, intimement à chaque lecteur, c'est qu'il est d'un bout à l'autre traversé par le mouvement qui nous anime, par le mouvement de notre époque. Radical et modeste, vague et rigoureux, banal et inimitable, c'est le premier livre [...] d'après la défaite.

187/ *Ibid.*, pp. 69 et 81.

... ou le premier livre avant la crise. Gorz a pu dire *je* grâce à l'écriture ; Wols, peintre, n'y parvint pas.

S J'ai connu Wols en 1945, chauve, avec une bouteille et une besace. [...] C'était un homme qui se recommençait sans cesse, [...] c'est ce qu'il disait ; en fait, je crois à présent qu'il s'était lancé dans une entreprise à court terme, une seule : se tuer, convaincu que l'on n'exprime rien sans se détruire. [...]

188/ *Situations, IV*, « Doigts et non-doigts », 1964. Édit. 1980, p. 408.

Quand il ouvrait sa besace, il en sortait des paroles, par bribes, comme si les mots le rassuraient, lui qui peignait l'innommable et le trouble.

S Jusqu'aux environs de 1940, Wols emprunte au monde sensible des figures familières, hommes et femmes, plantes, bêtes, portes, maisons, villes, pour leur appliquer le principe de non-identité. Il ne s'agit pas d'animer cette imagerie, mais de la troubler. Un seul sujet traité mille fois : le miroitement fixe de l'insaisissable, manifeste et caché dans l'incertain rapport de la partie au tout, du tout à la partie, dans l'inachèvement double de l'Un et de la multiplicité.

189/ *Ibid.*, p. 422.

Puis « tout se retourne : l'être se laissait deviner, c'était l'envers de l'homme ; c'est l'homme à présent qui est l'envers de l'être », et, peignant des non-doigts, il veut révéler l'être-autre du doigt.

S Tout arbre mort est falaise, toute falaise est jambe, toute jambe est reptile, toute vie, médusée, n'est qu'un processus instantané de pétrification ; [...]

[...] rien n'est localisé ni localisable. [...] Par des transformations imperceptibles de l'être la proximité bondit en arrière et devient éloignement : le dernier tronc couché semble à deux pas de nous dans les deux tiers de sa longueur ; de l'autre côté du poteau, à droite, le trait se renforce, se galonne d'un blanc crayeux, l'objet se termine abruptement, c'est une falaise à plus de vingt lieues. Au centre flamboyant de la gouache, l'altérité se renforce, c'est le carrefour des incertitudes : enjambements, jaillissements inertes, transparentes opacités, métamorphoses, bois mort, sexes turgides, nœuds de vipères, tout siffle, tout s'arrache à un enracinement qui n'existe que par le multiple effort déployé pour s'y soustraire. Dans ce monument d'incertitudes, la pesanteur vole et l'inertie bande ; rien n'est sûr, sauf que la précision parfaite mène à la plus rigoureuse imprécision.

190/ *Ibid.*, pp. 428-430.

Ici, l'on ne peut même plus dire, comme dans le cas de Gorz : « Je est les autres » car l'être-autre est la loi de l'être, procède par contamination, exclut toute construction : « Quand on voit il ne faut pas s'acharner sur ce qu'on pourrait faire mais voir ce qui est. » En sachant « ce qui est » partout, nulle part, indéterminable, innommable, les traits, les fuites, les teintes, les enchevêtrements et suspens des toiles de Wols ne supposent pas la réflexion qui imposait le *je*.

Sur les pavés, les marges

Il était important d'insister sur l'attention de Sartre à « ces étranges sujets sans identité fixe » (Deleuze) pour plusieurs raisons :

— La réaction à la philosophie traditionnelle française dont nous avons vu qu'elle était une pensée d'ordre jusqu'à l'irruption de Sartre.

— L'intérêt porté depuis un demi-siècle par la pensée vivante en France, quelles que soient les divergences théoriques, à l'exploration des marges. Révélatrices de ce que cachent les structures établies qui les enferment, les rejettent, les combattent ou les gomment, les marges sont, en philosophie, l'équivalent des « faits polémiques » en sciences : elles suscitent le questionnement et, du coup, sont évaluées de façon affirmative. Sur les pavés, les marges : les philosophes pensent ce non-dit, chacun à sa façon :

Michel Foucault dévoile le peuplement enfermé dans les hôpitaux généraux, ou montre comment la société disciplinaire masque sous l'alternative avouée : légalisme/délinquance les illégalismes affirmatifs.

Gilles Deleuze et Félix Guattari, en opposant la vie du moléculaire aux pesanteurs molaires (globales), évaluent de façon affirmative les délires et les désirs d'individus troublés, troublants, fuyant et faisant fuir, comme des tonneaux percés, les cadres figés où l'ordre familial et social veut les rabattre.

Voilà pourquoi des philosophes se retrouvaient sur le terrain ! L'importance accordée à l'altérité (non plus sous sa forme durcie et simplifiée de la contradiction et de la rébellion) selon la multiplicité des différences jouant et se jouant des normes (glisse, fuite, bégaiement, rhizomes) est telle, en période de crise, que la marginalité n'est plus ce qu'elle était : subie ou souhaitée dans un devenir incertain, elle permet une issue, voire une ouverture par sa flexibilité : les résistances dures s'effritent et s'épuisent. Une société duale met en relief une nouvelle contradiction qui, face à la sécurité, suppose l'instabilité ; celle-ci est ambivalente : elle peut être créatrice ou provoquer de nouveaux rejets. Cependant quelle qu'en soit l'évaluation, elle devient la règle dans un monde en crise où la stabilité est une survivance.

Ces « petits lacs de non-être »

Nous avons déjà indiqué quelle définition Sartre proposait pour la conscience qui déchire la plénitude de l'être-en-soi par le questionnement : « La conscience est un être pour lequel il est, dans son être, question de son être. » Il reprend ces mots comme base de l'analyse des structures du « pour-soi », en précisant immédiatement que ce qui caractérise la conscience c'est la non-coïncidence : c'est la « décompression d'être », et il prend l'exemple paradoxal de la croyance qui vient troubler la conscience : s'il y a conscience de croyance, alors l'adhésion se fissure et s'ébauche une dualité, un jeu de reflets qui mettent en cause le caractère inaltérable de la croyance. Celle-ci n'est pas niée mais troublée et tremblée.

Rien de plus suspect, en plein « âge classique », et à une époque où religions et partis ne sont pas contestés dans leur foi !

La conscience est traître jusqu'au cœur de la croyance ; elle est traître jusque dans l'engagement qui maintient toujours la contestation en suspens[1] :

S Au moment où toutes les Églises nous repoussent et nous excommunient, où l'art d'écrire, coincé entre des propagandes, semble avoir perdu de son efficacité propre, notre engagement doit commencer.

191/ *Situations, II,* « Qu'est-ce que la littérature ? », 1948. Édit. 1980, p. 289.

1. Voir tome II, 3e partie, « Une éthique de l'engagement ».

La conscience porte en elle-même une fissure irréductible (« Je suis né traître et le suis resté ») ; c'est elle qui dévoile le néant.

« Le néant qui surgit au cœur de la conscience n'est pas, il est *été.* » Ce doublement ne fait pas deux mais une conscience dont l'être est d'exister à distance de soi comme présence de soi « et cette distance que l'être porte en son être, c'est le néant ».

S Le pour-soi est l'être qui se détermine lui-même à exister en tant qu'il ne peut pas coïncider avec lui-même.

On comprend, dès lors, qu'en interrogeant sans fil conducteur ce cogito pré-réflexif, nous n'ayons *trouvé* le néant nulle part. On ne *trouve* pas, on ne *dévoile* pas le néant à la façon dont on peut trouver, dévoiler un être. Le néant est toujours un ailleurs. C'est l'obligation pour le pour-soi de n'exister jamais que sous la forme d'un ailleurs par rapport à lui-même, d'exister comme un être qui s'affecte perpétuellement d'une inconsistance d'être.

Cette inconsistance ne renvoie pas d'ailleurs à un autre être, elle n'est qu'un renvoi perpétuel de soi à soi, du reflet au reflétant, du reflétant au reflet. Toutefois, ce renvoi ne provoque pas au sein du pour-soi un mouvement infini, il est donné dans l'unité d'un seul acte : le mouvement infini n'appartient qu'au regard réflexif qui veut saisir le phénomène comme totalité et qui est renvoyé du reflet au reflétant, du reflétant au reflet sans pouvoir s'arrêter. Ainsi le néant est ce trou d'être, cette chute de l'en-soi vers le soi par quoi se constitue le pour-soi. Mais ce néant ne peut « être été » que si son existence d'emprunt est corrélative d'un acte néantisant de l'être. Cet acte perpétuel par quoi l'en-soi se dégrade en présence à soi, nous l'appellerons acte ontologique. Le néant est la mise en question de l'être par l'être, c'est-à-dire justement la conscience ou pour-soi. C'est un événement absolu qui vient à l'être par l'être et qui, sans avoir l'être, est perpétuellement soutenu par l'être. L'être en soi étant isolé dans son être par sa totale positivité, aucun être ne peut produire de l'être et rien ne peut arriver à l'être par l'être, si ce n'est le néant. Le néant est la possibilité propre de l'être et son unique possibilité. Encore cette possibilité originelle n'apparaît-elle que dans l'acte absolu qui la réalise. Le néant étant néant d'être ne peut venir à l'être que par l'être lui-même. Et sans doute vient-il à l'être par un être singulier, qui est la réalité humaine. Mais cet être se constitue comme réalité humaine en tant qu'il n'est rien que le projet originel de son propre néant.

La réalité humaine, c'est l'être en tant qu'il est dans son être et pour son être fondement unique du néant au sein de l'être.

192/ *L'Être et le Néant*, 1943. Édit. 1947, p. 121.

Ainsi y a-t-il, de façon dissymétrique, l'être et le néant : celui-ci émerge de l'être dans l'ambivalence « d'une chute de l'en-soi vers le soi par laquelle se constitue le pour-soi », et d'une ouverture qui donne de l'air en brisant l'opacité de l'être. Alors à chaque visée, à chaque manifestation de la conscience « j'émerge dans le Néant par-delà le monde ».

Ce sont ces occasions que Sartre étudie dans les « conduites de négation » de façon pragmatique et multiple, comme pour préparer, dans le vif, la conceptualisation des structures du pour-soi dont nous venons de donner la définition.

La méthode de Sartre va du multiple à la généralité, ou des singularités à l'universel, et se fonde sur le souci du concret.

S Il suffit d'ouvrir les yeux et d'interroger en toute naïveté cette totalité qu'est l'homme-dans-le-monde. C'est par la description de cette totalité que nous pourrons répondre à ces deux questions : 1. Quel est le rapport synthétique que nous nommons l'être-dans-le-monde ? 2. Que doivent être l'homme et le monde pour que le rapport soit possible entre eux ? [...]

Nous ne nous bornerons pas à l'étude d'une seule conduite. Nous essaierons au contraire d'en décrire plusieurs et de pénétrer, de conduite en conduite, jusqu'au sens profond de la relation « homme-monde ». Mais il convient avant tout de choisir une conduite première qui puisse nous servir de fil conducteur dans notre recherche.

193/ *Ibid.*, p. 38.

La conduite primordiale est l'interrogation, ou plutôt est, à chaque fois, *notre* interrogation, car le non-être apparaît toujours dans les limites d'une attente humaine : « Si j'attends un dévoilement d'être, c'est que je suis préparé du même coup à l'éventualité du dévoilement d'un non-être. » Ainsi, lors d'une panne de voiture, dire : « C'est peut-être le carburateur », c'est considérer comme possible qu'il n'y ait rien dans le carburateur et chercher éventuellement ailleurs, dans une attente suspendue à ce « rien » qui est déjà du non-être.

Dans l'imagination le non-être envahit toute ma conscience : dès que je m'aperçois de l'absence de Pierre (Pierre - absent) que j'espérais dans ce café, plus rien n'existe, les hommes et les choses installés dans ce lieu s'évanouissent ; l'image de Pierre-qui-n'est-pas-là envahit tout sur fond de café néantisé : je m'attendais à le voir... « J'ai vu tout de suite qu'il n'était pas là. » Ainsi l'imagination est conduite de négation[1]. La destruction en est une autre car elle ne se rapporte qu'à une réalité humaine : sans les hommes, leurs vies et leurs villes, on ne parlerait pas de destruction mais de glissement de terrain pour un séisme.

Cela dit, quelques remarques s'imposent :

Sartre, dans *L'Être et le Néant, choisit* les conduites de négation pour rendre compte de l'apparition du néant dans l'être. Mais une « néantisation », rupture d'avec ce qui est vers ce qui n'est pas, peut être (dans l'entreprise ou la création par exemple) affirmative. D'autre part, le rapport de l'être au néant n'est pas dialectique : Sartre en fait la critique et propose un terme « négatité » pour mieux distinguer sa propre conception de la dialectique ; le néant, issu de l'être n'est pas de même nature : le néant n'est pas, il n'apparaît que sur fond d'être comme dissipation d'être et donnant de l'air. Si du néant peut être donné, ce n'est ni avant ni après l'être (ni comme intermédiaire fécond et nécessaire), mais... « en son cœur, comme un ver ».

Ainsi se forment « des petits lacs de non-être » que nous rencontrons à chaque instant au sein de l'être.

Que doit être l'homme en son être pour que, par lui, le néant vienne à l'être ? Que doit être ce questionneur qui — questionnant — décolle de l'être sans

1. Voir tome II, 5e partie, « La magie de l'imaginaire ».

le suspens d'un renouvellement et d'une répétition insurmontables puisque le néant n'est pas, puisqu'il n'y a aucune fécondité du négatif qui re-stabiliserait les choses, puisque le néant n'est rien d'autre que cette ouverture qui perce l'opacité ? Que doit être ce questionneur « qui fait éclore le néant dans le monde en tant qu'il s'affecte lui-même de non-être à cette fin » ?

Il est en effet un être qui porte en lui une rupture irréductible, un *« rien »* — une fêlure, dirait Fitzgerald —, absolument infranchissable, justement parce qu'il n'est « rien » : c'est ce rien qui sépare le postérieur de l'antérieur, excluant toute dépendance, c'est ce rien qui exclut toute prétention à rendre compte d'une décision quel que soit le poids des motifs et des mobiles accumulés.

Rien, l'angoisse

La liberté se découvre dans l'angoisse (non pas dans la loi, comme chez Kant), c'est-à-dire dans ce *rien* qui marque une discontinuité dans ma temporalité et une rupture entre les motifs, les mobiles et l'acte. Elle est donc constitutive de ma conscience, y compris dans la spontanéité : la conscience de l'homme en action est conscience irréfléchie la plupart du temps, mais au cœur de l'entreprise, elle suppose une distance, une mise en question de ce monde où je suis plongé.

Sartre oppose alors cette interrogation inhérente à la liberté du sujet au « sérieux » qui me soude à l'objet d'une entreprise au risque de me prendre entièrement.

S L'angoisse est donc la saisie réflexive de la liberté par elle-même, en ce sens elle est médiation car, quoique conscience immédiate d'elle-même, elle surgit de la négation des appels du monde, elle apparaît dès que je me dégage du monde où je m'étais engagé, pour m'appréhender moi-même comme conscience qui possède une compréhension préontologique de son essence et un sens préjudicatif de ses possibles ; elle s'oppose à l'esprit de sérieux qui saisit les valeurs à partir du monde et qui réside dans la substantification rassurante et chosiste des valeurs. Dans le sérieux je me définis à partir de l'objet, en laissant de côté *a priori* comme impossibles toutes les entreprises que je ne suis pas en train d'entreprendre et en saisissant comme venant du monde et constitutif de mes obligations et de mon être le sens que ma liberté a donné au monde. Dans l'angoisse, je me saisis à la fois comme totalement libre et comme ne pouvant pas ne pas faire que le sens du monde lui vienne par moi.

194/ *L'Être et le Néant*, 1943. Édit. 1947, p. 77.

Il se réfère ici à la fois à Kierkegaard qui pose « l'angoisse devant la liberté » et à Heidegger qui la définit comme « saisie du néant » ; l'un n'empêche pas l'autre : c'est dans une liberté réalisant ce néant, c'est-à-dire ce qui n'est pas, que se situe l'angoisse. Elle se distingue donc de la peur qui porte sur un objet : celle-ci peut — comme toute émotion — être une conduite magique gommant une situation insoluble. Elle peut aussi, c'est le cas ici, déboucher sur des réactions utiles : par exemple, sur ce sentier, je ferai attention aux pierres du chemin pour ne pas trébucher et tomber dans le vide. Le vertige, par contre, est angoisse car il me renvoie à moi-même, à mes possibilités, à ce choix qu'à chaque instant je ne peux prévoir car il surgit de ce moi que je ne suis pas encore. « C'est précisément la conscience d'être son propre avenir sur le mode du n'être-pas que nous nommons angoisse. »

S Si *rien* ne me contraint à sauver ma vie, rien ne m'empêche de me précipiter dans l'abîme. La conduite décisive émanera d'un moi que je ne suis pas encore. Ainsi le moi que je suis dépend en lui-même du moi que je ne suis pas encore, dans l'exacte mesure où le moi que je ne suis pas encore ne dépend pas du moi que je suis. Et le vertige apparaît comme la saisie de cette dépendance. Je m'approche du précipice et c'est moi que mes regards cherchent en son fond. A partir de ce moment, je joue avec mes possibles.

195/ *Ibid.*, p. 69.

Puis, montrant que les motifs ne sont pas déterminants et qu'une contre-angoisse peut faire cesser l'angoisse en la transformant en indécision, Sartre ajoute : « L'indécision, à son tour, appelle la décision : on s'éloigne brusquement du bord du précipice et on reprend sa route. »

C'est ce passage qu'André Glucksmann utilise pour montrer que, pour Sartre, le vertige n'a pas de force, et n'est qu'un accident de parcours.

Cette conclusion charmante indique le modèle très réduit de vertige sur lequel, au meilleur des cas, la pensée radicale consent à travailler ; le pas en arrière du promeneur bucolique ne l'entraîne pas d'un abîme dans un autre, il n'a jamais quitté la terre ferme, il n'emprunte pas les chemins de crête, il n'a pas vocation de danseur de corde. Il existe pourtant, rappelle Pascal, des expériences où le malaise physique et la torsion mentale se laissent moins aisément surmonter : « Le plus grand philosophe du monde, sur une planche plus large qu'il ne faut, s'il y a au-dessous un précipice, quoique sa raison le convainque de sa sûreté, son imagination prévaudra. Plusieurs n'en sauraient soutenir la pensée sans pâlir et suer. »

La description sartrienne réduit le phénomène-vertige à un accident sectoriel : il ne me prend pas, sa surprise n'était que ma méprise, je me reprends. Ce faisant, le phénoménologique compte rendu plante là le philosophe sur sa planche et ignore superbement qu'il ne se ressaisit point si aisément.

196/ A. GLUCKSMANN, *La Force du vertige,* Grasset, 1984, p. 160.

Cette critique est réductrice car elle fait croire qu'en reculant, la stabilité est garantie. C'est oublier que la conscience est, pour Sartre, non-coïncidence, et qu'à toute autre occasion le vertige de mes possibilités accompagnera ma décision quelle qu'elle soit.

La conduite du joueur que Sartre analyse après celle du vertige témoigne de cette incertitude insurmontable et Glucksmann ne saurait alors parler d'hégélianisme pour Sartre :

S En réalité — les lettres de Dostoïevski sont là pour en témoigner — il n'y a rien en nous qui ressemble à un débat intérieur, comme si nous avions à peser des motifs et des mobiles avant de nous décider. La résolution antérieure de « ne plus jouer » est toujours là et, dans la plupart des cas, le joueur mis en présence de la table de jeu se retourne vers elle pour lui demander secours ; car il ne veut pas jouer ou, plutôt, ayant pris sa résolution la veille, il se pense encore comme ne voulant plus jouer, il croit à une efficace de cette résolution. Mais ce qu'il saisit alors dans l'angoisse, c'est précisément la totale inefficience de la résolution passée.

[...] Je lui échappe, elle manque à la mission que je lui avais donnée. Là encore je la suis sur le mode du n'être-pas. Ce que le joueur saisit à cet instant, c'est encore la rupture permanente du déterminisme, c'est le néant qui le sépare de lui-même ; j'aurais tant souhaité ne plus jouer ; même, j'ai eu, hier, une appréhension synthétique de la situation (ruine menaçante, désespoir de mes proches) comme m'interdisant de jouer. Il me semblait que j'avais ainsi constitué comme une barrière réelle entre le jeu et moi, et, voici que je m'en aperçois tout à coup. Cette appréhension synthétique n'est plus qu'un souvenir d'idée, un souvenir de sentiment ; pour qu'elle vienne m'aider à nouveau il faut que je la refasse *ex nihilo* et librement ; elle n'est plus qu'un de mes possibles, comme le fait de jouer en est un autre, ni plus ni moins.

[...]

Je suis seul et nu comme la veille devant la tentation, et, après avoir édifié patiemment des barrages et des murs, après m'être enfermé dans le cercle magique d'une résolution, je m'aperçois avec angoisse que rien ne m'empêche de jouer. Et l'angoisse c'est moi, puisque par le seul fait de me

> porter à l'existence comme conscience d'être, je me fais n'être pas ce passé de bonnes résolutions que je suis.
>
> 197/ *L'Être et le Néant,* 1943. Édit. 1947, p. 70.

L'alcoolique qui a décidé de ne plus boire, le fumeur de ne plus fumer ne retombent jamais sur leurs pieds, comme le promeneur en butte au vertige : la menace demeure, angoissante, issue de leur propre liberté. Alors Glucksmann a tort lorsqu'il ajoute : « J'échappe au vertige par ce point de transparence (pour Sartre : le cogito préréflexif) où je suis, sans l'ombre d'un doute et sans soupçon de mal de mer, présent à moi-même », car c'est en pleine irréflexion, d'un geste plus fort que soi que l'on se jette dans le vide au lieu de reculer, que le joueur se met à jouer, l'alcoolique à boire, le fumeur à prendre cette cigarette.

Aussi est-ce l'angoisse, non le vertige, qu'il faut comparer à « la force du vertige » : elle est bien « saisie réflexive de la liberté » mais le cogito irréfléchi n'y échappe pas pour autant. Car le ver est dans une spontanéité qui est « condamnée à la liberté ».

L'illustration que Glucksmann fait de la déstabilisation et du décentrement en évoquant les machineries de fêtes foraines correspond aussi bien à la noncoïncidence des structures du pour-soi : la chenille américaine m'embarque dans un tourniquet bien sartrien. Quant à la grande roue que Glucksmann évoque aussi, elle garde un côté bien platonicien, car la montée et la descente provoquent le vertige sans décentrer...

Ces exemples ont d'ailleurs le même côté rassurant que celui du vertige dans *L'Être et le Néant* : ils durent le temps d'un tour de manège dont on sort provisoirement étourdi. On se fait peur mais ce n'est ni la force de l'angoisse, ni la force du vertige.

Celles-ci s'opposent autrement ; l'angoisse est subjective. Pour Sartre toutes mes possibilités se heurtent à un en-soi plein que je vais fissurer ; le vertige, selon Glucksmann, est provoqué objectivement par le vide dont je ne dois pas avoir horreur et dont je vais m'accommoder en naviguant au plus près.

« La réforme mentale » que celui-ci suggère s'oppose à la radicalité du *rien* de l'angoisse : la dissuasion comporte une stratégie du plus ou du moins ; l'entente est risquée entre gens qui ne peuvent pas s'entendre ; la finalité est négative (éviter la guerre), précaire (sans garantie), sans solution positive (paix). Glucksmann ajoute, Pascal à l'appui : « L'homme est donc si heureusement fabriqué qu'il n'a aucun principe juste du vrai et plusieurs excellents du faux » tandis que, selon lui, « le principe de radicalité s'assoupit dans une vérité sans trouble ». L'angoisse devrait pourtant résister à cet assoupissement car le *rien* originaire s'ouvre à tous *mes* possibles sans certitude. Le rien de l'angoisse n'est pas le « rien » de la chanson — déjà invoquée — « nous ne sommes rien, soyons tout » ! Cette solution n'apparaît que *pour fuir l'angoisse* : nous allons voir qu'elle relève d'une mauvaise foi à laquelle Sartre n'échappe pas plus que « n'importe qui ».

Et si l'angoisse nous abandonne ?

La radicalité de l'intention n'est pas en elle-même eschatologique : c'est quand on se laisse prendre aux « garde-fous », qui masquent l'angoisse, qu'on dévie dans la croyance « d'un principe juste du vrai ». Personne n'est à l'abri. L'angoisse devant la guerre (pour prendre un exemple qui est commun aux deux auteurs) laisse libre champ au choix pacifiste comme à la dissuasion. Toutefois *celui-là* substitue la peur (la bombe) à l'angoisse, provoque une conduite de survie « par crainte de la mort violente » (Hobbes), non de liberté, rassure par une fin idéale (la paix). Le pacifisme, ainsi interprété, serait conduite de « mauvaise foi ». Sa généralité formelle relèverait du « faux intellectuel ».

La précarité de la dissuasion suppose, en son incertitude, une angoisse indépassable. On ne voit pas pourquoi la force du vertige ne serait pas soutenue par l'angoisse subjective ; on ne voit pas pourquoi la radicalité (contingence) serait incompatible avec une stratégie du plus ou du moins, à la polonaise : la position de Michnik choisissant de rester en Pologne plutôt que de « passer l'hiver sur la Côte d'Azur », celle de Gunzmann, choisissant de tenter de rentrer en Pologne à ses risques et périls, comportent la radicalité du choix pour une stratégie relative fondée sur le compromis[1].

Ce que Pascal dit de la dissymétrie du vrai (indiscernable) et du faux (discernable) n'empêche pas sa critique du *divertissement* : l'homme qui se détourne sans cesse de ce vide, de cet illimité, doit assumer l'effroi ressenti devant l'infini des espaces.

Sartre ne dit pas autre chose, quand il revendique la liberté dans l'équivalence des fins et montre tout l'arsenal destiné à rassurer et à guider nos actions en gommant l'angoisse. Le *sérieux*, opposé à l'angoisse comme au jeu, tient le même rôle que le divertissement pour Pascal :

1. Voir tome II, 5e partie, « Une morale en suspens ».

S Mais, à l'ordinaire, mon attitude vis-à-vis des valeurs est éminemment rassurante. C'est que, en effet, je suis engagé dans un monde de valeurs. L'aperception angoissée des valeurs comme soutenues dans l'être par ma liberté est un phénomène postérieur et médiatisé. L'immédiat, c'est le monde avec son urgence et, dans ce monde où je m'engage, mes actes font lever des valeurs comme des perdrix, c'est par mon indignation que m'est donnée l'antivaleur « bassesse », dans mon admiration que m'est donnée la valeur « grandeur ». Et, surtout, mon obéissance à une foule de tabous, qui est réelle, me découvre ces tabous comme existants en fait. Ce n'est pas après contemplation des valeurs morales que les bourgeois qui se nomment eux-mêmes les « honnêtes gens », sont honnêtes : mais ils sont jetés dès leur surgissement dans le monde, dans une conduite dont le sens est l'honnêteté. Ainsi l'honnêteté acquiert un être, elle n'est pas mise en question ; les valeurs sont semées sur ma route comme mille petites exigences réelles semblables aux écriteaux qui interdisent de marcher sur le gazon.

198/ *Ibid.*, p. 76.

Tout est fait pour nous divertir, pour nous détourner de l'angoisse du vide, du manque, pour nous fournir une morale d'état civil, un emploi du temps, des valeurs établies et pour nous faire croire à « un principe juste du vrai ».

Que Sartre soit tombé dans le piège, nous l'avons vu lorsque, « du côté des opprimés », il donne un avenir radieux aux luttes libératrices, faisant de ceux qui les mènent l'avenir de l'humanité. C'est que personne n'échappe à la mauvaise foi et que la tentation dialectique est grande qui donne au séjour dans le négatif une dimension magique provoquant sa fécondité et le rendant supportable[1].

Cette question, nous la retrouverons en morale : peut-on résister au mal sans espérer *du* bien et les perspectives déçues, tout en servant de leçon, ne brisent-elles pas une dynamique ? Autrement dit, peut-on agir sans mauvaise foi ?

Tout est fait pour gommer la fêlure interne au sujet et pour que nous nous fassions ce que l'on attend de nous : un épicier qui rêve est une injure pour le client, aussi se *fait-il* affairé. S'il se fait affairé c'est qu'il ne l'est pas, « il joue à être ce qu'il est » et à coïncider en ce qu'il est : c'est la « mauvaise foi » ! Sartre emploie ce terme de façon spécifique et ontologique (sans jugement moral) ; il faut donc lever les malentendus pour ne pas vexer ceux qui confondraient cette conduite avec l'hypocrisie ou le mauvais vouloir.

On ne peut pas être toujours en déséquilibre en cette non-coïncidence qui définit la conscience ; on ne peut pas toujours affronter le suspens de l'angoisse de sorte qu'on est « tenté de la fuir », c'est alors qu'apparaissent les conduites de mauvaise foi.

S Ce pouvoir néantisant néantit l'angoisse en tant que je la fuis et s'anéantit lui-même en tant que *je*

1. Dans la préface à *La Phénoménologie de l'esprit* (Aubier), Hegel évoque le « séjour *magique* dans le négatif » pour justifier de sa fécondité — qu'il ne peut prouver. Tout système philosophique, si rationnel se prétend-il, n'a-t-il pas recours, de façon masquée, à une machinerie qui soutient clandestinement l'ensemble ? Ne correspond-il pas aux peurs et désirs de chaque philosophe ?

la suis pour la fuir. C'est ce qu'on nomme la *mauvaise foi.* Il ne s'agit donc pas de chasser l'angoisse de la conscience ni de la constituer en phénomène psychique inconscient mais, tout simplement, je puis me rendre de mauvaise foi dans l'appréhension de l'angoisse que je suis, et cette mauvaise foi, destinée à combler le néant que je suis dans mon rapport à moi-même, implique précisément ce néant qu'elle supprime.

199/ *Ibid.*, p. 82.

« Dans la mauvaise foi, il n'y a pas mensonge cynique, ni préparation savante de concepts trompeurs. Mais l'acte premier de mauvaise foi est pour fuir ce qu'on ne peut pas fuir, pour fuir ce qu'on est » (p. III). « Cette conduite nous mènera jusqu'au seuil de l'immanence » : unité dans une même conscience de l'être et du n'être-pas, l'être-pour-*n'être-pas* ».

Cette conduite n'est pas mensonge car elle est immédiate, préréflexive, dans ce champ dont nous avons vu l'importance et qui brise les bornes de la connaissance : on ne masque donc rien à l'autre, et si l'on peut dire que l'on se ment à soi-même c'est à condition, là encore, de bien comprendre qu'on ne le fait pas exprès.

C'est pourquoi la sincérité n'exclut pas la mauvaise foi : l'aveu installe dans un rôle avec lequel on coïncide et l'homme qui dit « je suis un pédéraste » a la conscience plus tranquille (même dans l'audace qu'on imagine à l'époque de *L'Être et le Néant* !) que l'homosexuel qui, en homme blessé, tournoie dans le secret d'aventures nocturnes. Nous verrons l'analyse que Sartre fait de l'aveu en régime totalitaire (on pourrait le dire de la confession) : c'est le moment où le sujet se livre à la Chose et se minéralise ; il exprime le soulagement. Dans l'épuisement de la non-coïncidence, on reconnaît ses fautes (réelles ou imaginaires) ; on coïncide avec elles ; on joue à être le coupable comme le garçon de café à être garçon de café.

S En ce sens il faut nous *faire être* ce que nous sommes. Mais que *sommes-nous donc* si nous avons l'obligation constante de nous faire être ce que nous sommes, si nous sommes sur le mode d'être du devoir-être ce que nous sommes ? Considérons ce garçon de café. Il a le geste vif et appuyé, un peu trop précis, un peu trop rapide, il vient vers les consommateurs d'un pas un peu trop vif, il s'incline avec un peu trop d'empressement, sa voix, ses yeux expriment un intérêt un peu trop plein de sollicitude pour la commande du client, enfin le voilà qui revient, en essayant d'imiter dans sa démarche la rigueur inflexible d'on ne sait quel automate, tout en portant son plateau avec une sorte de témérité de funambule, en le mettant dans un équilibre perpétuellement instable et perpétuellement rompu, qu'il rétablit perpétuellement d'un mouvement léger du bras et de la main. Toute sa conduite nous semble un jeu. Il s'applique à enchaîner ses mouvements comme s'ils étaient des mécanismes se commandant les uns les autres, sa mimique et sa voix même semblent des mécanismes ; il se donne la prestesse et la rapidité impitoyable des choses. Il joue, il s'amuse. Mais à quoi donc joue-t-il ? Il ne faut pas l'observer longtemps pour s'en rendre compte : il joue *à être* garçon de café. Il n'y a rien là qui puisse nous surprendre : le jeu est une sorte de repérage et d'investigation. L'enfant joue avec son corps pour l'explorer, pour en dresser l'inventaire ; le garçon de café joue avec sa condition pour la *réaliser*. Cette obligation ne diffère pas de celle qui s'impose à tous les commerçants : leur condition est toute de cérémonie, le public réclame d'eux qu'ils la réalisent comme une cérémonie, il y a la danse de l'épicier, du tailleur, du commissaire-priseur, par quoi ils s'efforcent de persuader à leur clientèle qu'ils ne sont rien autre qu'un épicier, qu'un commissaire-priseur, qu'un tailleur.

200/ *Ibid.*, pp. 98-99.

Il s'agit d'un rôle, d'une « représentation », où « l'on joue à être ce qu'on est ». Sartre rapproche ici cette conduite de celle de l'acteur mais nous verrons plus loin qu'il n'en est pas ainsi. Dans l'analyse de *L'Idiot de la famille* l'acteur, à la différence des autres, « joue à être ce qu'il n'est pas » : Kean joue Hamlet qu'il n'est pas. La distinction entre la mauvaise foi et l'imaginaire, rapprochés ici, doit être affinée : les gestes qui composent le personnage qui joue ce qu'il est ne sont pas des « analogons », ne visent pas une absence : le garçon de café, dont Sartre vient de décrire la pantomime, est bien là[1].

« Voilà bien des précautions pour emprisonner l'homme dans ce qu'il est. Comme si nous vivions dans la crainte perpétuelle qu'il n'y échappe, qu'il ne déborde et n'élude tout à coup sa condition. Mais c'est que, parallèlement, du dedans, le garçon de café ne peut être immédiatement garçon de café au sens où cet encrier est encrier, où le verre est verre » (p. 99).

1. Voir tome II, 5e partie, « La magie de l'imaginaire », et « A la gloire de Kean ! ».

Le beau parleur est celui qui joue à parler ; l'élève attentif l'est au point qu'il n'écoute plus. La non-coïncidence a changé de place : comme à Guignol on la retrouve là où on ne l'attendait pas : dans ce *jeu* à être ce qu'on est selon une désignation destinée à rassurer : pédéraste, espion ou garçon de café.

Ce jeu comporte des règles fondées sur la dissociation de la facticité et de la transcendance : Sartre évoque l'attitude d'une jeune femme qui abandonne sa main — sans s'en apercevoir — au séducteur et la traite en chose (facticité) tandis « qu'elle entraîne son interlocuteur jusqu'aux régions les plus élevées de la spéculation sentimentale » (transcendance) : « Tout en ressentant profondément la présence de son propre corps... elle se réalise comme n'étant pas son propre corps » et joue, de façon contradictoire de ces deux dimensions. Elvire, dans *Dom Juan*, illustre parfaitement cette dissociation et le jeu hystérique du corps (mises en scène de Chéreau ou de Planchon) dont elle ne s'aperçoit pas n'enlève rien à son souci de conversion et de prosélytisme religieux.

« Le concept métastable "transcendance-facticité", s'il est un des instruments de base de la mauvaise foi, n'est pas le seul dans son genre. » Et c'est à propos de la mauvaise foi qu'autrui apparaît : « sur une quelconque de mes conduites il est toujours possible de faire converger deux regards, le mien et celui d'autrui. » Cette convergence s'altère et c'est ce qui permet le jeu tournant de la facticité et de la transcendance : le sujet de mauvaise foi glisse dans l'imposture et change de rôle en donnant le change.

Ainsi Poulou passant du cercle des grandes personnes à sa mission d'écrivain n'échappe — semble-t-il — à ce type de conduites que par l'imaginaire ludique.

C'est qu'il n'y croit pas tout à fait. Or il n'y a pas

mauvaise foi sans foi de la mauvaise foi et « savoir qu'on croit c'est déjà ne plus croire [...] En ce sens la conscience est perpétuellement échappement à soi : l'idéal de la bonne foi (croire ce qu'on croit) est comme l'idéal de la sincérité (être ce qu'on est), un idéal d'être-en-soi. Toute croyance n'est pas assez croyance ; on ne croit jamais à ce qu'on croit. » D'où l'utilisation de cette autodestruction de la conscience par la mauvaise foi[1].

Approfondissant l'analyse de la croyance, dans le cas de Flaubert, Sartre montrera que la crédulité totale exclut toute structure subjective et que c'est par l'Autre en lui qu'est constitué l'enfant : ce n'est plus de mauvaise foi que l'on peut parler alors mais de défense névrotique par survie et choix. Ce rapport s'établira dans l'opacité du vécu et non dans la translucidité du sujet que j'ai à être et dont je suis séparé par *rien*.

Cet approfondissement correspond, pour Sartre, au passage de la conscience au vécu ; nous y trouverons un décentrement du sujet, l'importance des sédimentations dans lesquelles il se constitue ; comment Sartre utilise des concepts de psychanalyse pour comprendre l'enfance dont il montre le rôle décisif : cependant dans cette approche, il ne reconnaîtra jamais l'inconscient sous la forme classique proposée par Freud.

Ici la mauvaise foi lui semble permettre d'éviter ce subterfuge qui relève de la connaissance et fait dépendre le sujet de l'autre. C'est ainsi qu'il en parle alors :

1. Voir tome II, 5e partie, « Une morale en suspens », (sur l'authenticité).

S Pour échapper à ces difficultés, on recourt volontiers à l'inconscient. Dans l'interprétation psychanalytique, par exemple, on utilisera l'hypothèse d'une censure, conçue comme une ligne de démarcation avec douane, service de passeports, contrôle des devises... pour rétablir la dualité du trompeur et du trompé.

201/ *Ibid.,* p. 88.

Puis, après une analyse sommaire (dont ces lignes donnent déjà une idée) de la symbolisation analytique et du type d'interprétation qui en dépend, Sartre conclut par ces mots qui répondent à la double condamnation indiquée ci-dessus : « dans le rapport psychanalytique, je ne puis me *connaître* que par l'intermédiaire d'*autrui.* » Or la conscience est autonome et ne saurait être réduite à la connaissance. Ce que nous avons vu en insistant jusque-là sur le champ spontané par quoi Sartre pense éviter l'alternative : conscience réfléchie/inconscient[1].

L'autre barrage que Sartre établit contre la psychanalyse, dans la dernière partie de *L'Être et le Néant*, est lié à la théorie de la liberté : il oppose alors la psychanalyse existentielle fondée sur un choix originel à la causalité que suppose selon lui la psychanalyse classique. Il maintiendra ce choix au cœur d'un monde aliéné, quelle que soit la prédestination : *L'Idiot de la famille* analyse comment un enfant « voué à la passivité » en fait, à son tour, le choix, grâce à la névrose et à la déréalisation[2].

1. Voir « La conscience et le vécu », p. 385 ; « Sartre et la psychanalyse », p. 397.
2. Voir tome II, 5e partie, « Création et morale ».

Alors seront reprises, après une longue traversée, les questions qui dominent l'ensemble de l'œuvre : celle du sujet dans son vécu, celle de la liberté, hypothéquée par l'histoire, celle de la création et de l'imaginaire.

Une conquête réflexive

« Rien, absolument rien ne me justifie d'adopter telle ou telle échelle de valeurs », dit Sartre dans *L'existentialisme est un humanisme.*

On vient de voir quelle ascèse suppose cette conduite où chacun, jeté dans des entreprises, est, immédiatement, en situation, tendu hors de lui par des projets ou des rencontres prévus ou imprévus.

A travers mes projets et le sens que je leur donne, s'opère une évaluation nouvelle. Mieux, je crée des valeurs dont ma liberté est la seule source.

Tout au plus peut-on parler d'un « truc de l'angoisse », à la façon dont Sartre parle d'un « truc de la contingence » (c'est d'ailleurs le même) qui vient de ce qu'en les dévoilant, on n'y est plus seulement soumis.

S J'émerge seul et dans l'angoisse en face du projet unique et premier qui constitue mon être, toutes les barrières, tous les garde-fous s'écroulent, néantisés par la conscience de ma liberté ; je n'ai ni ne puis avoir recours à aucune valeur contre le fait que c'est moi qui maintiens à l'être les valeurs ; rien ne peut m'assurer contre moi-même, coupé du monde et de mon essence par ce néant que je suis, j'ai à réaliser le sens du monde et de mon essence : j'en décide, seul, injustifiable et sans excuse[1].

202/ *Ibid.*, p. 77.

Ainsi, par la liberté dont l'angoisse fait prendre conscience, les valeurs changent de sens : elles ne sont plus des garde-fous, mais expriment le *manque* interne au pour-soi, toujours au-delà de ce qui est et de ce que je tente de faire ; non seulement elles ne peuvent jamais être réalisées, mais ne renvoient à aucun référent préétabli. Ici, comme ailleurs, Sartre propose le même mouvement : on part de multiples ébauches vers un pôle unificateur, mais celui-ci se défait et la totalité est toujours manquée. C'est pourquoi elle est valeur, c'est pourquoi l'*échec* inévitable est source de recommencements. Cette notion, habituellement défaitiste, est ici stimulante. Elle est, en tout cas, incontournable : il ne faut pas chercher à combler ce manque, mais à faire bouger la non-coïncidence à travers le jeu de mes possibilités : celles-ci sont des *présences-absences*. Et leur rôle existe à tous les niveaux : le désir est bien, en un sens, recherche d'assouvissement et de coïncidence avec soi, remplissement d'un vide, « mais aucun projet irréfléchi ne vise tout simplement à supprimer ce vide et le "n'est-ce que cela ?" exprime l'évanescence de toute coïncidence avec soi » ; dans ce décalage se manifeste la transcendance.

Ainsi n'en finit-on pas ! Le sujet n'est rien sans son histoire faite de ces présences-absences que sont mes possibles, vers un *soi* toujours plus loin, là-bas, hors d'atteinte, et c'est à travers un circuit, le *circuit de l'ipséité*, que la psyché se constitue.

1. Voir « Le sujet moral », p. 404, et tome II, « Condamnés à la liberté », « Une éthique de l'engagement » (3e partie), « Des individus et des groupes », (4e partie) « Une morale en suspens » (5e partie).

S Par Psyché nous entendons l'Ego, ses états, ses qualités et ses actes. L'Ego sous la double forme grammaticale du Je et du Moi représente notre personne, en tant qu'unité psychique transcendante. Nous l'avons décrit ailleurs[1]. C'est en tant qu'Ego que nous sommes sujets de fait et sujets de droit, actifs et passifs, agents volontaires, objets possibles d'un jugement de valeur ou de responsabilité.

203/ *Ibid.*, p. 209.

Ces qualités de l'*ego* sont des virtualités que nous avons à être et qui se développent selon une multiplicité de points de vue et un décalage temporel constant : c'est pourquoi « toute cohésion du pour-soi est suspecte de l'hypostasier en en-soi ».

C'est pourquoi Sartre critique Bergson qui ne rend pas compte du psychique mais en fait le « donné » d'une conscience qui dure et qui est « multiplicité d'interpénétration ». D'autant que sous ce donné Bergson a recours à l'arrière-monde du « moi profond ».

De même,

S sous les descriptions de Proust, l'analyse intellectualiste marque à chaque instant ses limites ; elle ne peut opérer ses décompositions et ses classifications qu'en surface et sur un fond d'irrationnalité totale. Il faut renoncer à réduire l'irrationnel de la causalité psychique : cette causalité est la dégradation en magique, dans un en-soi qui est ce qu'il est à sa place, d'un pour-soi ek-statique qui est son être à distance de soi. L'action magique à distance et par influence est le résultat nécessaire

1. Voir *La Transcendance de l'ego*, Vrin, Paris, 1937.

de ce relâchement des liens d'être. Le psychologue doit décrire ces liens irrationnels et les prendre comme une donnée première du monde psychique.

204/ *Ibid.,* p. 217.

Nous retrouvons ici l'insistance avec laquelle Sartre refuse l'assimilation de la conscience à la connaissance, si subtile soit-elle, et la résistance opiniâtre de la spontanéité.

Le mouvement néantisant de la réflexion est, certes, reprise unifiante de la spontanéité et capacité de pouvoir dire « je » (ego cogito) : « La réflexion est le pour-soi conscient de lui-même. » Mais cette prise de conscience se fait dans un décalage incessant entre une activité réflexive et son objet : « le réfléchi est séparé de son objet par un néant [...] Le phénomène de réflexion est une néantisation qui ne lui vient pas du dehors mais qu'il a à être ». Reprise d'être, accord avec soi, retour sur soi provoquant « une distance entre ce qui se retourne et ce sur quoi il y a retournement, arrachement à soi et réaffirmation de ces deux êtres qui ne doivent être qu'un seul être » ; voilà la « réflexion pure », simple présence du pour-soi réflexif au pour-soi réfléchi. Elle est la forme originelle et idéale de la réflexion ; elle n'est jamais *donnée* d'abord ; il faut la gagner par une sorte de « katharsis ».

La réflexion impure a toujours un objet qui lui est extérieur : c'est une activité qui se produit dans la perspective d'un « pour ». Elle est « un effet avorté du pour-soi, pour être autrui, en restant soi », et cherchant à déterminer l'être que je suis, fait apparaître, comme mon ombre, la temporalité où se dilue cet être et le monde dans lequel il est.

Ce développement dans le monde et dans le temps

suppose une dispersion originelle, « le pour-soi se perd dehors auprès de l'en-soi et dans les trois ek-stases temporelles. La réflexion demeure une nécessité permanente du pour-soi, cherchant à maîtriser une temporalité diasposique sans pour autant la quitter ; elle est à la fois conscience des trois dimensions ek-statiques (passé, présent, futur), conscience non thétique d'écoulement et conscience thétique de durée ».

La constitution de la personne suppose en effet l'épaisseur de la temporalité. Nous n'en sommes plus au surgissement de consciences en perpétuelle renaissance, que Sartre évoquait dans *La Transcendance de l'ego* au risque de s'y perdre ! Il nous montre maintenant que l'instantanéisme cartésien (lié dans ce système à la permanence de la substance) est incompatible avec le mouvement même du doute au cœur duquel naît le cogito :

S Ainsi, la conquête réflexive de Descartes, le cogito, ne doit pas être limitée à l'instant infinitésimal. C'est ce qu'on pouvait conclure, d'ailleurs, du fait que la pensée est un acte qui engage le passé et se fait préesquisser par l'avenir. Je doute donc que je suis, dit Descartes. Mais que resterait-il du doute méthodique, si on pouvait le limiter à l'instant ?

[...]

Se découvrir doutant, c'est déjà être en avant de soi-même dans le futur qui recèle le but, la cessation et la signification de ce doute, en arrière de soi dans le passé qui recèle les motivations constituantes du doute et ses phases, hors de soi dans le monde comme présence à l'objet dont on doute. Les mêmes remarques s'appliqueraient à n'importe quelle constatation réflexive : je lis, je rêve, je perçois, j'agis. Ou bien elles doivent nous conduire à refuser l'évidence apodictique à la réflexion : alors la connaissance originelle que j'ai de moi s'effondre dans le probable, mon existence même n'est qu'une probabilité, car mon être-dans-l'instant n'est pas un être — ou bien il faut étendre les droits de la réflexion à la totalité humaine, c'est-à-dire au passé, à l'avenir, à la présence, à l'objet. Or, si nous avons vu juste, la réflexion, c'est le pour-soi qui cherche à se reprendre lui-même comme totalité en perpétuel inachèvement.

205/ *Ibid.*, pp. 202-203.

Post-scriptum : Individu et personne

Ayant parcouru le chemin qui mène du cogito préréflexif à la réflexion, posons maintenant la question de savoir si la problématique de *L'Être et le Néant* développe ou déplace celle de *La Transcendance de l'ego*.

Dans ce premier texte, Sartre refuse l'egologie de Husserl et établit le lien entre une conscience individuelle et impersonnelle ; dans l'introduction de *L'Être et le Néant* s'il marque bien toujours la différence de niveau entre une conscience préréflexive et une conscience réflexive, celles-ci ne sont pas impersonnelles : c'est pourquoi intervient le risque solipsiste, c'est pourquoi se constitue l'ipséité dont le circuit aboutit à l'ego. Certes celui-ci est au bout du compte sans être présupposé, mais peut-être n'y parvient-on que parce que, dès le départ, la conscience est personnelle ? Peut-on conclure alors à une « rupture épistémologique » entre ces deux conceptions ? C'est l'orientation que propose Colette Audry *(Sartre et la réalité humaine)* ; elle est reprise systématiquement par Léon Fretz *(Le Concept d'individualité).* Ils considèrent que *Question de méthode* et la *Critique de la raison dialectique* renouent avec *La Transcendance de l'ego* dont *L'Être et le Néant* s'écarte par défaut subjectiviste[1].

Tout au contraire, Sartre doit-il être considéré selon une trame subjectiviste naissant du mouvement centrifuge des visées-dans-le-monde dont on retrouverait trace à tous les niveaux de conscience, créant des ruptures d'une conscience à l'autre puis fondant dans la praxis individuelle toute entreprise commune ? Il n'y aurait pas alors de rupture mais des variations « selon ses propres principes » ; ce sera la thèse de Raymond Aron à propos de la *Critique* et l'orientation que propose Bourdieu.

L'interrogation sur le sujet poursuivie jusqu'ici nous montre à la fois l'éclatement (multiples visées, conscience-dans-le-monde) et la construction opérée du champ impersonnel, de la conscience préréflexive à la conscience réflexive qui conquiert de l'unité. Ce circuit est celui d'une conscience-dans-le-monde. Et pour cela il faut du temps !

C'est dans cette épaisseur temporelle (méconnue dans *La Transcendance de l'ego*) que je vais, maintenant, pénétrer.

Une diaspora temporelle

Sartre dit que le temps apparaît comme *trajectoires* ; précisons d'emblée le sens de ce terme et notons l'emploi du pluriel qui exclut toute linéarité, suppose des

1. Voir tome II, 4e partie, « La randonnée de Sartre ».

recommencements et des directions multiples liées à l'énergie des initiatives.

Rapprochons cette image de « réseau d'intentionnalités » que Merleau-Ponty reprend à Husserl pour illustrer sa conception de la temporalité :

> Le passé n'est donc pas passé, ni le futur futur. Il n'existe que lorsqu'une subjectivité vient briser la plénitude de l'être en soi, y dessiner une perspective, y introduire le non-être. Un passé et un avenir jaillissent quand je m'étends vers eux. Je ne suis pas pour moi-même à l'heure qu'il est, je suis aussi bien à la matinée de ce jour ou à la nuit qui va venir, et mon présent, c'est, si l'on veut, cet instant, mais c'est aussi bien ce jour, cette année, ma vie tout entière. Il n'est pas besoin d'une synthèse qui réunisse du dehors les tempora en un seul temps, parce que chacun des tempora comprenait déjà au-delà de lui-même la série ouverte des autres tempora, communiquait intérieurement avec eux, et que la « cohésion d'une vie » est donnée avec son « ek-stase ».
>
> 206/ M. Merleau-Ponty, *Phénoménologie de la perception*, Gallimard, 1945, p. 481.

Ces lignes éclairent la signification du terme *trajectoires*, employé par Sartre, dans des mouvements affirmatifs et créateurs. Il ne saurait donc être confondu avec le *temps trajectoire* d'une physique des solides permettant la prévision et supposant une irréversibilité continuiste (sens où le prennent I. Prigogine et I. Stengers, dans *La Nouvelle Alliance*) pour dévoiler, selon les aléas d'une physique des fluides « le temps retrouvé » grâce à l'entropie.

> La physique classique était dominée par un idéal, celui d'une connaissance maximale, complète, qui réduirait le devenir à une répétition tautologique du même. C'était, nous l'avons vu, le mythe fondateur de cette science. Aujourd'hui, la physique des trajectoires n'apparaît plus que comme un îlot cerné par les flots de l'instabilité et de la cohérence quantique. Le problème du temps que nous avons suivi à travers ce livre se présente dès lors sous un jour radicalement neuf. C'est ce temps retrouvé que nous allons décrire dans les conclusions.
>
> 207/ I. PRIGOGINE et I. STENGERS, *La Nouvelle Alliance*, Gallimard, 1979, p. 264.

Ils y opposent d'ailleurs « la stabilité faible de trajectoires », les lieux où « les trajectoires cessent d'être déterminées » adoptent l'invention du clinamen par Lucrèce, la science créative du hasard et des circonstances (M. Serres) : flux, instabilité, crises, glissements, science interrogative qui « est un secteur de notre expérience » (Merleau-Ponty). Leurs propositions concernant la temporalité dans les sciences de la nature sont étayées par Bergson, Whitehead, Deleuze, Serres, Merleau-Ponty. Pas par Sartre car, là comme toujours, ce qu'il dit de la temporalité concerne le *pour-soi*, pas *l'en-soi*. Or *« la Nouvelle Alliance »* consiste à lier l'un à l'autre.

> La science classique s'est trouvée associée à un désenchantement du monde. C'est la leçon que Jacques Monod entendait tirer des progrès de la biologie : « L'ancienne alliance est rompue. L'homme sait enfin qu'il est seul dans l'immen-

sité indifférente de l'univers d'où il a émergé par hasard. » Notre science n'est plus ce savoir classique, nous pouvons déchiffrer le récit d'une « Nouvelle alliance ». Loin de l'exclure du monde qu'elle décrit, la science retrouve comme un problème l'appartenance de l'homme à ce monde. Les théories scientifiques ne peuvent plus supposer la possibilité d'un savoir omniscient ; nous lisons, jusque dans leurs principes, les traces d'une activité d'exploration au sein d'une nature en évolution.

Les métamorphoses de la science concourent à rétablir la communication entre ce qu'on a appelé les « deux cultures », scientifique et humaniste, à un moment où la science et l'avenir des hommes se trouvent étroitement liés. La science occidentale du XVIIᵉ siècle appartenait à un contexte culturel bien déterminé. Aujourd'hui, elle nous apporte des confins de l'Univers un message qui semble pouvoir s'intégrer dans un champ culturel plus vaste, un message plus respectueux d'autres interrogations et d'autres traditions.

Le savoir scientifique se découvre aujourd'hui « écoute poétique » de la nature, processus naturel dans un monde ouvert.

208/ I. PRIGORINE et I. STENGERS, *ibid.*, 4ᵉ de couverture.

Ce projet est rendu possible parce qu'on en a fini avec la prévision et le déterminisme globaux, et parce que la nouvelle interprétation du monde suppose l'instabilité, le déséquilibre et des agencements créatifs. Cette « écoute poétique » est rendue nécessaire pour éviter le tragique d'une liberté se heurtant à l'absurde ou à la nécessité.

Pour Sartre, s'il y a « trajectoires », si cette temporalité est multiple, si elle est dynamique, c'est grâce au pour-soi ; l'on retrouve ici le même cheminement où l'unité est conquise sur la multiplicité ; ces trajectoires sont vécues par la conscience spontanée qui surgit hors d'elle-même, elles se réalisent dans le projet ou l'entreprise, mais la reprise de cette temporalité diasporique se fait par la réflexion.

S Le Temps, en tant qu'il se découvre à une temporalité ek-statique qui se temporalise, est partout transcendance à soi et renvoi de l'avant à l'après et de l'après à l'avant. Mais cette transcendance à soi, en tant qu'il se fait saisir sur l'en-soi, il n'a pas à l'*être*, elle est étée en lui. La cohésion du Temps est un pur fantôme, reflet objectif du projet ek-statique du pour-soi vers soi-même et de la cohésion en mouvement de la Réalité humaine. Mais cette cohésion n'a *aucune raison d'être* si l'on considère le Temps par lui-même, elle s'effondre aussitôt en une multiplicité absolue d'instants qui, considérés séparément, perdent toute nature temporelle et se réduisent purement et simplement à la totale a-temporalité du *ceci*.

[...]

De ce point de vue le Temps apparaît comme forme finie, organisée, au sein d'une dispersion indéfinie ; le laps de temps est comprimé au sein d'une absolue décompression et c'est le projet de nous-même vers nos possibles qui réalise la compression. Ce comprimé de temps est certes une forme de dispersion et de séparation car il exprime dans le monde la distance qui me sépare de moi-même. Mais d'autre part, comme je ne me projette jamais vers un possible qu'à travers une série organisée de possibles dépendants qui sont ce que j'ai à être pour être... et comme leur développement non thématique et non positionnel est donné dans le dévoilement non positionnel du possible majeur vers quoi je me projette, le temps se dévoile à moi comme forme temporelle objective, comme échelonnement organisé des probables : cette forme objective ou *laps* est comme la *trajectoire* de mon acte.

209/ *L'Être et le Néant*, 1943. Édit. 1947, p. 267.

C'est pourquoi, après avoir analysé ce qu'il appelle la *temporalité statique*, qui ronge, creuse, sépare, fuit dans un émiettement insurmonté ou gommant l'acuité des peines (« laisse faire le temps », dit le roi à Don Rodrigue), Sartre montre que cette dispersion ne se sépare pas d'un sujet qui cherche à la resserrer et à en renouveler le sens ; il y a donc, à la fois, multiplicité et unité. Ce rapport permet une durée qui peut toujours être compromise car elle ne se confond pas, comme pour Bergson, avec l'être.

S La Temporalité est une force dissolvante mais au sein d'un acte unificateur, c'est moins une multiplicité réelle — qui ne saurait recevoir ensuite aucune unité, et par suite, qui n'existerait même pas comme multiplicité — qu'une quasi-multiplicité, qu'une ébauche de dissociation au sein de l'unité. Il ne faut pas essayer d'envisager à part l'un ou l'autre de ces deux aspects : à poser d'abord l'unité temporelle, nous risquons de ne plus rien comprendre à la succession irréversible comme sens de cette unité ; mais à considérer la succession désagrégeante comme le caractère originel du temps, nous risquons de ne plus pouvoir comprendre qu'il y ait *un* temps.

> [...]
> La temporalité doit avoir la structure de l'ipséité. C'est seulement en effet parce que le soi est soi là-bas hors de soi dans son être qu'il peut être avant ou après soi, qu'il peut y avoir en général de l'avant et de l'après. Il n'y a de temporalité que comme intrastructure d'un être qui a à être son être, c'est-à-dire comme intrastructure du pour-soi. Non que le pour-soi ait une priorité ontologique sur la temporalité. Mais la temporalité est l'être du pour-soi en tant qu'il est à l'être ek-statiquement. La temporalité n'est pas, mais le pour-soi se temporalise en existant.
> Réciproquement, notre étude phénoménologique du Passé, du Présent et de l'Avenir nous permet de montrer que le pour-soi ne peut être, sinon sous la forme temporelle.
>
> 210/ *Ibid.*, pp. 179-180.

Or le pour-soi, nous le savons, est *manque* ; aussi l'unité conquise sur la dispersion et l'effritement a comme vecteur principal le futur, ou plutôt ce que je vise en ce futur dont dépend le sens du passé ou du présent ; c'est selon le *projet* que je jugerai des obstacles, des résistances de mon entour, que j'interpréterai mon passé, que je le reconstruirai ; c'est selon ce projet que je jugerai du « coefficient d'adversité » du monde : l'âpreté de la montagne ne m'apparaîtra pas de la même façon si je veux l'escalader demain ou si je reste dans la vallée.

Mais cette unité conquise sur la dispersion n'exclut pas la discontinuité radicale provoquée par le *rien* qui sépare l'antérieur du postérieur ; mon passé ne pèse pas sur mon projet au point de le déterminer et je peux rompre à chaque instant vers ce devenir naissant qui est désormais l'objet de mes soins. C'est pourquoi le temps est pluriel ; il est fait de trajectoires multiples et renouvelables ; il n'est donc pas linéaire bien qu'il ne soit pas cyclique et sa dynamique empêche toute dégradation. « Seul un être qui a à être son être peut avoir un avenir. » Sartre vit cette dynamique temporelle de façon opposée à la façon dont Flaubert en ressent la dégradation.

Pour Sartre, l'avenir peut être lointain car le projet que j'envisage peut prendre du temps, mais cette perspective le rapproche du même coup et sa réalisation l'enrichit.

N'empêche que je ne vis pas ce projet en sa nouveauté comme si de rien n'avait été ; il y a le passé qui pèse et que fait peser le jugement de l'autre. Celui-ci peut tenter d'y coincer l'individu par la désignation. C'est le cas de Genet, enfant : « Un mot vertigineux venu du fond du monde abolit le bel ordre... Tu es un voleur. »

Et sans doute, nous verrons que Genet s'en sort, échappe à cette prédestination en se faisant voleur, puis voleur de mots et poète... Si « les préjugés de l'enfance sont indépassables », ils n'empêchent pas un devenir imprévisible tant que les jeux ne sont pas faits.

Dans la vie, ces jugements et ces regards tendent à pétrifier chacun d'entre nous, « tout ce qu'on peut dire que je suis au sens de l'être en soi c'est avec une pleine densité compacte ; il est coléreux, il est fonctionnaire, c'est toujours mon passé. C'est au passé que je suis ce que je suis[1] » (*L'Être et le Néant*, p. 161). Aussi Sartre dénonce-t-il la notion de *caractère* dont l'usage psychologique enferme l'individu ; il s'y oppose dans le roman comme au théâtre où il revendique un *théâtre de situations*.

1. Voir tome II, 3e partie : « Il y a les autres ».

Seule la mort, qui, selon la formule de Malraux reprise par Sartre, « change la vie en destin », rend le passé insurmontable. C'est le cas des trois personnages de *Huis clos* qui sont irrémédiablement ce passé qu'ils ont été, que chacun découvre en l'autre et que les survivants figent par leurs jugements ; Garcin est lâche, rien ne peut effacer sa fuite ni sa peur au moment d'être fusillé, au point que les survivants disent « lâche comme Garcin ».

C'est parce que le passé est devenu un « en-soi » indépassable que le regard ou le jugement me renvoie sans que je puisse tricher ni changer, que « l'enfer c'est les autres ». Sartre nous dit lui-même que cette formule a toujours été mal comprise, et que si, dans *Huis clos*, les autres sont l'enfer, c'est aussi que, morts, rien ne peut changer !

S Les trois personnages que vous entendrez dans *Huis clos* ne nous ressemblent pas en ceci que nous sommes vivants et qu'ils sont morts. Bien entendu, ici « morts » symbolise quelque chose. Ce que j'ai voulu indiquer, c'est précisément que beaucoup de gens sont encroûtés dans une série d'habitudes, de coutumes, qu'ils ont sur eux des jugements dont ils souffrent mais qu'ils ne cherchent même pas à changer. Et que ces gens-là sont comme morts. En ce sens qu'ils ne peuvent briser le cadre de leurs soucis, de leurs préoccupations et de leurs coutumes ; et qu'ils restent ainsi victimes souvent des jugements qu'on a portés sur eux. A partir de là, il est bien évident qu'ils sont lâches ou méchants, par exemple. S'ils ont commencé à être lâches, rien ne vient changer le fait qu'ils sont lâches. C'est pour cela qu'ils sont morts, c'est une manière de dire que c'est une mort vivante que d'être entouré par le souci perpétuel de jugements et d'actions que l'on ne veut pas changer. De sorte que, en vérité, comme nous sommes vivants, j'ai voulu montrer par l'absurde l'importance chez nous de la liberté, c'est-à-dire l'importance de changer les actes par d'autres actes. Quel que soit le cercle d'enfer dans lequel nous vivons, je pense que nous sommes libres de le briser. Et si les gens ne le brisent pas, c'est encore librement qu'ils y restent. De sorte qu'ils se mettent librement en enfer.

211/ *Un théâtre de situations*, Gallimard, 1973, p. 239.

Tant qu'il y a de la vie, il y a de l'espoir.

D'autre part, mon passé compte mais je le suis sur le mode de ne l'être pas. Dans la *Phénoménologie de la perception* Merleau-Ponty qui, pourtant, privilégie le lien aux recommencements, critique la position continuiste de Bergson :

Il n'est ni nécessaire, ni suffisant, pour revenir au temps authentique, de dénoncer la spatialisation du temps comme le fait Bergson. Ce n'est pas nécessaire puisque le temps n'est exclusif de l'espace que si l'on considère un espace préalablement objectivé, et non pas cette spacialité primordiale que nous avons essayé de décrire, et qui est la forme abstraite de notre présence au monde. Ce n'est pas suffisant, puisque, même une fois dénoncée la traduction systématique du temps en termes d'espace, on peut rester très loin d'une intuition authentique du temps. C'est ce qui est arrivé à Bergson. Quand il dit que la durée fait « boule de neige avec elle-même », quand il accumule dans l'inconscient des souvenirs en soi, il fait du temps avec du présent conservé, de l'évolution avec de l'évolué.

212/ M. MERLEAU-PONTY, *Phénoménologie de la perception*, Gallimard, 1945, note, pp. 474-475.

Et il précise :

Il est bien vrai que je ne saurais percevoir de position temporelle sans un avant et un après, que, pour apercevoir la relation des trois termes, il faut que je ne me confonde avec aucun d'eux, le temps a besoin d'une synthèse. Mais il est également vrai que cette synthèse est toujours à recommencer et qu'on nie le temps à la supposer achevée quelque part.

213/ M. MERLEAU-PONTY, *ibid.*, p. 475.

La notion d'intentionnalité est à nouveau décisive : « si, en un sens, le passé est passé du monde, si, par le passé, le pour-soi se fond dans l'en-soi... je cherche à y échapper par le présent et par le futur » et le sens que je donne à ce passé renaît selon mes visées.

Ainsi, à chaque nouvelle ek-stase, à chaque événement surgissant et bousculant mon passé, je ne peux le fuir et faire comme si je n'en étais pas tributaire, mais je peux rompre la continuité et lui être infidèle. Nous avons déjà vu que Sartre parle, dans *Les Mots,* de sa « mission d'être infidèle à tout », ce qui n'exclut pas la fidélité ; nous avons vu aussi que, paradoxalement, cette vertu va de pair avec une conception de la responsabilité personnelle et avec la capacité de se contester.

Voilà donc la dynamique d'une temporalité qui

cherche à totaliser les instants dispersés, et maintient de la discontinuité au cœur de projets si durables soient-ils.

Nous pouvons donc toujours lire la pensée de Sartre selon les axes que Michel Foucault propose pour définir la modernité dans *Les Mots et les Choses* (multiplicité, discontinuité, temporalité).

La discontinuité interne à la temporalité permet une liberté où tout reste ouvert et inachevé. C'est en fonction de cette conception du temps que Sartre établit une typologie des écrivains : l'ensemble des critiques regroupées dans *Situations, I*, se fonde sur ce rapport.

> Chaque image est une étape d'existence. Chaque image est à la fois vie et mort. La fonction, la nécessité même du roman relèvent de ce que l'on peut considérer comme une valeur : l'inachèvement. Les fictions de Sartre, ses études sur le roman font du temps le facteur essentiel du romanesque. Ce temps (et en cela Sartre s'accorde avec tous les écrivains modernes) n'est ni le temps social, ni la durée, mais un temps morcelé, fait d'instants ou de moments, seule réalité vraie, authentique (et douloureuse) — seule nature du temps. Une conscience, pour se sentir être, ne peut qu'appréhender des fragments, des avortements temporels.
>
> 214/ M. ZÉROFFA, « Signes, images, fiction », dans *Revue d'esthétique*, nº spécial Sartre-Barthes, p. 13.

Aussi Sartre ridiculise-t-il Mauriac qui, se prenant pour Dieu, connaît le destin de ses créatures dont il peut tout prévoir : « Avant d'écrire il forge leur essence, il décrit qu'ils seront ceci ou cela... »

S [...] M. Mauriac n'aime point le temps, ni cette nécessité bergsonienne d'attendre « que le sucre fonde ». Pour lui, le temps de ses créatures est un songe, une illusion trop humaine ; il s'en débarrasse et s'établit délibérément sur le plan de l'éternel. Mais cela seul, à mon avis, aurait dû le détourner d'écrire des romans. Le vrai romancier se passionne pour tout ce qui résiste, pour une porte, parce qu'il faut l'ouvrir, pour une enveloppe, parce qu'il faut la décacheter. Les choses, dans l'admirable *Adieu aux armes* d'Hemingway, sont des pièges-à-temps, elles peuplent le récit d'innombrables résistances, menues, têtues, que le héros doit briser les unes après les autres. Mais M. Mauriac déteste ces infimes barrières qui le détournent de son propos ; il en parle le moins possible.

215/ *Situations, I*, « M. François Mauriac et la liberté », 1947. Édit. 1984, p. 48.

Une telle façon de faire est contraire au romanesque dont Sartre nous dit qu'il suppose l'imprévisible, évoquant à ce sujet les longs entretiens balbutiants des romans anglais.

Le temps romanesque suppose une durée, un suspens. Encore faut-il donner à la temporalité toute sa dimension et s'il en veut à Faulkner, ou à Proust, c'est parce que, selon lui, ils nous privent d'avenir.

S La plupart des grands auteurs contemporains, Proust, Joyce, Dos Passos, Faulkner, Gide, V. Woolf, chacun à sa manière, ont tenté de mutiler le temps. Les uns l'ont privé de passé et d'avenir pour le réduire à l'intuition pure de l'instant ;

d'autres, comme Dos Passos, en font une mémoire morte et close. Proust et Faulkner l'ont simplement décapité, ils lui ont ôté son avenir, c'est-à-dire la dimension des actes et de la liberté. Les héros de Proust n'entreprennent jamais rien : ils prévoient, certes, mais leurs prévisions restent collées à eux et ne peuvent se jeter comme un pont au-delà du présent ; ce sont des songeries que la réalité met en fuite. L'Albertine qui paraît n'était pas celle qu'on attendait et l'attente n'était rien qu'une petite agitation sans conséquence et limitée à l'instant. Quant aux héros de Faulkner, ils ne prévoient jamais ; l'auto les emporte, tournés vers l'arrière. Le suicide futur qui jette son ombre épaisse sur la dernière journée de Quentin n'est pas une possibilité humaine ; pas une seconde Quentin n'envisage qu'il pourrait *ne pas* se tuer. Ce suicide est un mur immobile, une *chose* dont Quentin se rapproche à reculons [...].

216/ *Situations, I,* « La temporalité chez Faulkner », Gallimard, 1947. Édit. 1984, pp. 71-72.

Immédiatement sensible à la simultanéité qu'il réalise dans *Le Sursis*, Sartre considère Dos Passos comme le plus grand romancier contemporain, joignant l'incertitude du roman et l'événement du récit ; ou plutôt hors des genres : « le temps de Dos Passos est sa création propre : ni roman, ni récit. »

S On vit dans le temps, on compte dans le temps. Le roman se déroule au présent, comme la vie. Le parfait n'est romanesque qu'en apparence ; il faut le tenir pour un présent *avec recul esthétique*, pour un artifice de mise en scène. Dans le roman les jeux ne sont pas faits, car l'homme romanesque est libre.

217/ *Situations, I*, « A propos de John Dos Passos », 1947, p. 15.

S'y mêlent des souvenirs, « dévidage balbutiant d'une mémoire brute et criblée de trous... inexplicable tumulte de couleurs, de bruits, de passions ». Dos Passos, sans explications ni commentaires, nous montre le monde où nous sommes comme un cauchemar : nous voici des révoltés.

La fatalité de ses personnages correspond au temps de l'histoire et chacun, dans sa singularité, n'exprime que le social (« le social c'est lui ») dont il montre l'intolérable en nous faisant passer de l'autre côté du miroir. Ce présent révolu diffère cependant du présent de l'absurde où les phrases courtes, closes, se juxtaposent sans attente :

S Une phrase de *L'Étranger*, c'est une île. Et nous cascadons de phrase en phrase, de néant en néant. C'est pour accentuer la solitude de chaque unité phrastique que M. Camus a choisi de faire son récit au parfait composé. Le passé défini est le temps de la continuité : « Il se promena longtemps », ces mots nous renvoient à un plus-que-parfait, à un futur ; la réalité de la phrase, c'est le verbe, c'est l'acte, avec son caractère transitif, avec sa transcendance. « Il s'est promené longtemps » dissimule la verbalité du verbe ; le verbe est rompu, brisé en deux : d'un côté nous trouvons un participe passé qui a perdu toute transcendance, inerte comme une chose, de l'autre le verbe « être » qui n'a que le sens d'une copule, qui rejoint le participe au substantif comme l'attribut au sujet ; le caractère transitif du verbe s'est évanoui, la phrase s'est figée ; sa réalité, à présent, c'est le nom. Au lieu de se jeter comme un pont entre le passé et l'avenir, elle n'est plus qu'une petite substance isolée qui se suffit. Si, par-dessus le marché, on a soin de la réduire autant que possible à la proposition principale, sa structure interne devient d'une simplicité parfaite ; elle y gagne d'autant en cohésion. C'est vraiment un insécable, un atome de temps. Naturellement on n'organise pas les phrases entre elles : elles sont purement juxtaposées. [...]

218/ *Situations, I,* « Explication de *L'Étranger* », 1947. Édit. 1984, p. 109.

Autant Sartre est sensible à la façon dont Camus bannit toute transcendance dans ce récit où « les sujets deviennent des choses sous un soleil implacable qui ne laisse aucune ombre », autant il en refusera la transposition idéologique dans *Le Mythe de Sisyphe* : l'absurde lui-même est incertain.

Quant à ses propres créations, elles correspondent, comme le nom l'indique, aux « chemins de la liberté » ; les personnages balbutient, hésitent, ignorent ce qu'ils vont faire dans une réalité opaque. N'empêche qu'ils cherchent du sens malgré le non-sens de ce monde en déséquilibre. Ces entreprises amorcées, avortées, supposent tout de même de l'avenir, si évasif soit-il, si trouble soit-il, et « les événements qui tombent sur nous comme des voleurs », le remettent sans cesse en question. « Pour Sartre, faire de Roquentin ou de Mathieu des personnages de roman, c'est d'abord les montrer ne sachant pas encore (ou comprenant confusément) que le monde ne répond pas à leur conscience, qui est perpétuel désir, perpétuel projet » (Zéraffa, *op. cit.*, p. 13).

Aussi vont-ils, d'étapes en étapes, errants selon l'inertie d'objets dont on peut seulement dire qu'ils sont « là ».

Sartre qui a, comme Céline, « le sens aigu du non-sens des moments », mène en tout cas ses personnages au bout de la nuit : « D'expérience en expérience l'écrivain les conduit à la révélation de l'absurdité du monde et ils deviennent alors des sujets : Roquentin devant la racine, Mathieu en tirant sur sa propre vie aliénée lorsqu'il tire sur les Allemands. Ainsi est atteint le terme de la nuit, mais ce terme ne peut qu'être précaire : la liberté recommence sans cesse » (Zéraffa).

Actes ébauchés, situations renouvelées, romans inachevés... ainsi en est-il du temps pour qui va du sens aux signes en interrogeant : « avec ces seuls signes, les mots, qui indiquent dans le vide, comment faire un monde qui se tienne debout ? » (Sartre).

« Le dur désir de durer »

Telle est la temporalité des individus qui, par la réflexion, resserrent la dispersion des instants vécus et l'unifient, selon leurs projets. Ce vecteur privilégié correspond au lien que Sartre établit entre la pensée et l'action. Les sujets y perdent une mémoire que, pourtant, l'intentionnalité, renouvelant le sens des souvenirs selon les situations, aurait pu susciter. Cette dimension engloutie n'a pas empêché Barthes de dédier à Sartre *La Chambre claire*; car sa recherche, par l'image, du souvenir perdu et retrouvé, doit beaucoup à *L'Imaginaire* dont nous avons vu qu'il est un axe fondamental de la conscience[1]. Ce

1. Voir tome II, 5e partie, « La magie de l'imaginaire ».

refus de la mémoire va de pair, pour Sartre, avec le refus d'une vie intérieure : « nous voilà délivrés de Proust », proclame-t-il dans son texte sur l'intentionnalité (*Situations, I*) ; c'est aussi que la mémoire risque de renvoyer à une essence si le passé suppose l'être sans le faire.

Écrivant contre Proust (c'est-à-dire en se sentant proche de lui) il écrit aussi contre Bergson. Cette philosophie le précède et, la première en France, donne au temps une dimension irréductible. Sartre reprend la formule : « Il faut attendre que le sucre fonde », qui exprime la résistance du temps. Pour lui, comme pour Bergson, le temps est invention. Mais Bergson sépare l'*être* du *faire* qui, comme la science et la technique, est de l'ordre d'une intelligence mécaniste ; le temps vécu, la durée, le souvenir pur sont l'*être*. Une essence se cache au cœur même de l'existence ; le moi profond est un arrière-monde dont nous avons vu que, dès le départ, Sartre, comme Nietzsche, dénonce l'illusion. La temporalité que Sartre propose, si elle n'est plus instantanéiste comme pour Gide, n'a cependant que la durée des initiatives et de leurs réalisations, elle suppose l'activité des sujets qui la vivent ; elle atteint l'absolu de la création.

Les structures temporelles des « ensembles pratiques[1] » que Sartre analyse dans la *Critique de la raison dialectique* sont analogues à celles des individus. Cela devrait nous surprendre puisque Sartre a l'ambition de donner une intelligibilité du devenir grâce à une dialectique qu'il prétend fonder et limiter. Nous verrons quel glissement, voire quel retournement, manifeste ce déplacement de l'individu à l'histoire et quel étonnement provoque la substitution d'une rationalité

1. Voir tome II, 4e partie, « Une épopée des temps modernes ».

englobant la compréhension à l'irréductibilité de cette compréhension dans l'existentialisme.

Si, cependant, les structures temporelles sont analogues c'est que Sartre part, là aussi, de la multiplicité : celle des « ensembles pratiques » dont il épouse les tournoiements, les avatars, les piétinements, les reculs et la façon dont se font et se défont les totalisations. C'est aussi que ces collectifs sont fondés par les « praxis individuelles » et qu'en dernière instance ce sont les individus qui sont source de la dynamique des collectifs.

Or ces individus sont, dans *Question de méthode* qui sert d'introduction à la *Critique de la raison dialectique*, définis par le *projet*. Celui-ci est, cependant, lié immédiatement à la notion marxiste de *praxis*, c'est-à-dire à l'acte producteur ou créateur, donc à son inscription dans la réalité.

La subjectivité, si nécessaire soit-elle, est un moment qui va de l'objectivité à l'objectivité et la responsabilité, qui suppose toujours l'accord avec soi, doit, en même temps, être comprise et compatible avec le projet commun, « c'est dans l'entreprise commune que la compréhension est donnée ».

La temporalité perd de sa transcendance qui l'ouvrait à l'imprévisibilité de ce qui n'est pas et se rabat sur les exigences collectives de toute réalisation. Le lien au faire et à l'action est renforcé. Or ces actions ne peuvent être menées que dans des collectifs que sont les *groupes* : ceux-ci naissent, à des moments privilégiés, comme des « apocalypses », en des rassemblements exigés par la situation ; la plupart du temps contre l'oppression. Alors les gens qui, jusque-là, restaient en demi-solitudes, séparés les uns des autres, et impuissants à agir, de façon sérielle, se rassemblent en un projet commun qui se dessine et se transforme au cours de l'action ; il n'y a d'unité de ces groupes que dans la dynamique de l'action entreprise : ce sont des « groupes en fusion », et Sartre nous décrit leur fluidité de l'intérieur : c'est quand on y participe, non quand on les survole, qu'on en éprouve la puissance et le devenir.

Nous reprendrons ces analyses à propos des rapports de l'individuel et du collectif, de la liberté dans un monde aliéné : retenons ici que « le groupe en fusion se figera en collectif s'il n'est pas structuré dans un développement temporel dont la vitesse et la durée dépendent évidemment des circonstances et de la situation ».

La difficulté est la même, sur ce terrain, que dans la vie personnelle : comment un groupe peut-il durer quand l'entreprise initiale ne se renouvelle pas ? Alors, de deux choses l'une : ou il s'effrite et se dissout — nous voici retombés dans la séparation sérielle... — ou il cherche à se maintenir coûte que coûte : les membres du groupe, pour garantir la stabilité, prêtent *serment* ; ainsi prolonge-t-on l'unité au-delà de l'entreprise qui l'avait provoquée ; du serment naît le couple *fraternité-terreur* qui domine les rapports humains tout au long de la *Critique de la raison dialectique* : frère par le serment, chacun devient suspect de trahir ; les liens resserrés doivent être fixes : le groupe devient *organisation* puis s'institutionnalise, permanence figée où les individus se définissent par leurs fonctions. Tout se passe comme si, pour durer, la créativité et l'imprévisibilité temporelles s'abolissaient. Alors, pour rompre l'engrenage, il n'y a plus qu'à recommencer des « apocalypses[1] » !

Cette conception du temps de l'histoire n'est pas dialectique : le tournoiement des « ensembles prati-

1. Voir toujours tome II, 4e partie : « Une épopée des temps modernes » : « Apocalypse, oui ! »

ques » ne relève pas de la contradiction mais d'une altérité indépassable ; les totalisations qui se font et se défont ne parviennent jamais à constituer la totalité. L'inachèvement de la *Critique de la raison dialectique* même en son second tome, non publié jusqu'ici, sauve Sartre d'une histoire globale.

Le fait d'avoir voulu le tenter montre dans quel déséquilibre il se trouve : son objectif, même critique, reste lié aux philosophes de l'histoire qui constituent « l'esprit objectif » de l'époque ; sa méthode, comportant multiplicité et discontinuité, inaugure une temporalité moderne en histoire. Cet échec est à son crédit et indique une avance qu'il doit à l'existentialisme. En effet, le rôle positif donné à la discontinuité pour la première fois en histoire est lié à la contingence, au rien de l'angoisse, à la liberté. Celle-ci rend l'avenir imprévisible : loin d'aller d'étape en étape, de moment nécessaire en moment nécessaire, jusqu'à une « fin de l'histoire », Sartre résiste à la longue durée : peut-on même concevoir ce qui arrivera à la génération suivante ? Quelles inventions, quelles décisions, quelles ruptures interviendront ?

Dans *Cahiers pour une morale*, datant de la période existentialiste, il insiste sur l'impossibilité d'une « science de l'histoire ».

Quand, dans la *Critique de la raison dialectique*, il s'appuie, le premier en philosophie, sur les récents travaux de l'école des Annales et sur le livre fondamental de F. Braudel, *La Méditerranée à l'époque de Philippe II*, il n'en retient pas la longue durée mais plutôt le tournoiement du pratico-inerte productif et culturel provoqué par l'acheminement de l'or du Pérou en Espagne bouleversant toute la géopolitique du bassin méditerranéen.

Plus de dix ans après la parution de la *Critique de la raison dialectique*, afin de mieux dégager sa problématique du courant structuraliste, Michel Foucault propose, en rupture avec la conception traditionnelle de l'histoire et du sujet, une théorie philosophique pour une nouvelle histoire.

Dans *L'Archéologie du savoir*, il montre à la fois,

> la multiplicité des ruptures dans l'histoire des idées, la mise au jour des périodes longues dans l'histoire proprement dite [...]; l'apparition des périodes longues dans l'histoire d'aujourd'hui n'est pas un retour aux philosophies de l'histoire [...], c'est l'effet de l'élaboration, méthodologiquement concertée, des séries. Or, dans l'histoire des idées, de la pensée et des sciences, la même mutation a provoqué l'effet inverse...
>
> 219/ M. FOUCAULT, *L'Archéologie du savoir*, Gallimard, 1969, p. 17.

La multiplicité de ces ruptures donne à

> la notion de discontinuité une place majeure [...]; c'était le stigmate de l'éparpillement temporel que l'historien avait à charge de supprimer de l'histoire. Elle est devenue maintenant un des éléments fondamentaux de l'analyse historique [...].
>
> Un des traits les plus essentiels de l'histoire nouvelle, c'est sans doute ce déplacement du discontinu : son passage de l'obstacle à la pratique, son intégration dans le discours de l'historien où il ne joue plus le rôle d'une fatalité extérieure qu'il faut réduire mais d'un concept opératoire qu'on utilise.
>
> 220/ M. FOUCAULT, *ibid.*

Foucault distingue alors l'histoire générale de l'histoire globale.

> Une description globale resserre tous ces phénomènes autour d'un centre unique : principe, signification, esprit, vision du monde, forme d'ensemble ; une histoire générale déploierait au contraire l'espace d'une dispersion.
>
> 221/ M. FOUCAULT, *ibid.,* p. 20.

Il est intéressant de noter que deux problématiques, dont nous allons voir maintenant qu'elles s'opposent, délivrent l'une comme l'autre la discontinuité de la méfiance où on la tenait jusque-là.

La méthode et les concepts que propose Foucault montrent à la fois l'avance et le déséquilibre de la pensée de Sartre, déjà moderne en ce qui concerne le rôle du discontinu et de la multiplicité des « ensembles pratiques », mais encore retenue par la tentation d'une fin globale, à laquelle d'ailleurs il ne parvient pas.

Chez ces deux philosophes l'importance accordée aux événements vient de ce qu'ils inaugurent : ils sont historiques par le devenir qu'ils provoquent. C'est sans doute une des raisons qui rendent l'un et l'autre sensibles à Mai 68.

Désormais rien ne sera pour eux comme avant.

Ces événements ne sont pas le moment négatif d'un passé qui a fait son temps et que l'on rejette pour un avenir meilleur (même si les schémas furent souvent révolutionnaires) ; ils brisent avec ce qui précède, ne sont *déterminés* ni par les grèves, ni par l'exemple du « petit peuple vietnamien », ni par les mouvements italiens, allemands ou américains : ceux-ci, dans leurs différences, forment plutôt ce que Foucault appelle un espace de simultanéités.

De son côté, Sartre n'*explique* pas plus les événements de mai 68 par l'accumulation des causes qu'il n'explique une décision par la somme des motifs et des mobiles : il y a ce *rien* dont tout part sans aucune finalité. Il y a à chercher l'intelligibilité du *neuf.* Et si, actuellement, certains voient en ces événements le dernier soubresaut d'une période révolue, c'est qu'ils oublient le champ ouvert par la contestation : nouvelles mœurs, déplacements de paroles, de révoltes et de luttes déjà évoqués, à propos des marges auxquelles Foucault comme Sartre ont attaché tant de prix.

C'est oublier des prolongements qui ont fait peur et ont été recouverts par l'ordre institutionnel (où l'on retrouve les tourniquets que Sartre décrit des groupes en fusion, qui ne peuvent durer sans se dégrader en organisation et en institutions). Cependant Mai 68 se situait dans une période de croissance qui permettait une contestation affirmative. Dix ans après, la crise suppose une remise en question des valeurs et des conduites.

La rapidité de cette succession de ruptures semble donner raison à la difficulté de durer et à la brève temporalité historique dont Sartre nous dit qu'elle ne correspond même pas à une génération.

Elle suppose cependant des longues périodes. Dans *L'après-crise est commencée,* Alain Minc montre l'insuffisance d'analyses économiques qui ne tiennent pas compte de cette épaisseur temporelle et oppose aux « structures froides » de la théorie des systèmes les « concepts de l'histoire longue ».

Pour Braudel la société est faite de trois univers qui se chevauchent sur leurs frontières : « les structures du quotidien » où joue une économie primitive d'échanges hors marché, l'économie de marché qui constitue la toile de fond de la vie sociale, « l'économie-monde », sorte de détachement avancé où s'affrontent, liées par une même soif de domination, les grandes organisations industrielles, commerciales ou financières. Au rythme des mouvements de longue période, les frontières se déplacent entre ces trois mondes ; si celui-ci se dilate, celui-là inévitablement se rétracte. Que connaissons-nous d'autre aujourd'hui que la dilatation de l'économie hors marché au moment où l'économie de marché s'essouffle ? Le retour à l'autoconsommation, l'apparition de communautés en dehors des circuits traditionnels d'échange, le fantastique développement du travail noir, représentent-ils autre chose qu'un essor de nos propres structures du quotidien pour répondre à la baisse des emplois offerts sur le marché ? Ces mouvements ne se vivent dans l'instant ni sans drame, ni sans tension, mais sur le long terme, dans un mouvement au moins séculaire ; selon Braudel, ils traduisent la capacité perpétuelle de la société à s'ajuster, et des individus à répondre par un autre type d'insertion à la disparition du plein emploi.

222/ A. MINC, *L'après-crise est commencée*, Le Seuil, 1983, pp. 24-25.

Mais ce temps long de l'histoire n'empêche pas la rapidité de changements où les individus ne peuvent pas facilement se défaire de leur passé ni prévoir leur avenir. L'usure des sidérurgistes de Longwy ne permet pas de vivre la flexibilité inhérente à la crise comme l'étudiant en informatique... L'incertitude du jeune chômeur n'est pas forcément novatrice. Les contradictions et les différences réelles donnent à cette période d'instabilité une ambivalence. Et c'est, actuellement, dans cette époque en devenir que doit être évaluée la temporalité individuelle et collective selon Sartre, et notamment l'importance accordée par lui aux projets et aux entreprises dans un devenir imprévisible.

Positions et situations : la bataille de 65

Vingt ans après, le mouvement structuraliste rejette la question « Qui suis-je ? » ; elle est fallacieuse et n'a plus raison d'être puisque, même sous cette forme interrogative, inépuisable et ouverte, le sujet n'existe pas : ce sont les signes qui donnent du sens et le sujet n'est jamais qu'effet de structures dans des systèmes dont les mutations, si fécondes soient-elles, sont des ensembles synchroniques ; la diachronie n'est que secondaire à ces bases ; le rejet de l'histoire est donc parallèle à celui du sujet, dans un doublet indiscutable qui conduit à poser la question du sujet et de l'histoire. Nous nous limiterons, ici, à la mise en cause du sujet.

Cette élimination du sujet, nous la trouvons, comme souvent, d'abord dans la création, dans la réflexion sur des créations littéraires de type nouveau, avant qu'elle ne soit théoriquement revendiquée.

Des romans sans histoires ?

Dans les textes de la fin des années 50, Robbe-Grillet analyse *quelques notions périmées* relevant d'une conception romanesque traditionnelle, puis la façon dont l'humanisme subsiste, si caché soit-il, en une vision de l'absurde qui suscite le tragique *(nature, humanisme, tragédie)*. Ces critiques s'appuient sur *L'Étranger* et *La Nausée*, justement parce que Camus et Sartre ne sont ni Balzac, ni Zola, et que ces romans inaugurent, tout en maintenant un certain anthropomorphisme qu'il dépiste. S'agissant du refus « d'ajouter quelques figures modernes à la galerie de portraits que constitue notre histoire littéraire », Robbe-Grillet ajoute :

> Aucune des grandes œuvres contemporaines ne correspond, en effet, sur ce point aux normes de la critique. Combien de lecteurs se rappellent le nom du narrateur dans *La Nausée* ou dans *L'Étranger* ? Y a-t-il des types humains ? Ne serait-ce pas, au contraire, la pire absurdité que de considérer ces livres comme des études de caractère ? Et le *Voyage au bout de la nuit* décrit-il un personnage ? Croit-on d'ailleurs que c'est par hasard que ces trois romans sont écrits à la première personne ? Beckett change le nom et la forme de son héros dans le cours d'un même récit. Faulkner donne exprès le même nom à deux personnes différentes.
>
> Quant au K du *Château*, il se contente d'une initiale, il ne possède rien, il n'a pas de famille, pas de visage ; probablement même n'est-il pas du tout arpenteur.
>
> 223/ A. Robbe-Grillet, *Pour un nouveau roman*, Gallimard, « Idées », p. 32.

Roquentin — nous l'avons vu — n'est pas un sujet constitué mais tâtonne au cœur d'un champ impersonnel où le « il » convient parfois mieux que le « je ». Toutefois l'humanisme pointe.

> Il n'est pas d'œuvre importante, dans la littérature contemporaine, qui ne contienne à la fois l'affirmation de notre liberté, et le germe « tragique » de son abandon.
>
> Deux grandes œuvres au moins, dans les dernières décades, nous ont offert deux nouvelles formes de la complicité fatale : l'absurde et la nausée.
>
> 224/ A. ROBBE-GRILLET, *ibid.*, p. 70.

Alain Robbe-Grillet analyse d'abord *L'Étranger*, trouve que le style n'est pas aussi « lavé » que les premières pages le laisseraient espérer car l'absurde reste une forme d'humanisme tragique (il n'a pas, pour Camus, l'insignifiance qu'il a pour Beckett) et comporte de l'anthropomorphisme.

L'analyse de *La Nausée* montre les rapports de Roquentin au monde marqués par l'intimité louche de relations strictement viscérales : toucher, odeur, couleurs plutôt que formes..., trouble provoqué par les bretelles mauves ou par la fameuse racine de marronnier « qui finit par concentrer toute son absurdité et son hypocrisie dans sa couleur noire [...]. Nous sommes cette fois encore dans un univers tragifié » : fascination, dédoublement, solidarité avec les choses où le visqueux joue son rôle.

> Tout se passe donc comme si Sartre — qui ne peut pourtant être accusé d'essentialisme — avait, dans ce livre du moins, porté à leur plus haut

> degré les idées de nature et de tragédie. Une fois de plus, lutter contre ces idées n'a fait d'abord que leur conférer des forces nouvelles.
>
> 225/ A. Robbe-Grillet, *ibid.*, p. 76.

La neutralité est difficile à conquérir où le regard met à distance et permet, en surface, de constituer extériorité et indépendance. Sartre utilise d'ailleurs le pouvoir laveur du regard : le galet au toucher suspect devient sec, plat, boueux quand Roquentin le regarde sans plus comprendre ce qui l'a ému.

Or c'est cette émotion qu'il faut dissiper si l'on veut échapper au tragique sans savoir si cela est possible. Puisque le danger menace dès qu'un sujet cherche à donner du sens, éliminons le sujet et la quête d'un sens !

> Les significations du monde, autour de nous, ne sont plus que partielles, provisoires, contradictoires même, et toujours contestées. Comment l'œuvre d'art pourrait-elle prétendre illustrer une signification connue d'avance, quelle qu'elle soit ? Le roman moderne, comme nous le disions en commençant, est une recherche, mais une recherche qui crée elle-même ses propres significations, au fur et à mesure. La réalité a-t-elle un sens ? L'artiste contemporain ne peut répondre à cette question : il n'en sait rien. Tout ce qu'il peut dire, c'est que cette réalité aura peut-être un sens après son passage, c'est-à-dire l'œuvre une fois menée à son terme.
>
> 226/ A. Robbe-Grillet, *ibid.*, p. 152.

Aussi est-ce des signes que naissent des significations qui se défont, aussi n'y a-t-il « qu'un engagement possible pour l'écrivain, c'est la littérature», aussi n'y a-t-il pas d'autres fins que l'écriture : «Ne pourrait-on avancer que le véritable écrivain n'a rien à dire ? Il a seulement une manière de dire. Il doit créer un monde mais c'est à partir de rien, de la poussière ; l'écriture romanesque constitue la réalité.» Tout se tient, ou plutôt tout est contesté du même coup et nous discuterons plus loin ce qu'il en est de l'engagement et du langage[1].

Là comme ailleurs, on peut dire que Sartre contribue à ouvrir la voie : le sujet n'est plus un personnage, l'histoire n'est plus ce qu'elle était, l'approche est multipliée, le monde est décrit par bribes... mais cette dislocation des hommes et des choses, cette dissipation des significations fugitives doivent bien avoir un sens qu'il faut dévoiler : la découverte par Roquentin de la contingence de l'existence, paradoxalement, donne corps à l'individu même s'il se sent «de trop».

Une histoire sans sujets ?

Évoquons maintenant le développement des sciences humaines issues de l'inconscient.

L'élimination du sujet est fondée par la linguistique où la sémiologie étudie la langue comme système de signes se développant selon les différences : c'est leur énoncé qui provoque du sens.

Sur le modèle de la linguistique se développe une anthropologie structurale (Lévi-Strauss) où l'ethnologue analyse les structures de sociétés régies de façon

1. Voir tome II, 3e partie, «Une éthique de l'engagement» et 5e partie «L'écriture est magie et communication».

rituelle : les membres de ces sociétés peuvent donner du sens à ces rites et aux places assignées par les rapports de parenté ou aux mythes, mais « ce sens n'est jamais le bon ».

Ces sociétés sont dites, d'autre part, « sans histoire ». J'indiquerai plus loin quelles objections Lévi-Strauss fait à la *Critique de la raison dialectique*, en partant de ce champ d'exploration[1]. Retenons ici seulement que ce sont des structures que naît le sens hors de toute signification subjective des individus qui vivent selon ces structures inconscientes. Ce sont les échanges (échanges économiques ou échanges de femmes) qui sont l'objet de l'analyse : la communication permet aux structures de bouger selon les capacités d'un système plus ou moins fécond. L'analyse est donc essentiellement synchronique (simultanée) et le développement diachronique (temporel) en dépend. De même l'analyse porte sur les échanges et la part d'instabilité et de singularité est exclue de l'objet de ces sciences : la linguistique a comme objet la langue non la parole.

Sur le modèle linguistique s'opère un déplacement en psychanalyse : Lacan ne s'appuie plus, comme Freud, sur un modèle énergétique pour analyser l'inconscient mais sur un modèle linguistique : « L'inconscient est structuré comme un langage. » Encore laisse-t-il, lui, place pour un sujet de type nouveau qui viendrait de l'inéquation entre l'énoncé et l'énonciation : l'irréductibilité de celle-ci à celui-là serait la marque du sujet. Sartre le reconnaît d'ailleurs :

S Pour moi, Lacan a clarifié l'inconscient en tant que discours qui sépare à travers le langage ou,

1. Voir tome II, 4e partie, « Sartre serait-il devenu marxiste ? »

si l'on préfère, en tant que contre-finalité de la parole : des ensembles verbaux se structurent comme ensemble pratico-inerte à travers l'acte de parler. Ces ensembles expriment ou constituent des intentions qui me déterminent sans être miennes.

Dans ces conditions — et dans la mesure même où je suis d'accord avec Lacan —, il faut concevoir *l'intentionnalité* comme fondamentale.

227/ *Situations, IX*, « L'anthropologie », Gallimard, 1972, p. 97.

Le privilège des structures dont l'analyse relève de l'épistémologie conquérant de nouveaux domaines gagne le marxisme dont Althusser élimine l'historicisme au profit des structures. Elles ont, certes, une dimension diachronique (on ne saurait moins faire pour une philosophie de l'histoire) mais se fondent sur une économie synchronique dont relèvent les structures politiques et idéologiques, qui ont, en retour, effet sur l'économique : c'est à cette condition que le marxisme est une science, théorie hors de tout glissement idéologique, hors de tout abus humaniste ; c'est à cette condition que le philosophe marxiste, sachant dégager la théorie de l'idéologie, faire la part des choses, sera doublement roi de la cité : comme philosophe et comme théoricien qui ne prend plus le faux pour le vrai ! Désormais ce théoricien ira de la théorie à la « pratique théorique ». Le rapport marxiste « théorie/pratique » est sauf sans que l'intellectuel ait besoin d'aller au charbon ou dans la rue pour affronter le réel ou le transformer : le marxisme, bardé de *concepts*, entre par la grande porte à l'Université !

Puisqu'on est en pleine ambition scientifique, on

rejette tout usage de la *notion* (dont Sartre disait — nous l'avons déjà indiqué — qu'elle ne comprend pas seulement l'intelligence mais fait appel à l'imagination, à la sensibilité selon son advenir) ; elle ne peut mener qu'à la confusion idéologique ; mais on construit des concepts qui fondent la théorie.

Cette « rupture épistémologique » (terme emprunté à Bachelard), interne au marxisme, entraîne une coupure entre le « jeune Marx » qui fait encore appel au vécu et aux hommes et le développement scientifique du marxisme selon une nouvelle lecture du *Capital* et du texte méthodologique qu'est l'*Introduction à la critique de l'économie politique* — ceci dans les années précédant 68. Ainsi le sujet est éliminé : ce ne sont pas « les hommes qui font l'histoire dans des conditions déterminées... » mais ces conditions qui placent des individus, des « petits sujets », comme des pions sur un échiquier ; ils vivent en pleine illusion mais sont, en vérité, interpellés par ce « grand sujet » qu'est l'idéologie ; ils en sont des jouets et peuvent se démener comme de beaux diables dans les A.E.I. (entendez des *Appareils Idéologiques d'État* ; Althusser aime bien les initiales qui font scientifique), c'est en pure perte : ces appareils ont leurs structures qu'il faut analyser en les comprenant dans l'ensemble historique fondé en « dernière instance » par l'économie.

L'article sur « Les appareils idéologiques d'État » paraît dans la revue *La Pensée* en 1970 quand le parti communiste veut remettre de l'ordre dans l'Université après la rébellion de mai 68 ; Althusser y dégage le rôle d'institutions dont le pouvoir est d'abord idéologique (secondairement répressif) ; les individus qui sont dans ces institutions, même s'ils se croient libres, en dépendent et n'y peuvent rien changer : ainsi de la famille, de l'église, de l'école :

> J'en demande pardon aux maîtres qui, dans des conditions épouvantables, tentent de retourner contre l'idéologie, contre le système, contre les pratiques dans lesquels ils sont pris, les quelques armes qu'ils peuvent trouver dans l'histoire et dans le savoir qu'ils « enseignent ». Ce sont des espèces de héros...
>
> 228/ L. ALTHUSSER, « Les appareils idéologiques d'État », dans *Positions*, Éditions Sociales, 1973, p. 96.

Cela en pleine remise en question et répression dans l'Éducation nationale (1970) pour démontrer l'illusion à vouloir tout changer !

> Nous suggérons alors que l'idéologie « agit » ou « fonctionne » de telle sorte qu'elle « recrute » des sujets parmi les individus (elle les recrute tous) ou « transforme » les individus en sujets (elle les transforme tous) par cette opération très précise que nous appelons l'*interpellation* qu'on peut se représenter sur le type même de la plus banale interpellation policière (ou non) de tous les jours : « Hé ! vous là-bas ! »
>
> 229/ L. ALTHUSSER, *ibid.*, p. 113.

Mais n'allez pas croire que les individus étaient concrets avant de devenir sujets car, pris par l'idéologie dès leur naissance, « les individus sont toujours déjà là des sujets [...], l'enfant est donc toujours déjà sujet, assigné à l'être dans et par la configuration idéologique familiale spécifique dans laquelle il est "attendu" après avoir été conçu ». Or ces « petits sujets » sont pris dans un système d'assujettissement au « grand sujet » qu'est l'idéologie : « Il n'est de sujets que par et pour leur assujettissement. C'est pourquoi ils marchent tout seuls... » Ainsi soit-il.

Donc, plus de sujets résistants à ces appareils idéologiques et pas d'individus non plus, puisqu'ils sont tout de suite mutés en sujets par l'idéologie ambiante... Comment alors Althusser peut-il évoquer *« les mauvais sujets »* qui provoquent l'intervention des appareils répressifs ? D'où provient leur insoumission ? A définir le sujet par sa *position* dans le système, qu'est-ce qui autorise ces exceptions ? Ne faut-il pas alors retrouver la notion de *situation* qui relève, à la fois, de la facticité et des conditions d'existence, mais suppose, en même temps, sa capacité à rompre avec elles, grâce à la liberté ? Alors on peut revendiquer l'individualité de ces petits sujets irrespectueux qui, s'ils se groupent, troublent les appareils idéologiques d'État... et « le cours de l'histoire » !

Mais qu'importe, puisque, selon Althusser, *« la question du sujet »* disparaît de l'histoire :

> [...] la question du *sujet de l'histoire* disparaît. L'histoire est un immense système « naturel-humain » en mouvement, dont le moteur est la lutte des classes. L'histoire est un processus, et un processus sans sujet. La question de savoir comment « l'homme fait l'histoire » disparaît complètement ; la théorie marxiste la rejette définitivement dans son lieu de naissance : dans l'idéologie bourgeoise.
>
> Et avec elle disparaît la nécessité du concept de « transcendance » dont l'homme serait le sujet.
>
> 230/ L. ALTHUSSER, *Réponse à John Lewis,* Maspero, 1972, p. 31.

Un *moteur de l'histoire* n'a pas de transcendance... C'est encore à cette notion que s'en prend l'auteur pour éliminer la fonction créatrice des hommes vivants en histoire. Passant de son adversaire déclaré, John Lewis (peu connu), à son adversaire réel : Sartre, Althusser précise :

> Eh bien, tournons-nous vers son Maître inavoué, Jean-Paul Sartre, vers le philosophe de la « liberté humaine », de l'homme-qui-se-projette-vers-l'avenir (la transcendance de J. Lewis), de l'homme-en-situation qui « dépasse » sa situation par la liberté du « projet ». Ce philosophe (qui mérite l'éloge que Marx adressait à Rousseau : de ne jamais avoir transigé avec le pouvoir établi) a écrit deux ouvrages considérables, *L'Être et le Néant* (1939) et la *Critique de la raison dialectique* (1960), ce dernier livre consacré à proposer une philosophie au marxisme. Plus de deux mille pages. Or qu'est-ce que J.-P. Sartre a tiré de la Thèse : « c'est l'homme qui fait l'histoire » pour la science de l'histoire ? Les ingénieux développements des positions sartriennes ont-ils en fin de compte permis de produire quelques connaissances scientifiques sur l'économie, la lutte des classes, l'État, le prolétariat, les idéologies, etc., pour comprendre l'histoire et agir dans l'histoire ? Nous avons malheureusement lieu d'en douter.
>
> 231/ L. ALTHUSSER, *ibid.*, p. 43.

Il ajoute que ces thèses font reculer l'histoire et que, « paradoxalement Sartre est, à bien des égards, prémarxiste et préfreudien ». Pour en être plus sûr, il pratique l'amalgame entre les phénoménologues et leur réduction aux thèses de l'idéalisme classique :

> La même position prend évidemment des allures plus trompeuses dans les interprétations phénoménologiques post-husserliennes et prékantiennes (cartésiennes), comme celles de Sartre, où les Thèses kantiennes du Sujet Transcendantal unique et celles de la Liberté de l'Humanité sont confondues, « écrasées » et démultipliées dans une théorie de la Liberté originaire d'une infinité de sujets transcendantaux « concrets » (Tran Duc Thao disait naguère, pour faire comprendre Husserl : « nous sommes tous, vous et moi, chacun des "ego transcendantaux", des "égaux transcendantaux" ») qui débouche effectivement sur la Thèse que les « hommes » (les individus concrets) sont les sujets (transcendantaux, constituants) de l'histoire. D'où le vif intérêt que porte Sartre à la « petite phrase » du *18 Brumaire* et à une phrase d'Engels de la même allure, qui lui vont comme un gant. Or cette position, qui rabaisse les catégories kantiennes au niveau non plus d'une philosophie anthropologique (Feuerbach) mais d'une vulgaire psycho-sociologie philosophique, non seulement n'a rien à voir avec le marxisme, mais constitue une véritable gageure théorique, pratiquement impossible à penser et à tenir. Il suffit de lire la *Critique de la raison dialectique*, annonçant une Éthique qui n'est jamais parue, pour s'en convaincre.
>
> 232/ L. ALTHUSSER, *ibid.*, pp. 73-74.

La fameuse « petite phrase » du *18 Brumaire...* (Marx) nous ramène de l'histoire à l'individu : « Les hommes font leur propre histoire, mais ils ne la font pas à partir d'éléments librement choisis dans des circonstances choisies par eux mais dans des circonstances immédiatement devant eux, données et héritées du passé. » Sartre n'a pas besoin de la tronquer, lui qui a dit : « Nous ne choisissons pas notre époque, peut-être en est-il de plus belles, mais c'est la nôtre... » ; la notion de situation inclut ces « circonstances » mais n'y réduit pas l'action des hommes. Cela dit, « la première contingence en histoire ce sont les hommes » : ces mots de Sartre dans les *Cahiers pour une morale* expriment une pluralité et une diversité concrètes qui n'ont rien à voir avec « le sujet » de l'histoire ni avec l'humanisme que Sartre a souvent démystifié. Ses luttes « du côté des opprimés » n'ont pas toujours un caractère universel ; il se méfie de toute idéologie qui gomme les différences ; le démocrate n'est pas un bon allié des juifs contre l'antisémitisme, puisqu'il fonde son respect sur l'homogénéité de l'idée d'homme[1].

S Cet universalisme, ce rationalisme critique se retrouve à l'ordinaire chez le démocrate. Son libéralisme abstrait affirme que Juifs, Chinois, Noirs, doivent avoir les mêmes droits que les autres membres de la collectivité, mais il réclame ces droits pour eux en tant qu'ils sont des hommes, non pas en tant qu'ils sont des produits concrets et singuliers de l'histoire.

233/ *Réflexions sur la question juive,* Gallimard, 1946, p. 71.

S'appuyant sur la notion de situation, Sartre oppose à l'universalité formelle le respect des différences :

1. Voir Ire partie, « Sartre et la question juive », p. 202.

« L'homme n'existe pas : il y a des juifs, des protestants, des catholiques, il y a des Français, des Anglais, des Allemands ; il y a des Blancs, des Noirs et des Jaunes » (*ibidem*). L'homme est, au mieux, pour Sartre "un pseudo-universel" ; « la première contingence c'est qu'il y a des hommes », dit-il dans les *Cahiers pour une morale.* Ces hommes, d'autre part, ne sont pas seulement des « agents historiques » car « l'histoire n'est pas Tout » et les individus lui sont irréductibles. C'est cette irréductibilité qui définit, selon lui, l'existentialisme dans les *Cahiers pour une morale* et ce sont ces individus (qui ne sont pas « l'Homme ») qu'on attendait qu'il défende.

Aussi bien, comme l'indiquait Francis Jeanson dans *Le Nouvel Observateur* (« on secoue trop le cocotier »), Sartre n'aurait pas dû être si gêné que cela de l'annonce faite de la mort de l'homme par Michel Foucault en conclusion du livre : *Les Mots et les Choses.*

Née aux siècles précédents, cette conception globale et universelle de l'homme n'est pas éternelle mais pesante et périssable. Mieux vaut l'éphémère : « Si ces dispositions venaient à disparaître comme elles sont apparues... alors on peut bien parier que l'homme s'effacerait, comme à la limite de la mer un visage de sable. » Ainsi s'achève cette œuvre.

Il nous faut cependant voir plus précisément l'enjeu qui oppose Sartre et Foucault dans la méthode, l'objet de la philosophie et le sort réservé à la question du sujet.

La mort de l'homme

Tout éclate dans une polémique qui suit la publication et le succès des *Mots et les Choses.*

Attaqué par les nouveaux structuralistes, Sartre riposte en conclusion du numéro de l'*Arc* (n° 30, 1966) qui lui est consacré.

Il n'a pas tout à fait tort de se croire « dépossédé » (F. Chatelet, dans *Le Nouvel Observateur*, novembre 1966) ; mais, tout englué de marxisme, il ne se défend pas sur le meilleur terrain. On l'attendait sur le sujet et l'irréductibilité des individus... et le voilà qui parle au nom de l'histoire : l'originalité existentielle est estompée par le marxisme. C'est en effet contre le refus de l'histoire que Sartre crie le plus fort.

S Pour cela le philosophe dispose d'une méthode, la seule qui rende compte de l'ensemble du mouvement historique dans un ordre logique : le marxisme. Le marxisme n'est pas un système figé ; c'est une tâche, un projet à accomplir. Pour toutes sortes de raisons, il s'est produit dans l'accomplissement de cette tâche un temps d'arrêt. Les marxistes ont trop longtemps refusé d'intégrer les connaissances nouvelles sur l'homme, et de ce fait le marxisme s'est appauvri. La question, aujourd'hui, est de savoir si nous voulons lui redonner vie, en l'élargissant, en l'approfondissant, ou si nous préférons le laisser mourir. Renoncer au marxisme, ce serait renoncer à comprendre le passage. Or je pense que nous sommes toujours en passage, toujours en train de désagréger en produisant, et de produire en désagrégeant.

234/ *Arc,* n° 30, 1966, p. 95.

Si Althusser le dénature « en prenant parti pour le concept » froid et atemporel contre la notion (temporelle), le pire, en ce refus de l'histoire, est Michel Foucault. Il n'y a pas de fumée sans feu, il n'y a de succès que suspect... paradoxalement, oubliant l'importance qu'il accorde au lien d'une œuvre à l'époque, Sartre attaque de la même façon qu'il fut lui-même attaqué : « Derrière l'histoire, bien entendu, c'est le marxisme qui est visé. Il s'agit de constituer une idéologie nouvelle, le dernier barrage que la bourgeoisie puisse encore dresser contre Marx. »

On croirait lire Lukacs dévoilant le rôle de l'existentialisme à l'époque de l'impérialisme !

Ces réactions de Sartre sont relayées dans *Les Temps modernes* par deux articles consacrés aux *Mots et les Choses* : celui de Michel Amiot défend les mérites d'Althusser, qui, tout de même, tient compte de l'histoire, contre Foucault : « Sartre sous-estime la distance d'Althusser à Foucault dont la pensée n'est que "discontinuité sans concepts". »

Le titre du texte de Sylvie Lebon, « Un positiviste désespéré », en exprime bien l'esprit : l'ambition de Foucault est de montrer qu'il veut établir des « totalités anhistoriques » mais en réalité, il se contente de juxtaposer des systèmes sans même rendre compte de leur articulation synchronique. « Les artifices archéologiques ont pour fin d'éliminer l'histoire » : il fige le devenir, il tue l'histoire et ne donne aucune intelligibilité de l'événement. Dans la mesure où son but est « comment supprimer l'histoire ? », il ne peut proposer qu'une solution désespérée : n'y pas penser !

Sartre a d'ailleurs réduit lui-même ainsi la pensée de Michel Foucault : *Les Mots et les Choses* sont une « géologie », non une « archéologie » : « Certes sa perspective est historique : il distingue des époques, un avant, un après. Mais il remplace le cinéma par la lanterne magique, le mouvement par une succession d'immobilités » *(Arc, op. cit.)*.

Ces résistances ont un fondement : si Sartre cherche le *passage*, Foucault dévoile les *ruptures* : dégageant des « épistèmes », espaces d'ordre, il privilégie les simultanéités de l'âge symbolique, classique ou moderne. Mais, en même temps, il dévoile l'origine de ces structures de pensée, et établit, selon Nietzsche, une généalogie : leur origine (archéologie) montre leur relativité : si l'idée d'homme est récente, alors elle est mortelle... Aussi échappe-t-on à l'enfermement dans des structures incontestables. Sans doute, dans *Les Mots et les Choses*, l'accent est mis davantage sur l'analyse des espaces d'ordre ; encore sont-ils trois, c'est-à-dire plusieurs : leurs différences manifestent leur relativité ; encore est-il chaque fois des individus qui expriment contradictoirement le déséquilibre entre deux « espaces d'ordre » : Michel Foucault évoque alors Don Quichotte et Sade. Pourquoi pas Sartre dont la modernité, sur laquelle j'ai insisté, n'a pas toujours trouvé son expression parce que, par bien des côtés, il inaugure ?

Sartre, d'autre part, ne peut ignorer la dimension généalogique de l'*Histoire de la folie à l'âge classique*, déjà parue : l'enfermement est daté (1656), il est précédé d'une sacralisation des fous tandis que vogue le navire ; le premier chapitre est destiné à montrer l'origine, et donc la fin possible, de structures intolérables ; cette généalogie est une arme contre l'ordre établi, confirmée par la suite de l'œuvre *(Surveiller et punir, Histoire de la sexualité)*. Cette méthode nietzschéenne ouvre à une nouvelle conception de « l'histoire générale » (non à son refus) à laquelle Sartre aurait dû être sensible puisqu'il échouait à rendre compte d'une « histoire globale » et donnait, nous l'avons vu, un rôle positif aux ruptures et à la discontinuité. Les critiques de Foucault sur Sartre sont aussi catégoriques.

L'interview et la mise au point parues dans *La*

Quinzaine littéraire en sont un écho. A la question de J.-P. Elkabach : « Qu'est-ce pour vous que la philosophie ? », Foucault répond d'emblée :

> Il y a eu la grande époque de la philosophie contemporaine, celle de Sartre, de Merleau-Ponty où un texte philosophique, un texte théorique devait finalement vous dire ce que c'était que la vie, la mort, la sexualité, si Dieu existait ou si Dieu n'existait pas, ce que c'était que la liberté, ce qu'il fallait faire dans la vie politique, comment se comporter avec autrui, etc. Cette sorte de philosophie-là, on a l'impression que maintenant elle ne peut plus avoir cours, que, si vous voulez, la philosophie s'est, sinon volatilisée, mais comme dispersée, qu'il y a un travail théorique qui se conjugue au pluriel.
>
> 235/ M. FOUCAULT, « Interview de France-Inter », 1966, paru dans *La Quinzaine littéraire*, n° 46, 1er-15 mars 1968.

Il y oppose « la pluralité du travail théorique où s'accomplit une philosophie qui n'a pas trouvé encore son penseur unitaire » (en faudrait-il ?). Il la définit plus loin comme *diagnostic du présent*.

> Diagnostiquer le présent, dire en quoi notre présent est différent et absolument différent de tout ce qui n'est pas lui, c'est-à-dire de notre passé. C'est peut-être à cela, à cette tâche-là qu'est assigné maintenant le philosophe.
>
> 236/ M. FOUCAULT, *ibid.*

Dans la foulée, il attaque la philosophie de l'engagement :

> La différence n'est pas en ceci que nous aurions maintenant séparé le politique du théorique : c'est au contraire dans la mesure où nous rapprochons au plus près le théorique et le politique que nous refusons ces politiques de la docte ignorance qui étaient celles, je crois, de ce qu'on appelait l'engagement.
>
> 237/ M. FOUCAULT, *ibid.*

Et il conclut : « On ne tue pas l'histoire, mais l'histoire des philosophes, ça oui, je veux la tuer. » Ce qui ne l'empêchera pas, au contraire, de contribuer à une conception nouvelle de l'histoire.

Ces divergences n'excluent pas une mise au point où Foucault exprime son respect pour l'œuvre de Sartre et son refus de transformer des recherches en certitudes :

> Depuis dix-huit mois, je me garde de toute réplique car je travaille à donner une réponse à des questions qui m'ont été posées, à des difficultés que j'ai rencontrées, à des objections qui ont été formulées — et entre autres à celles de Sartre. Ce travail sera publié bientôt, il n'a *rien* à voir avec la conversation que j'ai eue, et qui n'avait aucunement le sens d'une réponse à qui que ce soit.
>
> Vous m'avez fait, dans votre journal, la part belle, trop belle à mon gré. Je pense que l'œuvre, immense, de Sartre, que son action politique marqueront une époque. Il est vrai que plusieurs aujourd'hui travaillent dans une autre direction.

> Je n'accepterai jamais que l'on compare — même pour les opposer — le petit travail de défrichement historique et méthodologique que j'ai entrepris avec une œuvre comme la sienne. Cela dit, je l'ai dit à plusieurs reprises, depuis deux ans. Que cet incident me serve d'occasion pour le redire publiquement.
>
> 238/ M. FOUCAULT, dans *La Quinzaine littéraire*, n° 47, 15-30 mars 1968.

On n'en finit cependant pas de la même façon avec le sujet. L'idée d'homme peut disparaître, elle est même souvent nocive en son homogénéité, mais la question du sujet, ou plus exactement de la subjectivité, réapparaît toujours : qu'il s'agisse simplement de décalage entre systèmes d'énoncés et énonciations *(Archéologie du savoir)*, de l'exploration des marges dans le système disciplinaire *(Surveiller et punir)* ou de l'émergence d'un sujet moral (*Histoire de la sexualité*, tomes II et III : *Usage des plaisirs* et *Souci de soi*).

Le questionnement sur la subjectivité porte sur vingt ans : il est imprévisible dans l'affrontement des années 60 où les problématiques sont antagonistes et rivales.

Sartre, dans une interview des *Cahiers de philosophie*, a déjà critiqué le structuralisme. Il a reconnu la nécessité de disciplines distinctes, faisant de l'homme un *objet* de sciences, toujours partiel, mais « ces disciplines séparées n'ont aucune intelligibilité d'elles-mêmes ».

La philosophie s'en distingue et se définit par cette interrogation : « La totalisation est-elle possible ? » Non pas supposée, ni garantie (nous l'avons vu tout au long de cette étude), mais recherchée ; non pas synthèse ultérieure de savoirs séparés, car on n'aurait jamais qu'une « collection », mais question fondatrice où l'homme n'est plus objet, mais *quasi-objet*, puis *objet-sujet*, puis *sujet-objet* : déplacements qui changent tout, car ils dévoilent une « praxis » à l'origine de l'analyse structurale. Celle-ci n'apparaît alors que comme un « moment » (celui de la totalité-détotalisée ou du retournement de l'activité dans l'inerte : « pratico-inerte », dit-il dans la *Critique de la raison dialectique*) d'un ensemble où l'initiative individuelle et collective dépasse cet état de choses ; la raison analytique est un moment de la raison dialectique[1], telle que Sartre l'entend : intelligibilité de totalisations qui se font et se défont, selon un devenir dont aucune unité n'est garantie :

S Ainsi l'étude structurale est un moment d'une anthropologie qui doit être à la fois historique et structurale. A ce niveau, se repose la question philosophique, celle de la totalisation : l'agent redevient sujet-objet puisqu'il se perd dans ce fait et, simultanément, échappe par sa même *praxis* à ce qu'il a fait. La philosophie commence au moment où la liaison dialectique histoire-structure nous dévoile que, dans tous les cas, l'homme — en tant que membre réel d'une société donnée et non pas en tant qu'abstraite nature humaine — n'est qu'un quasi-objet pour l'homme. Il nc s'agit ni d'une connaissance de l'objet ni d'une connaissance du sujet par lui-même mais d'une connaissance qui, en tant que nous avons affaire à des sujets, détermine ce qui peut être atteint en considérant que l'homme est à la fois objet, quasi-

1. Voir tome II, 4e partie, « Sartre serait-il devenu marxiste ? », critique de Lévi-Strauss.

objet et sujet et que par conséquent le philosophe est toujours situé par rapport à lui.

239/ *Situations, IX,* 1972, « L'anthropologie », p. 88. (Texte paru en 1966.)

Il ne s'agit donc pas, pour Sartre, de refuser les structures, mais leur généralisation abusive :

S Je ne suis nullement hostile au structuralisme, quand le structuraliste reste conscient des limites de la méthode. Ainsi Benveniste nous dit, après Saussure : « On a abusé de la diachronie dans l'étude de la langue. Il est temps d'envisager celle-ci d'un point de vue synchronique, comme système d'oppositions. » J'accepte cette idée d'autant plus facilement que, pour moi, la pensée ne se confond pas avec le langage.

240/ *Arc*, n° 30, 1966, p. 88.

Ce qui est une autre histoire... ou un autre aspect de la même, car tout se tient :

S Le modèle linguistique lui-même est inintelligible si vous ne le renvoyez pas à l'homme parlant. Inintelligible à moins que nous ne le saisissions à travers un rapport historique de communication. Mais il faut parler. La véritable intelligibilité de la linguistique nous renvoie nécessairement à la *praxis.* Le modèle linguistique est le modèle de structure le plus clair mais il renvoie nécessairement à autre chose, à la totalisation qu'est la parole. Je fais la langue et elle me fait. Il y a un moment d'indépendance qui est proprement linguistique mais ce moment doit être considéré comme provisoire, comme un schème abstrait, une stase. En tant qu'il n'est pas dépassé par la communication le langage est du pratico-inerte. Nous y retrouvons une image inversée de l'homme, l'inerte qui est dedans, mais c'est une fausse synthèse[1].

Le modèle tient mais dans l'inerte. Tout modèle structuraliste est un modèle inerte. L'homme se perd dans le langage parce qu'il s'y jette lui-même. Nous sommes en linguistique au niveau de la synthèse inerte.

241/ *Situations, IX,* 1972, « L'anthropologie », p. 90.

L'étude linguistique est « le moment de l'intellection, mais elle est débordée par la compréhension ». Qu'en termes phénoménologiques ces choses dialectiques sont dites !

Ainsi le langage est bien du pratico-inerte où je suis enfoui et où je me jette ; ses structures dépendent de l'activité des hommes et celle-ci les fait bouger ; je fais la langue, elle me fait, je la fais... ce qui suppose un décalage de la pensée à la parole.

Nouvelle divergence, car c'est par le langage (par l'inadéquation entre le langage et le système de représentation) que Michel Foucault distingue la pensée classique ou moderne. Pas de pensée préalable à la question « qui parle ? »

Le seuil du classicisme à la modernité (mais peu importe et les mots eux-mêmes — disons de notre préhistoire à ce qui nous est encore contem-

1. Voir tome II, 4e partie, « L'affrontement de l'homme et de la matière » ; 5e partie, « L'écriture est magie et communication ».

porain) a été définitivement franchi lorsque les mots ont cessé de s'entrecroiser avec les représentations et de quadriller spontanément la connaissance des choses.

242/ M. FOUCAULT, *Les Mots et les Choses,* Gallimard, 1966, p. 315.

Sartre, lui, revendique une pensée qui n'est pas encore langage : « indisable » selon Flaubert, « indicible » pourrait-on dire...

S Il fut un temps où on définissait la pensée indépendamment du langage, comme quelque chose d'insaisissable, d'ineffable, qui préexistait à l'expression. Aujourd'hui on tombe dans l'erreur inverse. On voudrait nous faire croire que la pensée, c'est seulement du langage, comme si le langage lui-même n'était pas *parlé.*

243/ *Arc,* n° 30, 1966, p. 88.

En conséquence, il inverse la formule par laquelle Lacan définit l'inconscient :

S Lacan dit que l'inconscient est structuré comme un langage. Je dirais plutôt que le langage qui exprime l'inconscient a la structure d'un rêve. Autrement dit, la compréhension de l'inconscient, dans la plupart des cas, ne trouve jamais son expression claire.

244/ *Situations, IX,* 1972, « Sartre par Sartre », p. 111. (*New Left,* reproduit par *Le Nouvel Observateur,* 26 janvier 1970.)

La fonction de la philosophie, charnière entre structures et histoire, renvoie pour Sartre au rôle dynamique de la praxis : celle-ci, liée au projet, nous l'avons vu, définit les hommes dans *Question de méthode*; c'est par cette activité qu'ils ne sont pas seulement effets d'un système, mais libres.

S Je crois qu'un homme peut toujours faire quelque chose de ce qu'on a fait de lui. C'est la définition que je donnerais aujourd'hui de la liberté : ce petit mouvement qui fait d'un être social totalement conditionné une personne qui ne restitue pas la totalité de ce qu'elle a reçu de son conditionnement; qui fait de Genet un poète, par exemple, alors qu'il avait été rigoureusement conditionné pour être un voleur.

245/ *Ibid.*, pp. 101-102.

Nous reprendrons cette définition, en la confrontant à l'entière liberté de *L'Être et le Néant*; retenons déjà que l'essentiel se trouve dans « ce petit mouvement »... cette non-coïncidence irréductible de la conscience dans ses rapports au monde. Voilà donc les thèses de Sartre et la différence radicale avec les structuralistes : elles portent sur la fonction de la philosophie et sur l'irréductibilité du sujet aux structures.

La conscience et le vécu

Si la polémique porte sur l'histoire et sur la fonction de la philosophie, n'oublions pas qu'il s'agit d'abord d'éliminer ou de sauver le sujet.

Mais quel sujet ?

Nous avons vu que Sartre partait de la multiplication des visées (consciences dans le monde) pour tendre vers une totalisation personnelle ; nous avons vu qu'il maintenait une définition des individus par le projet, lié à la praxis, dans *Question de méthode*. Ce qui suppose cependant un glissement :

> Une étude sérieuse de l'œuvre de Sartre sous le rapport de sa contribution aux sciences humaines devrait suivre, à travers la transformation d'une philosophie du sujet en une anthropologie de la praxis, les glissements de sens des concepts qui ont accompagné et permis ce passage. Les notions (sujet, projet, temporalité, compréhension, situation, historicité, etc.) sont à la fois conservées et, dans une certaine mesure à apprécier, modifiées.
>
> 246/ R. CASTEL, « Un beau risque », dans *Arc*, 1966, p. 25.

Évolution positive, du point de vue « sérieux », des sciences humaines, qui n'empêche pas de retrouver, sous l'analyse objectivée, une source subjective dont vient tout le mal :

> Il est sans doute caractéristique que les modèles de totalisation les plus élaborés soient donnés à travers l'analyse de sujets, et que Sartre privilégie les exemples de praxis individuelle. Ainsi l'analyse du cas Flaubert dans *Question de méthode* après les ouvrages consacrés à Baudelaire et à Genet, pourrait être un indice significatif d'une limitation que Sartre impose au type d'entreprise qu'il inaugure. Si le foyer de l'anthropologie est

assurément l'homme, il est moins évident que les problèmes de la subjectivité socio-historique doivent s'exprimer en termes de projets, et que l'individu ait à assumer en dernière analyse la synthèse du subjectif et de l'objectif. Certes Sartre fait l'effort maximum pour donner à ces concepts originairement pensés dans un contexte subjectiviste, une dimension objective, collective et historique, mais il continue d'affirmer « la réciprocité des perspectives entre une vie singulière et l'histoire humaine ». Or ce que les sciences humaines imposent de plus originalement nouveau à travers les notions d'inconscient, de structure, de chances objectives, etc., est peut-être l'exigence de repenser une anthropologie en acceptant un décentrement radical par rapport au sujet et à ses opérations.

247/ R. CASTEL, *ibid.*

Or Sartre ne rejette pas ce décentrement.

S Vous voyez que le problème n'est pas de savoir si le sujet est « décentré » ou non. En un sens, il est toujours décentré. L'« homme » n'existe pas, et Marx l'avait rejeté bien avant Foucault ou Lacan quand il disait : « Je ne vois pas d'homme, je ne vois que des ouvriers, des bourgeois, des intellectuels. » Si l'on persiste à appeler *sujet* une sorte de *je substantiel*, ou une catégorie centrale, toujours plus ou moins donnée, à partir de laquelle se développerait la réflexion, alors il y a longtemps que le sujet est mort. J'ai moi-même critiqué cette conception dans mon premier essai sur Husserl[1]. Mais le décentrement initial qui fait que

1. *La Transcendance de l'ego.*

l'homme disparaît derrière les structures implique lui-même une négativité, et l'homme surgit de cette négation. Il y a sujet ou subjectivité si vous préférez, dès l'instant où il y a effort pour dépasser en la conservant la situation donnée. Le vrai problème est celui de ce dépassement. Il est de savoir comment le sujet ou la subjectivité se constitue sur une base qui lui est antérieure, par un processus perpétuel d'intériorisation et de réextériorisation.

248/ *Arc*, nº 30, 1966, p. 93.

Ainsi Sartre fait référence à son premier texte qui nous a paru décisif pour rappeler opportunément à ceux qui en font le « dernier métaphysicien » l'éclatement du sujet et sa modernité. Cette réaffirmation n'exclut pas les changements qu'exprime la substitution de la notion de *vécu* à celle de conscience.

S Ce que j'appelle le *vécu*, c'est précisément l'ensemble du processus dialectique de la vie psychique, un processus qui reste nécessairement opaque à lui-même car il est une constante totalisation, et une totalisation qui ne peut être consciente de ce qu'elle est. [...] En ce sens, le vécu est toujours susceptible de compréhension, jamais de connaissance.

249/ *Situations, IX,* 1972, « Sartre par Sartre », p. 111.

Suit alors une critique des limites rationalistes de *L'Être et le Néant* et, du coup, son ouverture à un irrationnel qui brise le monopole de la conscience, même irréfléchie :

S Cette conception du vécu est ce qui marque mon évolution depuis *L'Être et le Néant*. Dans mes premiers écrits, je cherchais à construire une philosophie rationaliste de la conscience. Je pouvais bien écrire des pages et des pages sur des processus apparemment non rationnels du comportement individuel. *L'Être et le Néant* n'en reste pas moins un monument de rationalité. Ce qui le fait tomber, finalement, dans l'irrationalisme, puisqu'il ne peut rendre compte rationnellement des processus intervenant « en dessous » de la conscience, processus également rationnels mais qui sont vécus comme irrationnels. L'introduction de la notion de vécu représente un effort pour conserver cette « présence à soi » qui me paraît indispensable à l'existence de tout fait psychique, présence en même temps si opaque, si aveugle à elle-même qu'elle est aussi « absence de soi ».

Le vécu est toujours, simultanément, présent à soi et absent de soi. A l'aide de cette notion, j'ai essayé de dépasser la traditionnelle ambiguïté psychanalytique du fait psychique — à la fois téléologique et mécanique — en montrant que tout fait psychique implique une intentionnalité dirigée vers quelque chose, mais que certains de ces faits ne peuvent exister que s'ils sont l'objet d'une simple compréhension sans être nommés ni connus.

250/ *Ibid.*, p. 112.

Cette présence/absence du vécu définit un rapport à l'imaginaire qui domine toute la recherche de *L'Idiot de la famille* puisque Flaubert l'incarne, et nous verrons alors, selon cet axe qui parcourt toute l'œuvre de

Sartre, ce qu'il en est de ce vécu d'un individu singulier et situé au cours de sa constitution, de sa personnalisation, de sa création. Ainsi le sujet qu'on attaque n'est pas celui que Sartre a toujours dévoilé et dont il réaffirme la nécessité pour comprendre le mouvement de la réalité humaine[1].

Il ne s'agit pas, nous l'avons dit d'emblée, d'un sujet fondateur, d'un auteur ou d'un personnage auquel on rapporterait les sens et les signes.

S'il y a sujet pour Sartre, c'est justement de façon moderne, selon une multiplicité éclatée, selon la discontinuité, selon la temporalité : voilà le neuf en Sartre, ne l'oublions pas même s'il l'a un peu oublié quand il répond à ceux qui, éliminant tout sujet, font l'amalgame entre un sujet classique et la conception de Sartre : non « Sartre ne ferme pas ce que Descartes avait ouvert : la métaphysique du cogito » (Trottignon) : il ouvre une nouvelle conception d'un cogito sans « je », éclaté dans le monde dont il est tributaire.

Le lapsus de Sartre dans le film *Sartre*, « je suis donc je pense », correspond à la distinction que Foucault opère dans le chapitre « L'homme et ses doubles » entre le cogito classique et le cogito moderne.

Tant qu'a duré le discours classique (système de représentations) « le passage du "je pense" au "je suis" s'accomplissait sous la lumière de l'évidence... tant qu'a duré le discours classique une interrogation sur le mode d'être impliqué par le cogito ne pouvait pas être articulée ». Elle le peut « le jour où la finitude a été pensée dans une référence interminable à elle-même » (*Les Mots et les Choses*, p. 329). C'est alors qu'on peut « penser l'homme », ce qui n'était pas le

1. Voir tome II, 5e partie, à propos de *L'Idiot de la famille*.

cas dans l'humanisme de la Renaissance ni dans le rationalisme classique :

> Le cogito moderne est aussi différent de celui de Descartes, que notre réflexion transcendantale est éloignée de l'analyse kantienne. C'est qu'il s'agissait pour Descartes de mettre au jour la pensée comme forme la plus générale de toutes ces pensées que sont l'erreur ou l'illusion, de manière à en conjurer le péril, quitte à les retrouver, à la fin de sa démarche, à les expliquer, et à donner alors la méthode pour s'en prévenir. Dans le cogito moderne il s'agit au contraire de laisser valoir selon sa plus grande dimension la distance qui à la fois sépare et relie la pensée à soi, et ce qui, de la pensée, s'enracine dans le non-pensé ; il lui faut (et c'est pourquoi il est moins une évidence découverte qu'une tâche incessante qui doit toujours être reprise), parcourir, redoubler et réactiver sous une forme explicite l'articulation de la pensée sur ce qui en elle, autour d'elle, au-dessous d'elle n'est pas pensée, mais ne lui est pas pour autant étranger, selon une irréductible, une infranchissable extériorité. Sous cette forme, le cogito ne sera donc pas la soudaine découverte illuminante que toute pensée est pensée, mais l'interrogation toujours recommencée pour savoir comment la pensée habite hors d'ici, et pourtant au plus proche d'elle-même, comment elle peut être sous les espèces du non-pensant. Il ne ramène pas tout l'être des choses à la pensée sans ramifier l'être de la pensée jusque dans la nervure inerte de ce qui ne pense pas.

251/ M. FOUCAULT, *Les Mots et les Choses,* Gallimard, 1966, pp. 334-335.

Non seulement la question « Qui suis-je ? » déborde toujours un « Je pense », mais peut-elle être posée ?

> Puis-je dire, en effet, que je suis ce langage que je parle et où ma pensée se glisse au point de trouver en lui le système de toutes ses possibilités propres, mais qui n'existe pourtant que dans la lourdeur de sédimentations qu'elle ne sera jamais capable d'actualiser entièrement ? Puis-je dire que je suis ce travail que je fais de mes mains, mais qui m'échappe non seulement lorsque je l'ai fini, mais avant même que je l'aie entamé ? Puis-je dire que je suis cette vie que je sens au fond de moi, mais qui m'enveloppe à la fois par le temps formidable qu'elle pousse avec soi et qui me juche un instant sur sa crête, mais aussi par le temps imminent qui me prescrit ma mort ? Je peux dire aussi bien que je suis et que je ne suis pas tout cela ; le cogito ne conduit pas à une affirmation d'être mais il ouvre justement sur toute une série d'interrogations où il est question de l'être : que faut-il que je sois, moi qui pense et qui suis ma pensée, pour que je sois ce que je ne pense pas, pour que ma pensée soit ce que je ne suis pas ? Qu'est-ce donc que cet être qui scintille et pour ainsi dire clignote dans l'ouverture du cogito, mais n'est pas donné souverainement en lui et par lui ? Quel est donc le rapport et la difficile appartenance de l'être et de la pensée ?
>
> 252/ M. FOUCAULT, *ibid.*, pp. 335-336.

Ces interrogations et la lourdeur des sédimentations d'où émergent les questions sur l'être de l'homme ne sont pas étrangères à Sartre : la petite phrase bien connue « On est pensé plus qu'on ne pense » ne le gênerait pas, à condition qu'un décalage soit maintenu entre passivité et activité : c'est là que se niche le sujet. D'autant que Sartre ne se laisse pas enfermer dans le doublet empirique et transcendantal que propose Foucault : nous avons vu comment il se distinguait par là de Husserl — dont il refuse l'egologie — à qui Foucault se réfère. Nous venons de voir qu'il est prêt à « penser l'impensé » puisque le *vécu* est toujours présence-absence à soi, prêt à reconnaître que l'impensé est l'*autre en nous*... Reste que ce vécu « qui s'est instauré dans la pensée moderne comme une contestation radicale du positivisme et de l'eschatologie » (finalisme) y recourt nécessairement : le rapprochement récent, dit alors Foucault, visant Sartre sans le nommer, entre la phénoménologie et le marxisme n'est pas de l'ordre des conciliations tardives mais se situe au niveau des configurations archéologiques (p. 332).

L'approche du marxisme par Sartre dont nous avons repéré les circonstances, serait-elle de l'ordre de la nécessité philosophique ? La tentation finaliste viendrait-elle nécessairement de ce qu'il y a sujet de sorte que pour éliminer sa puissance illusoire il n'y aurait d'autre moyen que d'éliminer tout sujet ?

Le cheminement de la pensée de Michel Foucault montre peut-être que ce n'est pas possible : n'y a-t-il pas sujet dès que la pensée est évaluation, dès qu'elle blesse ou réconcilie, rapproche ou éloigne, libère ou asservit ?

N'y a-t-il pas sujet quand, dans *L'Archéologie du savoir*, Foucault analyse la pratique discursive ?

Ces interrogations, même si elles ne furent jamais dialogue, ne sont pas stériles. Passant de la conscience au vécu, Sartre se met à chercher à « penser l'impensé » et à se servir de la psychanalyse comme « boîte à outils » : il l'annonce dans *Question de méthode* comme seul instrument heuristique pour dévoiler « les préjugés indépassables de l'enfance » et en tiendra compte à sa façon tout au long de *L'Idiot de la famille* : le temps de conscience préréflexif et impersonnel de ses premiers textes n'est plus un substitut qui permet de rejeter l'inconscient en partant à la conquête solitaire de la lucidité mais un terrain qui révèle *l'autre en nous.*

Ainsi chemine Sartre, de façon autonome, pendant dix ans. De leur côté, les chercheurs, partis des sciences issues de l'inconscient, redécouvrent la subjectivité, comme Barthes qui se réclame d'une phénoménologie nouvelle et se réfère à *L'Imaginaire* pour explorer les domaines du désir et de la mémoire : aussi dédie-t-il à Sartre son dernier livre *La Chambre claire* où l'essence d'un souvenir est donné par la visée du « punctum » d'une photo de sa mère : ek-stase où le passé n'est pas « en-soi » mais « pour-soi ». Plus théoriquement, Michel Foucault reprend non seulement la question de l'histoire, dont nous avons vu qu'il propose une théorie nouvelle (et non le refus !), mais celle du sujet dans *L'Archéologie du savoir.*

> *Les Mots et les Choses*, c'est le titre — sérieux — d'un problème ; c'est le titre — ironique — du travail qui en modifie la forme, en déplace les données et révèle, au bout du compte, une tout autre tâche. Tâche qui consiste à ne pas — à ne plus — traiter les discours comme des ensembles de signes (d'éléments signifiants renvoyant à des contenus ou à des représentations) mais comme des pratiques qui forment systématiquement les objets dont ils parlent. Certes les discours sont

faits de signes ; mais ce qu'ils font, c'est plus que d'utiliser ces signes pour désigner des choses. C'est ce « plus » qui les rend irréductibles à la langue et à la parole. C'est ce « plus » qu'il faut faire apparaître et qu'il faut décrire.

253/ M. Foucault, *L'Archéologie du savoir*, Gallimard, 1969, pp. 66-67.

Qui parle ? De quels emplacements institutionnels ? Certes, le sujet du discours ne peut dire n'importe quoi, n'importe quand, n'importe où, mais est-il effet de cette *position* ou est-il *en situation* ? Celle-ci, nous l'avons vu, suppose toujours la rupture, le rien, le saut par lequel le « on est pensé » se retourne en un « je pense », au risque de penser de travers et de donner un sens qui n'est jamais « le bon ». Foucault répond à cette question dans un dialogue fictif avec un phénoménologue en fin de ce livre et, à l'interrogation supposée : « N'avez-vous pas retiré aux individus le droit d'intervenir personnellement dans les positivités où se situent leurs discours ?... », il réplique :

> Je crains que vous ne commettiez une double erreur : à propos des pratiques discursives que j'ai essayé de définir et à propos de la part que vous-même réservez à la liberté humaine. Les positivités que j'ai tenté d'établir ne doivent pas être comprises comme un ensemble de déterminations s'imposant de l'extérieur à la pensée des individus, ou l'habitant de l'intérieur et comme par avance ; elles constituent plutôt l'ensemble des conditions selon lesquelles s'exerce une pratique, selon lesquelles cette pratique donne lieu à des énoncés partiellement ou totalement nou-

veaux, selon lesquelles enfin elle peut être modifiée.
254/ M. FOUCAULT, *ibid.*, pp. 272-273.

C'est que « parler c'est faire quelque chose, et que les discours sont des pratiques ». C'est sur ce terrain qu'il reprend l'offensive : « Quelle est donc cette peur qui vous fait répondre en termes de conscience, quand on vous parle de pratique, de ses conditions, de ses règles, de ses transformations historiques ? » pour ajouter « à cette question il n'y a de réponse que politique. Tenons-la aujourd'hui en suspens »...

Mais, à qui parle-t-il puisque Sartre a déplacé la définition du sujet de la conscience à la praxis puis au vécu ? Et qui peut encore affirmer que la réponse est politique ?

Ce qui est en suspens, c'est plutôt la question du sujet. Et comment s'en passer si l'on veut, comme le fait Foucault, explorer et dévoiler les marges, c'est-à-dire les « mauvais sujets » qui résistent aux structures ? Qu'Althusser veuille en prouver l'illusion, c'est là sa fin politique : le marxisme élimine les marges : c'est un discours d'ordre (contre/ordre) qui dénonce la révolte et le lumpen prolétariat. Nous avons indiqué sur ce point la fonction opportuniste de l'analyse d'Althusser après 68, sur les « A.E.I. ». Pour Foucault, c'est tout l'inverse : il ne nous montre l'*Ordre du discours* que pour mieux en faire voir les limites ; pour dévoiler le secret et le silence des indésirables enfermés dans les hôpitaux généraux *(Histoire de la folie à l'âge classique)* et des détenus dans les prisons *(Surveiller et punir)*. Leurs « pratiques discursives » doivent être écoutées et brisent le système d'où, pourtant, ils parlent[1].

1. Voir 2e partie, « Ontologie de crise », « Sur les pavés, les marges », p. 307.

Toute philosophie de la subversion n'appelle-t-elle pas le retour de sujets qui ne se laissent pas réduire à ce que l'on a fait d'eux ? Les événements ne sont pas pour rien dans le cheminement de réflexion sur les marges. Si le dialogue n'a jamais eu lieu, c'est dans la rue, « dans la ville, hommes parmi les hommes », que Sartre, Foucault et les autres se sont rejoints dans les années qui suivirent les événements de mai 68, pour dévoiler les oppressions jusque-là cachées et secrètes. Alors on entendit des « pratiques discursives » de gens qui — comme les détenus — n'avaient jamais eu de lieu pour le dire mais n'en pensaient et n'en vivaient (survivaient) pas moins.

Sartre et la psychanalyse

Nous venons de voir combien Sartre était sensible au décentrement du sujet et à l'opacité du vécu. Nous sommes donc loin de la façon tranchante et schématique dont il rejetait dans *L'Être et le Néant* la psychanalyse partant à la conquête — malgré la mauvaise foi — d'une autolucidité qui excluait l'inconscient et le rôle de l'autre dans l'interprétation d'un impensé qu'on devait pouvoir élucider soi-même. Il opposait également le choix originel de la psychanalyse existentielle au conditionnement de l'enfance. Beaucoup de facteurs interviennent dans l'évolution de Sartre qui use de la psychanalyse comme du reste, c'est-à-dire selon ses principes, dans l'importance qu'il donne à l'enfance, à l'opacité psychique, à la lourdeur des sédimentations dont émerge l'individu.

J.-B. Pontalis les rassemble dans sa préface au *Scénario Freud* que Sartre écrit en 1959-1960 : le film sortira en 1961 sans que Sartre le reconnaisse. Mais il ne s'agit pas ici des conflits de Sartre/Huston ! Ce qui compte, c'est qu'à cette occasion Sartre découvre un Freud qu'il comprend : névrosé à souhait pour la création et sachant écouter les jeunes femmes égarées...

> Le Freud révélé à Sartre cette année-là annonce son *Idiot de la famille* ; névrose et création ont partie liée et elles l'ont parce que la névrose est déjà une création, mais privée, et privée de sens pour son auteur parce qu'écrite dans une langue dont il n'a pas la clef (et comment ouvrir un coffre-fort dont la clef est à l'intérieur ?). *Névrose et création* : sujet de dissertation tant qu'on oppose des entités mais chemin toujours à rouvrir dans son « universel-singulier », chemin en tout cas sans cesse réouvert par Sartre, de Baudelaire à Flaubert, en passant par *Saint Genet* et *Les Mots*.
>
> L'idée que Sartre avait auparavant de Freud — celle d'un chef d'école doctrinaire et un peu borné, d'un médiocre philosophe dont aucun concept ne résiste à l'examen — et Dieu sait que celui de Sartre pouvait être dévastateur — cette idée-là ne tient plus. Et Sartre prenait un plaisir extrême à voir ses idées bousculées, à condition que ce soit lui qui en tire les conséquences.
>
> 255/ J.-B. Pontalis, Préface au *Scénario Freud,* Gallimard, 1984, p. 15.

Dès lors il peut comprendre l'homme : « mais dites-moi, votre Freud, il était névrosé jusqu'à la moelle ! » et Pontalis ajoute :

Si j'en crois un témoin, Sartre, parlant d'Huston, disait : « Ce qu'il y a d'ennuyeux avec lui, c'est qu'il ne croit pas à l'inconscient. » Savoureux retournement ou projection méconnue ? En tant que lecteur du scénario, je penche pour la première hypothèse car il me paraît incontestable que Sartre a su rendre sensibles, et donc d'abord se rendre sensibles à lui, un certain nombre de phénomènes dont la notion de mauvaise foi qu'il avait longtemps promue pour « contrer » Freud ne suffit plus à rendre compte.

Autre chose a dû l'aider à modifier ainsi ses vues premières ; c'est son intérêt, maintenu tout au long de son œuvre, pour l'hystérie. Cet intérêt, allant jusqu'à la fascination, trouve selon moi chez Sartre un double motif. S'il est vrai qu'une coïncidence absolue avec soi est impossible et que, partant, nous sommes tous acteurs, pourquoi l'hystérique l'est-il (elle) plus que d'autres ? D'autre part, l'hystérie pose à une philosophie de la liberté un problème irritant : comment une liberté supposée, par principe, arrachement, peut-elle se laisser captiver par l'imaginaire jusqu'à s'y perdre, corps et biens ? On conçoit qu'en de brefs moments et dans des conditions particulières (sommeil, émotion) elle se fasse, comme disait le « jeune » Sartre, conscience « imageante » ou « magique », mais comment comprendre qu'une existence soit tout entière animée par l'imaginaire sans pouvoir jamais se ressaisir ? Qu'est-ce donc qu'un hystérique, une fois écartée l'hypothèse de la simulation et celle du traumatisme ? En un sens la folie paraissait à Sartre moins étrange car il y voyait une forme de lucidité retorse mais supérieure (pensons au personnage de « La

Chambre », au Franz des *Séquestrés d'Altona*). D'où la boutade qu'il a pu lâcher un jour : « Je tiens les fous pour des menteurs. » Mais peut-on tenir les troubles hystériques pour des mensonges, surtout quand ils atteignent des fonctions vitales (cécité, anorexie, paralysie, astasie-abasie, asthme) comme c'était le cas chez les patientes traitées par Breuer et Freud. Le psychanalyste traitait de mystérieux le saut du psychique dans le somatique. Bien plus mystérieux encore pour le philosophe le saut de la conscience dans l'inertie.

256/ J.-B. PONTALIS, *ibid.*, p. 16.

Nous verrons comment Flaubert, par la crise de Pont-l'Évêque, choisit de « choir (déchoir) dans la passivité originelle ». Sartre n'abandonne pas le choix existentiel !

Ainsi le vécu n'est pas le conscient sans qu'on puisse dire l'inconscient (sans qu'en tous cas Sartre dégage ses structures spécifiques), puisque son opacité est insurmontable ; ainsi une enfance est prédestinée, mais sa passivité n'exclut pas le choix. C'est désormais cette écoute et cet usage de la psychanalyse que nous retrouverons dans *Question de méthode* et *L'Idiot de la famille*[1].

Le retour du sujet comme individu

Vingt ans après l'offensive structuraliste, le retour du sujet s'effectue de plusieurs façons dans différents

1. Voir tome II, 4e partie, « Des enfances truquées » et 5e partie, « Comment un idiot devient génie », « Qui perd gagne », etc.

domaines. Ainsi les acteurs se libèrent de la rigidité de metteurs en scène pour qui, parfois, ils devenaient des éléments au même titre que les décors : la création d'ensemble par le metteur en scène (sujet de structures, d'ailleurs) s'enrichit à nouveau de la création individuelle d'acteurs qui ont leur mot à dire et jouent de leur liberté dans l'ensemble.

De multiples groupes se forment : ils ne sont pas forcément politiques mais sportifs, musicaux ; le mouvement associatif est souvent microsocial et procède par liaisons latérales sans former de totalisations : la campagne « touche pas à mon pote » exprime ce mode de relai.

Nous comparerons ultérieurement ces rapports des individus au collectif en les confrontant à ceux que Sartre analyse dans la *Critique de la raison dialectique*[1].

Les différentes orientations du mot « individu » reflètent actuellement son audience.

Que vaut la formule de Gilles Lipovetsky « l'individu plus que jamais » ? Ou le « moi d'abord » d'Alain Minc ? Sommes-nous dans « *l'Ère du vide* », le narcissisme, l'indifférence, le frôlement et la glisse d'individus libérés d'entraves collectives et archaïques ?

> Les individus ne sont ni démobilisés, ni démotivés ; ils sont prêts à travailler, mais différemment : sans fantasmes de puissance pour ceux qui commandent ; sans besoin viscéral d'autorité pour ceux qui subissent. Dans le « soyez cool »

1. Voir tome II, 4e partie, « Une épopée des temps modernes » ; « Des individus et des groupes ».

des jeunes générations s'exprime bien davantage qu'un néologisme argotique, une relation au monde plus distanciée, un moindre investissement psychologique, une nonchalance sceptique.

257/ A. MINC, *L'Avenir en face,* Le Seuil, 1984, p. 196.

Peut-on, à la fois, valoriser l'égotisme et souhaiter de nouvelles formes de responsabilités, d'initiatives et de solidarité où l'entreprise ferait office de « groupe en fusion », deviendrait un lieu de société et une « poignée de main invisible » ?

Ne peut-on d'autre part donner un autre sens à l'individu : non plus narcissisme ou égotisme mais *« souci de soi »*, accord nécessaire et fondamental avec soi-même, temps de la réflexion, recueillement et « culture de soi », retrait indispensable, non pour s'éloigner des tâches politiques mais pour mieux les accomplir : *activité politique et acteur moral*, propose M. Foucault, selon un stoïcisme moderne fondé sur un sujet moral :

Mais à propos de cet « individualisme » qu'on invoque si souvent pour expliquer, à des époques différentes, des phénomènes très divers, il convient de poser une question plus générale. Sous une telle catégorie, on mène bien souvent des réalités tout à fait différentes. Il convient en effet de distinguer trois choses : l'attitude individualiste, caractérisée par la valeur absolue qu'on attribue à l'individu dans sa singularité, et par le degré d'indépendance qui lui est accordé par rapport au groupe auquel il appartient ou aux institutions dont il relève ; la valorisation de la vie privée, c'est-à-dire l'importance reconnue aux

> relations familiales, aux formes de l'activité domestique et au domaine des intérêts ; enfin l'intensité des rapports à soi, c'est-à-dire des formes dans lesquelles on est appelé à se prendre soi-même pour objet de connaissance et domaine d'action, afin de se transformer, de se corriger, de se purifier, de faire son salut.
>
> 258/ M. FOUCAULT, *Histoire de la sexualité,* « Le souci de soi », Gallimard, 1984, p. 56.

Ce qui n'exclut ni la communication avec les autres individus (amitié), ni l'action politique :

> Mais à celle-ci on ne peut se livrer que par un choix libre et volontaire, selon le principe d'une relation à soi qui permette de fixer les formes et les conditions dans lesquelles une action politique, une participation aux charges du pouvoir, l'exercice du pouvoir seront possibles ou impossibles, acceptables ou nécessaires.
>
> 259/ M. FOUCAULT, *ibid.,* p. 107.

En fonction de ce retour du sujet et du prix donné à l'individu comme fin et comme recours en dernière instance, l'obstination de Sartre, malgré son approche du marxisme et face au structuralisme, à revendiquer ses droits dans la différence et la singularité, est actuelle : pour lui aussi, l'intervention politique (engagement) suppose le choix personnel[1]. Cependant, s'il a toujours maintenu l'autonomie de l'individu sujet, il l'a toujours conçue dans un lien au collectif : l'emprise totalisante risque alors de prendre l'individu au piège où le groupe a le rôle actif et dynamique : les

1. Voir tome II, 3e partie, « Une éthique de l'engagement » ; 5o partie, « Une morale en suspens ».

tourniquets de la *Critique de la raison dialectique* montrent qu'on n'en finit pas et qu'on est écartelé entre la tentation individualiste de la *liberté solitaire* et la tentation totalisatrice de *libertés solidaires*[1].

Le sujet moral

Pour Sartre, la conscience réflexive crée des valeurs : celles-ci ne sont pas des « en-soi » auxquels on se conformerait ou que l'on rejetterait, mais des manques internes à cette non-coïncidence qui se dépasse sans cesse et sans terme : la valeur qui hante la liberté « n'apparaît que dans une conscience réflexive qui peut être dite, à proprement parler, conscience morale puisqu'elle ne peut surgir sans dévoiler du même coup les valeurs » (*L'Être et le Néant*, p. 139).

Ce *je pense* est alors une conquête dans laquelle le *je* peut être assumé : il est conquis sur le « il y a... ça » du champ impersonnel où les pensées m'atteignent « par-derrière » et traversent sans cesse cet individu qui n'est pas encore un sujet ; il est conquis sur une spontanéité où la conscience se porte hors d'elle avant toute chose et risque de se perdre dans la dispersion des ek-stases temporelles et spatiales ; il est conquis dans un vécu où tout ne peut être dit ; il est conquis comme la capacité de réaffirmer ce que je suis en train de dire et d'en prendre la responsabilité. Or cela n'est pas si facile que cela !

Il faut oser dire « je » et donner à cette singularité une portée universelle : même si cette universalité (universel-singulier) reste incertaine, n'est qu'une quasi-universalité, et n'a jamais les caractères de

1. Voir tome II, 4e partie, « Des individus et des groupes ».

clarté et de distinction qui font de la séparation du vrai d'avec le faux, une certitude pour Descartes : aucune garantie ne permet cette distinction qui s'inscrit d'autre part dans l'ordre d'un discours fondé sur « le primat de la connaissance » que Sartre rejette, le « je pense » est d'abord de l'ordre de « l'exprimable » : il faut oser dire « je » dans un risque d'erreur et sans séparer la pensée de l'acte, en faisant déjà de ce « je pense » un acte qui aura des conséquences et qu'on ne reniera pas, même si on change d'avis et si on le conteste.

Il faut oser dire « je » alors qu'on est englué dans une pensée « exis » qui vient d'ailleurs sans qu'on sache d'où et parcourt les séries comme une rumeur indistincte et ambiante[1].

Il faut aussi savoir dire « je » au sein des structures du langage qui sont, certes, des conditions de possibilités de notre pensée mais que chacun de nous doit, par sa parole, reprendre à son compte et transformer sans quoi il n'est jamais que « pratico-inerte » ; la langue de bois est plus fréquente qu'on ne croit et il faut prendre une distance réflexive et éthique pour s'apercevoir parfois du mensonge que véhiculent des mots que l'on emploie par habitude. Quand Kundera dévoile combien sont trompeurs les trois termes République démocratique et populaire par lesquels on désigne les pays dits « de l'Est » (ce qui constitue un nouveau mensonge car ils sont des nations d'Europe centrale), cela nous semble une évidence : la Pologne ou la Tchécoslovaquie ne sont ni des républiques, ni démocratiques, ni populaires... Nous en sommes bien d'accord ! encore fallait-il s'apercevoir de la supercherie des mots qui y feraient croire. D'où la nécessité du petit dictionnaire des mots incompris !

1. Sur le rôle des « idées exis » (anonymes), voir le tome II, 2e partie, « Une épopée des temps modernes ».

L'importance que Kundera attache à la rectitude des mots et au dévoilement des écarts de langage est inséparablement liée à la bataille menée pour une pensée personnelle, sous la *Chose totalitaire*.

Dans l'article de *Situations, IX,* « Le socialisme qui venait du froid[1] », Sartre analyse le courage et la lucidité de ceux qui ont su démasquer l'idéologie du système bureaucratique recouverte par l'idéologie humaniste et idéalisée par l'aura révolutionnaire que Kundera juge — en cela — plus perverse que le nazisme.

Dans un système où le langage est utilisé pour la délation et l'aveu, c'est-à-dire selon ce qu'en attend l'autorité, dans un système qui joue du sentiment de culpabilité pour obtenir l'abdication de chacun, la capacité de penser personnellement et la décision d'exprimer une pensée subjective, sans connaître quelle audience elle aura, est déjà un choix, un acte.

C'est, en tout cas, un risque dont on répond, ce qui est, proprement, la responsabilité.

S Le scepticisme de Kundera n'est certes pas un mol oreiller mais n'allons pas croire qu'il conduise au désespoir ; cet auteur nous dit expressément qu'il y voit la renaissance de la pensée : « Le scepticisme n'abolit pas le monde, il le convertit en questions. » Profitant de leur dépaysement, ils veulent que rien n'aille de soi, qu'aucune vérité ne soit établie. Pour eux, comme pour Platon, l'étonnement est à la source de la philosophie, et, pour l'instant, ils ne veulent

1. Voir 1re partie, « Les opprimés qui venaient du froid », p. 178.

pas sortir de là. Aux affirmations du pouvoir, à ces réponses qui précèdent les questions pour éviter qu'elles ne se posent, ils préfèrent les questions sans réponses : la pensée ne se débarrassera pas des concrétions calcaires qui la blessent ou la dévient en leur opposant d'autres concrétions, mais en les dissolvant dans une problématique. Ce qui n'empêche pas la recherche mais, tout au contraire, la stimule, lui prescrit ses tâches et ses limites provisoires.

260/ *Situations, IX,* 1972, « Le socialisme qui venait du froid », pp. 259-260. (Préface à *Trois générations*, A. Liehm, 1969.)

Cette démarche s'accomplit à l'intérieur « du brouillard socialiste », en cherchant à dépister les « douze étages de sincérité » et à se défaire de la pensée minéralisée qui peut procurer du repos : « on l'installe comme une dalle funéraire dans une tête tourmentée, elle y reste pesante, inerte, sécurisante, réduisant les mouvements spontanés de la vie à un négligeable fourmillement d'insectes... » Sartre montre que l'aveu est dans la logique du système, il en est même l'aboutissement : « Coupable, quel vertige ! Ce sera la paix, la torpeur, la mort ! » Or rien n'est plus suspect que vivre :

S Vivre, c'était d'abord s'arracher à une dépersonnalisation qui risquait de devenir un alibi, se connaître, se reconnaître pour se reconstruire. Et comment pouvaient-ils se raconter leur propre histoire sans aller la chercher où elle était, dans les cinquante dernières années de leur histoire nationale ? Entre leur aventure singulière et la grande aventure du peuple tchécoslovaque, il y avait réciprocité de perspectives : dans la situation d'extrême urgence où ils se trouvaient, sans catégories ni concepts pour penser le réel, pour *se* penser, ils comprirent que chacune des deux ne pouvait se restituer qu'à travers l'autre. Subjectivisme ? Non : modestie. Il leur fallait crever ou trouver la vérité. Non pas celle du système : ils n'étaient pas encore armés pour s'y attaquer, cela viendrait. Celle de leur vie, de toutes les vies tchèques et slovaques, dans leur réalité brute, rien dans les mains, rien dans les poches, en s'abstenant de toute interprétation idéologique [...].

261/ *Ibid.,* pp. 257-258.

Ainsi se fondent et se renforcent — en Tchécoslovaquie — ces pensées personnelles en une culture nationale, ainsi ces praxis individuelles deviennent-elles praxis communes, ainsi se prépare et explose le Printemps de Prague qui lie les travailleurs tchèques et slovaques, « rassasiés de mensonges », à cette « bataille des intellectuels pour la pleine liberté d'expression et d'information » grâce à l'enracinement de leurs « je pense » !

Ainsi retrouve-t-on l'audace du cogito de Descartes à son époque, contre le principe d'autorité, mais en sachant maintenant que la lutte contre les préjugés est illusoire si on oublie la pesanteur des couches de sédimentation dont émerge la pensée, en sachant aussi que l'indubitable n'existe pas, qu'il n'existe pas de critères permettant de distinguer le vrai d'avec le faux, car naissent avec la recherche d'autres questions qui mettent les bases en cause ; « le simple n'est que du simplifié. »

L'ambition cartésienne est caduque mais cela n'empêche pas la nécessité d'un sujet, non tant pour fonder la connaissance que pour fonder la morale.

L'itinéraire de Michel Foucault en témoigne. Tant qu'il parlait d'interdits et dévoilait les marges en creux dans des systèmes contraignants, le sujet, nous l'avons vu, pouvait sembler effet de ces structures dont, pourtant, il s'échappait. Encore était-il présent plus qu'on eût pu croire dès qu'apparaissait une question éthique.

> La pensée moderne n'a jamais pu, à dire vrai, proposer une morale ; mais la raison n'en est pas qu'elle est pure spéculation ; tout au contraire, elle est d'entrée de jeu, et dans sa propre épaisseur, un certain mode d'action. Laissons parler ceux qui incitent la pensée à sortir de sa retraite et à formuler ses choix ; laissons faire ceux qui veulent, hors de toute promesse et en l'absence de vertu, constituer une morale. Pour la pensée moderne il n'y a pas de morale possible ; car depuis le XIXe siècle, la pensée est déjà « sortie » d'elle-même en son être propre, elle n'est plus théorie ; dès qu'elle pense, elle blesse ou réconcilie, elle rapproche ou éloigne, elle rompt, elle dissocie, elle noue ou renoue ; elle ne peut s'empêcher de libérer et d'asservir. Avant même de prescrire, d'esquisser un futur, de dire ce qu'il faut faire, avant même d'exhorter ou seulement d'alerter, la pensée, au ras de son existence, dès sa forme la plus matinale, est en elle-même une action — un acte périlleux.
>
> 262/ M. FOUCAULT, *Les Mots et les Choses*, Gallimard, 1966, p. 339.

Que la pensée soit « acte périlleux » et que les échanges soient évaluation, laissent bien percer des sujets responsables de leurs paroles. Cependant, dans l'entreprise de « la mort de l'homme », ce rôle est inavoué.

Quand l'*Histoire de la sexualité* met en jeu les valeurs, Foucault doit se mettre à « penser autrement ».

Dans *Usage des plaisirs* et *Souci de soi*, le sujet moral est reconnu explicitement : sans doute son éthique dépend-elle de codes, sans doute sa conduite a-t-elle à s'inscrire dans le réel, mais il n'est pas seulement effet de ces systèmes ; c'est lui qui construit une morale affirmative comme « art de l'existence ».

> J'ai été amené à substituer à une histoire des systèmes de morale, qui serait faite à partir des interdits, une histoire des problématisations éthiques faite à partir des pratiques de soi.
>
> [...]
>
> C'est une morale d'hommes, une morale pensée, écrite, enseignée par des hommes et adressée à des hommes évidemment libres.
>
> 263/ M. FOUCAULT, *Histoire de la sexualité, Usage des plaisirs,* Gallimard, 1984, pp. 19 et 29.

Dès lors que les individus ne se laissent pas réduire aux règles et aux codes dont ils s'inspirent et qu'ils élaborent, le sujet moral n'est pas en « position » mais en « situation ».

> Une chose en effet est une règle de conduite ; autre chose la conduite qu'on peut mesurer à

> cette règle. Mais autre chose encore la manière dont on doit « se conduire », c'est-à-dire la manière dont on doit se constituer soi-même comme sujet moral agissant en référence aux éléments prescriptifs qui constituent le code.
>
> 264/ M. FOUCAULT, *ibid.*, p. 33.

Ainsi, même pour qui a été tenté d'éliminer le sujet en pourchassant l'ombre de Dieu, celui-ci réapparaît et, avec lui, la liberté, de façon nécessaire par souci éthique.

> Telle est l'ironie de ces efforts qu'on fait pour changer sa façon de voir, pour modifier l'horizon de ce qu'on connaît et pour tenter de s'écarter un peu. Ont-ils effectivement conduit à penser autrement ? Peut-être ont-ils permis tout au plus de penser autrement ce qu'on pensait déjà et d'apercevoir ce qu'on a fait selon un angle différent et sous une lumière plus nette. On croyait s'éloigner et on se trouve à la verticale de soi-même. Le voyage rajeunit les choses et il vieillit le rapport à soi.
>
> 265/ M. FOUCAULT, *ibid.*, p. 17.

Telles sont les aventures d'un sujet qui revient toujours, même si on a pensé, grâce à la théorie, pouvoir l'éliminer.

Elles font sortir Sartre de la place — cogito moderne — où Foucault semblait l'avoir enfermé selon sa problématique pour ouvrir le chemin de la mort de l'homme.

Cette entreprise athée n'est pourtant pas compromise par l'affirmation éthique d'un sujet de type nouveau. Ne peut-on le définir autrement, comme ce décalage qui fait que nous ne sommes jamais le simple produit de ce qu'on a fait de nous et témoigne d'une liberté incontournable au sein d'un monde aliéné dont nous allons maintenant raconter l'histoire ?

Post-scriptum

C'est par la liberté que s'ouvre le tome II : *« Nous sommes condamnés à être libres dans un monde aliéné »* : comment tenir par les deux bouts cette entière liberté (où *« l'essentiel c'est la contingence »* et le poids d'aliénations qui tournent en oppressions dans la relativité historique ? (3e partie.)

Lien indissoluble d'une *liberté toujours en situation*, de sorte que, même s'il n'y a pas de « situation inhumaine », notre liberté n'est rien d'autre que de « lutter pour devenir libres » : d'où l'*éthique de l'engagement*, les débats qu'elle suscite et sa mise en question actuelle.

En tout cas *il y a les autres* : leurs libertés, leurs regards, leurs visages, leurs désirs et leurs caresses sont-ils limites ou attentes, rivalités ou communication ?

Le cycle de l'aliénation et des oppressions ne rend pas optimiste : théâtre de séquestrés, prédestinations d'enfances truquées par les adultes. Pourtant, même le petit Genet (dont nous suivrons l'aventure selon *Saint Genet comédien et martyr*), désigné à dix ans comme voleur, se faisant voleur puis voleur de mots, poète, s'en sort grâce au langage et à cette poésie « absolu-échec ».

La suite (4e partie) développe « une histoire sans fin » et interroge les rapports de Sartre au communisme et au marxisme.

« L'existentialiste serait-il tenté par le communisme » lorsqu'il annonce, selon ses propres principes, dans *Les Communistes et la paix*, que le Parti est la liberté du prolétariat ? « Sartre serait-il devenu marxiste ? » quand il proclame « le marxisme est la philosophie indépassable de notre temps » au début de *Question de méthode* qui précède la *Critique de la raison dialectique* ?

Chaque fois des débats : avec Lefort et Merleau-Ponty, lors de la première étape ; avec Lévi-Strauss et Raymond Aron, en ce qui concerne l'entreprise de la *Critique*. Encore un enjeu : ces rapports justifient-ils une orientation telle que Sartre cautionne un marxisme humaniste dans des pays où celui-ci n'a pas pesé, dont l'alternative serait une orientation subjectiviste issue de *L'Être et le Néant* ? Ne peut-on prendre la *Critique* comme *« Une épopée des temps modernes »* qui fonctionne comme « boîte à outils » ?

Que valent actuellement les analyses de la rareté, du pratico-inerte, de la passivité et de l'impuissance de semi-solitudes soumises à des idées « exis » ? Qu'en est-il des groupes en fusion — apocalypses — qui n'ont d'unité que dans l'action commune et maintiennent l'autonomie des praxis individuelles ? Qu'en est-il de leur sclérose et de leur dégradation en institutions ? Les analyses dénonçent la paranoïa des partis, les manipulations d'États dont le totalitarisme est le plus bel exemple puisqu'il élimine les contradictions. Que vaut la description de sa forme la plus monstrueuse, le stalinisme ?

Histoire sans fin, sans totalité, de totalisations se détotalisant en des tourniquets incessants selon le couple fraternité-terreur...

Le lien (5e partie) de *la création et de la morale* est double : la création est don, l'acte est créateur de valeurs comme l'œuvre l'est en art. Sartre est un *philosophe créateur.* Ce lien est placé sous le signe de l'imaginaire : *« magie de l'imaginaire »*, déjà évoquée, dont le thème court tout le long de *L'Idiot de la famille.* Je transmets alors l'histoire de ce petit garçon, Gustave Flaubert, cadet crédule et passif qui va devenir « l'auteur de *Madame Bovary* » : Sartre montre l'importance de la proto-histoire du milieu social et familial dans sa constitution puis le stress que suppose la personnalisation : nous le suivons au collège, dans ses doubles — le garçon — de ses premiers romans, de son désir d'être acteur à son métier d'écrivain : *« On entre dans un mort comme dans un moulin »* et, à partir de là, de cette incapacité à apprendre à lire qui révèle une « plaie originelle », on découvre *« comment un idiot devient génie »*, et revendique « un monde imaginaire », qui répond à l'entreprise de déréalisation : ainsi *« qui perd gagne »* d'autant qu'il partage ce rejet et cette haine du réel avec ses contemporains : *« Madame Bovary c'est l'époque »* : celle de Flaubert dont nous sommes toujours héritiers. L'écriture est-elle une fin ? Est-elle communication, même si on en jouit, même si sa magie n'est pas oubliée ?

Le souci de l'écrivain Sartre pour le langage parcourt toute son œuvre. Il va de pair avec l'intérêt pour d'autres modes de création : *« l'œil et la matière »* en peinture, le risque de l'acteur qui n'a comme matériau que son propre corps et joue à être ce qu'il n'est pas » : *« A la gloire de Kean ! »*.

Reste *« une morale en suspens »* que Sartre a cherchée toute sa vie. J'en rappelle l'étape de l'authenticité, de l'engagement et son fondement dans la liberté. Elle demeure une fin dans son circuit en politique à laquelle il revient dans sa recherche des rapports dissociés du pouvoir et de la liberté. Morale concrète, ici, maintenant, où nous devons « changer les têtes », créer des « îlots de liberté » et des « îlots de fraternité » sans attendre et sans espérer de solution impossible.

Table

tome I

Deuxième partie

LES AVENTURES DU SUJET

Composition réalisée par C.M.L., Montrouge

IMPRIMÉ EN FRANCE PAR BRODARD ET TAUPIN
58, rue Jean Bleuzen - Vanves - Usine de La Flèche.
LIBRAIRIE GÉNÉRALE FRANÇAISE - 14, rue de l'Ancienne-Comédie - Paris.

ISBN : 2 - 253 - 03528 - 9 **42/5008/0**